全球化中儒家德育的資源

劉國強 著

臺灣 學生書局 印行

讀其著　思其行
——代序

　　劉國強教授著《全球化中儒家德育的資源》即將面世。他以全球化的新視野，對儒家思想進行深入研究並加以現代轉化，進而使之融入中國當代學校德育實踐，以推動學校德育逐步走向「中國化」。劉國強教授所做的學術上的新貢獻，可喜可賀。

　　拜讀之際，我感慨萬分。它激起我回憶與作者多年的交往合作與心靈溝通。從上個世紀 90 年代以來，我作為北京東方道德研究所和國際儒學聯合會的一員，始終從事「中華美德教育實驗研究」和普及儒學工作，這期間，國強教授對我和我們的團隊，給予全心全意的支援和幫助。借此機會，向他表示感謝與致敬。

　　1990 年，清華大學錢遜教授送我一套新加坡教育部組織編寫的《儒家倫理》教科書，書上注明劉國強博士，是這套教科書的顧問之一，我當時就想，何時能夠向這些顧問當面求教。這個夢，終於在 1993 年香港中文大學教育學院舉辦的「公民道德教育國際學術研討會」上實現了。自此，16 年來，我們聯繫密切，幾乎是每周都有一二次通話或通信，他竟成為我最直接的科研專案合作夥伴，這真是天賜機緣。在兩岸三地普及儒學，弘揚中華文化，承接

中華美德，革新學校德育的新途中，他成為內地中華美德教育行動大團隊的主要成員。

20 世紀 90 年代以來，他參與和協助內地，舉辦多次有關學術會議，為內地「大中小學中華美德教育實驗研究」，提供理論指導、智慧支援和實踐經驗，為此項研究做出了重要貢獻。

1996 年 5 月，他聯絡當年一同在新加坡，參與《儒家倫理》成書的梁元生博士和新加坡王永炳博士，來到北京郊區房山縣韓村河山莊，出席了北京東方道德研究所、首都師範大學中華倫理研究室、南京大學東方道德研究中心，聯合舉辦的「儒家倫理與公民道德」國際學術研討會。

1998 年 10 月，他聯絡香港的徐錦堯神甫、葉國洪博士等學者，出席北京東方道德研究所與國際儒學聯合會，在北京京燕飯店共同舉辦的「東方倫理與青少年思想道德」國際學術研討會。

2000 年 11 月，他聯絡香港學者龔立人博士、謝均才博士等，及臺灣的部分學者，出席北京東方道德研究所與香港中文大學香港教育研究所、國家高級教育行政學院、中國社會主義學院，在北京聯合召開的「公民與道德」國際學術研討會」。

2001 年 8 月，他協助邀請和聯絡香港學者梁秉中教授、黃慧英博士等，出席北京東方道德研究所、清華大學思想文化研究所、中國人民大學教育科學研究所、山東省煙臺市教育科學院、山東省招遠市教委等單位，在煙臺師範學院舉辦的海峽兩岸三地「中華倫理與公民道德」學術研討會。

2004 年 8 月，他聯絡余迺永教授、陳學然博士等香港學者，出席中華美德教育行動課題組與黑龍江農墾總局教育局，在黑龍江

寶泉嶺聯合舉辦的「全國中華美德教育經驗交流和現場展示會」。

2004 年 11 月，他協助邀請和聯絡梁秉中教授等香港、臺灣的學者，出席北京東方道德研究所等單位，在北京主辦的「中華美德與青少年道德教育」學術研討會。

2005 年 11 月，他協助邀請和聯絡李子建教授等香港和臺灣學者出席國際儒學聯合會、北京東方道德研究所、香港中文大學教育學院、新亞書院等單位，在四川省宜賓市，聯合舉辦的第一屆「儒家倫理與東亞地區公民道德教育論壇」。

2006 年 10 月，他協助邀請和聯絡港澳臺學者，出席國際儒學聯合會，北京東方道德研究所、香港中文大學教育學院、香港中文大學新亞書院和澳門大學教育學院田家炳教育科學研究所，在河南省新鄉市，聯合舉辦的第二屆「儒家倫理與東亞地區公民道德教育論壇」。

2006 年 12 月，他出席在山東省孟子故里鄒城，舉辦的「中華母親節促進會」成立大會，當選為常務理事。

2007 年 11 月，他聯絡香港余迺永等學者，出席國際儒學聯合會、國家教育行政學院、北京東方道德研究所、香港中文大學教育學院、香港中文大學新亞書院，在北京市聯合舉辦的，第三屆「儒家倫理與東亞地區公民道德教育論壇」。

2008 年 10 月，他協助邀請和聯絡陳志新、楊祖漢、黃兆強等香港與臺灣的學者與校董，在山東省泗水縣召開的「尼山聖源書院成立典禮」。

2008 年 11 月，他協助邀請和聯絡李子建、陳學然等香港學者，出席國際儒學聯合會、香港中文大學教育學院、浙江師範大學

等單位，在浙江省金華市浙江師範大學，聯合舉辦的第四屆「儒家倫理與東亞地區公民道德教育論壇」。

2009 年 5 月，他參與策劃並聯絡香港、臺灣的唐君毅先生弟子，到唐君毅先生故鄉四川省宜賓市，參加由宜賓市委市政府、香港中文大學新亞書院、唐君毅研究所等單位，在宜賓學院聯合舉辦的「紀念唐君毅先生誕辰 100 周年學術研討會」。

2009 年 6 月，他陪同新亞書院陳志新校董，出席尼山聖源書院奠基典禮和首屆「聖源名人論道」——安樂哲師生論道。他不僅發表論文，而且為山東大學、南京大學、中央民族大學、中國政法大學、北京大學、北京師範大學、北京外國語大學等 11 所大學的 75 位碩士、博士生講座論道。

劉國強教授親自參與組織策劃在內地舉辦的各種學術會議，對於推動內地儒學研究與中華美德教育發揮很好的作用，令內地學者欽佩與敬重。

與此同時，他認同培訓教師，是「中華美德教育行動」的一項中心任務。於是，進入 21 世紀，他又全力以赴推動在香港及內地的師資培訓工作。

2002 年 7 月，第一屆「中華美德教育行動師資培訓班」，在香港中文大學新亞書院開學，至今已經在香港舉辦七屆。來自北京、天津、重慶、黑龍江、山東、江蘇、廣東、河南、湖北、浙江、山西、四川等地區，300 餘位中小學校長、教師以及有關教育工作者相繼來新亞書院學習。每屆 8 至 9 天。以忠、孝、誠、信、禮、義、廉、恥中華美德為中心，每屆學習 1 至 2 個德目，聘請新亞校友以及香港與內地學者授課與輔導。每屆學員都要參觀香港中

文大學、香港中央圖書館、香港廉政公署和中小學，聽取兩地中小學德育教師交流學校德育的經驗。每屆教師培訓班結業，新亞書院院長都為學員頒發結業證書。300 餘位「新亞人」分佈在內地 12 個省市，大家在各自的崗位上，以新亞精神，弘揚中華文化，承傳中華美德，為辦好中國教育積極工作，有很多學員做出了傑出貢獻，成為教育領域的骨幹和先進教師。

　　根據在內地培訓師資的合作協定，香港中文大學新亞書院與北京東方道德研究所，每年在內地還要聯合舉辦一屆「中華美德教育行動師資培訓班」。2002 年 8 月，在山東省招遠市；2004 年 8 月，在黑龍江省寶泉嶺；2004 年 11 月，在北京市房山區良鄉；2005 年 11 月，在四川省宜賓市；2006 年 11 月，在河南省新鄉市；2007 年 11 月，在北京市大興區；2008 年 11 月，在浙江省金華市，已經舉辦七屆以「儒家倫理──公民道德教育」為中心，並結合各地中華美德教育的實際經驗，開展師資培訓，每屆平均 250 餘人，將專家的理論成果與各地的實踐經驗，迅速落實到廣大基層學校，直接推動和提升了各地中小學「國學啟蒙」與中華美德教育活動的質量和水平。在內地舉辦的每屆師資培訓班，都灑滿劉國強教授的汗水與智慧，保證內地與香港合作辦班成功舉行。

　　為了滿足開展中華美德教育的中小學校長和教師學習儒家經典的迫切需求，適應「國學啟蒙」教育蓬勃發展之大勢，北京東方道德研究所、香港中文大學新亞書院和國際儒學聯合會三個單位合作，從 2005 年開始，在北京地區試辦「儒家經典師資讀書班」。第一屆 100 名學員。清華大學錢遜教授導讀《論語》、中國青年政治學院陳升教授導讀《孟子》、中國社會科學院哲學所郭沂教授導

讀《中庸》、《大學》。經過兩年的學程，2007 年 11 月第一期結業。在此基礎上，2008 年舉辦了第二屆「儒家經典師資讀書班」，學員發展到 300 人。其中包括來自天津市河西區的 30 人。

8 年來，劉國強教授分別在香港和內地連續參加舉辦這三種類型的師資培訓班，已達 16 期，先後有 2500 餘人次參加培訓，成為香港中文大學新亞書院播撒在內地的「畢業生」，推動和影響著 1000 餘所中小學校的「國學啟蒙」與中華美德教育，使得 100 餘萬學生受到了教育。

2005 年在四川宜賓成立「君毅書院」，2008 年在山東泗水縣——孔子出生地尼山附近成立「尼山聖源書院」。劉國強教授又開始為參與這兩所書院的建設與發展到處奔波。

「聽其言，觀其行」。看他這些相應的科研與學術行動，會有助於讀懂他的著述，進而會瞭解他的為人。一個學人用文字表達心意、追求與境界的同時，能夠在自己人生實踐中身體力行，實為難能可貴。劉國強教授就屬於這樣的學人。他就讀新亞，關愛新亞；他師從君毅，忠於君毅；他信奉孔子，傳承儒學。如此學人，值得褒揚。

「人能弘道，非道弘人」。這些年來，他花費如此大量心血，在完成本職工作的前提下，以弘揚中華文化，傳承中華美德為己任，進行著一種事業的追求和奉獻。此種將職業與事業有機統一的精神，值得敬佩。

「知其不可而為之」。擺在他面前的事情，密密麻麻，頭緒繁多，但他事無巨細，一絲不苟，默默耕耘，無私、無怨、無悔。一位中國傳統學人的骨氣與風範，歷歷在目。

　　「得道多助」。他每做一項事情，都要聯絡或有求於人，天長日久，他有許許多多的朋友，這些志同道合的朋友，多是弘揚中華文化，承接中華美德，旨在教育青少年的志願者，是內地學員們的良師益友。在他的言談中，只聽到對他人的讚賞，從未聽見對他人的責貶。有此學養與修煉，才有和諧的「人場」，進而才能成就一項項的事業。

　　在他的著作中，我能寫出如此不像序言的「序言」，似乎不倫不類，且易產生「歌功頌德」之嫌。這絕非劉國強教授之本意，而是我本人的一片心意。儘管僅我所見、就其生涯又顯掛一漏萬，甚至難以恰如其分地表述，我還是請求給我這樣一個表達的機會。

王殿卿

2009 年 6 月 26 日於望京花園

自 序

　　本文集是作者自 1990 年在香港中文大學教育學院任教後所撰寫有關道德教育的論文選輯。主要發表於香港中文大學出版的期刊《教育學報》、《教育政策研討系列》的單行本專題論文（monograph），與及內地中央教育科學研究所出版的《中國德育》。雖然各篇獨立成章，但皆不離發揮儒學義理，有一中心思想貫串其中。現集為一書出版，可方便讀者，也代表作者的一些研究與體驗心得，雖然是蔽帚自珍，竊意以為文中所見義理，有不可移易者在。其所不可移易之義理，多皆先聖前賢所見及，而作者針對當前時代，用現代人話詞，加以申論闡發而已。人生世界，是有著常道常理，此常道常理在不同時為不同人所可同感。本文集基本是闡發卑之無甚高論的常道常理。

　　本文集連附錄共集合了十二篇論文。內文的首二篇〈中華美德教育的理論意義與當前時代意義〉及〈儒家仁心感通擴充的道德價值論說〉是扼要闡釋儒家價值教育道德教育的理論基礎與理論系統，可以通過下學而上達，從切近的經驗反省而建立，看到了現實的人存在有著不同層面，道德價值的世界只在人之為人的存在之靈性或心靈層面才顯現、才可以說。道德的基礎或本質就是超越現實自我存在的限制而感通到他人他物的價值，而承載之、肯定之，以

至助成他人他物價值的實現，這同時是人的自我存在的擴充與完成。所以儒家道德哲學與道德教育是建基於人的本性為一種「能超越現實自我」的存在，使人的存在原則上能通於天地萬物而成一體。

第三、四篇——〈從儒家心性之學看道德教育成效之內在基礎〉與〈從人生之艱難、罪惡之根源說儒家返本開新的道德教育進路——當代新儒家唐君毅先生的啟發〉，皆在論析儒家道德教育的獨特進路，十分重視從人內在心性處着手，也即從保存涵養人的本性——勿使喪失使能常現，這是一種工夫以顯本體，返本以開新的進路。道德價值道德世界的開顯，是人的主體性的確立，也是人之為人的真正存在，無論人所處的客觀世界如何艱難痛苦，人皆可作大肯定以承受一切，任何「當下」皆可立身起步，「我欲仁斯仁至矣」。客觀的、死的宇宙立刻成為價值創造實現的憑藉，死的宇宙成為活的宇宙，當下便是永恆。

第五篇〈由儒家聖賢典範看教師人格——以孔子、唐君毅先生為例〉，多少希望顯示了儒家道德價值理想的實現雖不容易，但透過歷史的聖賢人格如孔子、如唐君毅先生，多少可具體而微的彰顯這一傳統，這些聖賢亦為道德教育的典範與明燈。

第六、七、八篇〈全球化時代普世倫理之尋求與道德哲學的更高綜合試探——儒家道德哲學的資源〉、〈道德教育須情智雙彰——從美國當代道德教育反思〉、〈道德教育及其人性論基礎〉，主要在析論西方當今的道德哲學如功用主義、情感主義、基督教倫理，皆無法建立道德的獨立意義，無法建立道德的客觀性與普世性，也無法消除道德標準的相對性與爭論性。儒家返本開新的進

路，或許可以提示人們，普世倫理普世道德須從返本上措思，普世道德的建立無法離開人存在的本性立說，無法脫離人性論的假設，也無法脫離能感通的心來建立。儒家道德教育正可提供道德哲學更高綜合的訊息，沒有道德哲學上的更高綜合，普世倫理難於確立。儒家返本開新的道德教育正與美國道德教育泰斗柯爾伯格的「道德認知發展理論」所隱涵的人性論有所契合，並與方興未艾的「關懷倫理」的教育有所滙流之處。儒家傳統在吸收西方重知識及客觀架構建立之餘，亦可為西方偏向發展的尚智主義傳統補弊救偏。

　　第九篇〈全球化發展與儒家價值教育的資源〉，論析了全球化帶來世界的新格局，及其在經濟政治社會與教育各領域所引起的明顯變化。變化雖然是巨大，但骨子裏仍然是十八、十九世紀以來的科技文明及資本主義的進一步發展，背後是西方重智文化、理智主義的偏向發展。這種偏向發展帶來的人類存在問題，過去有不少著名的思想家、社會學家、哲學家，已經提出了批判，但未能使絕大部分的人類意識到人類世界所處的危機，當前全球化發展只是經濟與金融及生活上吃喝玩樂的表層文化之一體化與同質化，離建基於政治、文化、宗教、價值的融通上的多元一體的真正全球化仍路途遙遠。

　　儒家哲學之打破物質與科技一層論的存有論，與及其重視道德與人文價值下的融和包涵之特質，對西方理智偏向及當前的物質及科技一層論的存有論取向，是有著補弊救偏的作用，將提供真實的全球化發展的重大資源的作用。沒有了道德、沒有了人文價值世界，經濟與科技的發展，變成了兩條綑縛著全人類的皮鞭，全球化只是一種綑縛式的全球化，個人與社會也只不過是在皮鞭綑縛下的

掙扎求存。

　　本文集附錄的三篇文章，亦與全書的中心義理密切相關。儒家倫理、儒家道德價值觀，正是中華文化的核心部分。〈文化自覺與中華民族的復興〉一文，正要指出：中華民族的復興與中華文化的復興不可分離。文化是智慧的積累，是價值的凝固，所以文化是智慧與價值的結晶。儒家思想與文化正是中華文化的結晶所在。中國經歷了近百多年來西方科技文明的入侵，百多年來喪失了民族與文化的自信，當代的中國人在吸收西方科技文明重智精神外，應再回頭來自覺自己文化的根本價值所在，然後自覺地把其優秀的部分加以發揚，是中華民族復興之路，也是促成中西融合真正全球化之路。

　　附錄的其他兩篇文章，是我們對新亞書院的其中兩位創辦人──錢穆先生、唐君毅先生──的敬禮。這兩位我們的老師，在中國人對自己幾千年的文化傳統打倒的潮流中，從生命裏的真情實感中，從先聖先賢所留下的經典的智慧領悟中，從困心衡慮宿夜勤學中，重新肯定中華文化的價值，為復興中華文化，念茲在茲，教學著述不輟。他們的生命精神，他們的奮鬥，他們的一生，為後世榜樣，幫助我們後輩看清楚民族的前路，也提撕了我們的生命。他們為中華民族貢獻於世界的融合，為世界的真正全球化的道路鋪砌地基。

　　本文集承我國大陸德育界前輩北京東方道德研究所創所所長王殿卿教授賜序，衷心感謝。作者於 1993 年秋在中文大學教育學院舉辦的公民道德教育學術研討會中認識王教授，至今已逾 17 年。王教授曾任首都師範大學歷史系教授，北京青年政治學院副院長，一直關心青少年的德育，已出版多本關於青少年德育的著作。近二

十年來王教授推動中華美德教育實驗，是十分有價值的事，作者有幸中途加入、貢獻一點微薄力量，及後得到新亞書院尤其是梁秉中院長與黃乃正院長的支持，使新亞書院與北京東方道德研究所合作加強中華美德教育的師資培訓活動。十多年來作者從王教授的做人處事與言談及其文章中受教益不少，所以他也是作者的老師。對王老師在序文中對作者的褒賞，感到汗顏再三，只好視之為一種鞭策與鼓勵，對應該做的事繼續努力。

全球化中儒家德育的資源

目　次

中華美德教育的理論意義
與當前時代意義

　　道德教育的兩大問題是：教甚麼道德？如何教？

　　當我們說要重建中華美德教育的時候，刁鑽的或要求嚴格思辨的論者很快便會提出質疑；為甚麼是中華美德？為甚麼不可以是基督教倫理？為甚麼不可以是伊斯蘭美德？不可以是女性主義的關懷倫理嗎？不可以是責任倫理或規則倫理（duty or rule ethic）嗎？這樣的質疑是由於人們意識到在一個多元宗教多元價值觀的世界中，不容易決定道德教育應教甚麼的道德。如在美國這樣一個多元價值的社會，教甚麼道德確實是道德教育界時常提出的問題。

1. 本文之目的

　　本文的目的是只針對第一個問題，即教甚麼道德的問題，論析中華美德教育或儒家倫理教育在理論意義上有其深刻性，涵蓋性，與圓融一致性，而又合乎常識經驗。其次是在當前的現實意義上見其適切性。

2. 儒家下學上達之進路

中華美德教育最主要的內容是儒家倫理教育。中華美德儒家倫理教育首先不像基督教或伊斯蘭教先從最高處先肯定一至高無上的神之存在，然後由上而下，要人們信仰神同時接受神或上帝的命令就是道德。儒家先可以不假定一神或以至先不假定一至高原則，孔子強調下學而上達，即由眼前切近的經驗事實，上推到一些普遍倫理原則，進而體驗契會至高至真實的存在與原則。若從至高的神或原則開始，人們可以有各自不同的至高的神或至高原則，不信其神也就沒有相關的宗教感情，所信不同便可以互相否定互相對立。儒家卻是從人們最平常的經驗與事實開始，而這些最平常的經驗事實是人人都有或都可以有的。所以我們這裏也盡量從人最平常的經驗和已被普遍接受的事實知識來論析中華美德教育的理論意義與深度。

3. 從常識經驗的反省看人的存在本質

從人的常識經驗反省，一個顯而易見的事實是：人的存在同時包涵著不同的層面❶。最低的層面是物質的層面，人身體是一團物質，受著物質定律的限制，在物質的層面，人是沒有自由與自主可

---

❶ 殷海光的〈人生的意義〉一文，即分析說人的存在包含物理層、生物邏輯層、生物文化層與價值層。香港高中學生考大學必修的「中國語文及文化」科所選的文化篇章，便包括殷海光的這篇〈人生的意義〉。錢穆也說過：「人也是一『物』，也是一種生物，只人在生物中特別有『靈』。這個『靈』字就指的心靈，也可稱為靈明或靈覺。」見錢穆：《靈魂與心》（臺北：聯經出版公司，1976），頁168。

說。人的身體在高空沒有承托，便會被地心吸力吸引從高處掉下；人的身體遇火或高熱便會碳化以至熔解，像美國 911 事件中，飛機撞擊紐約世貿大廈焚燒所產生的高溫使大部分死者的屍體熔解而無法找到。

其次，人是一生物，故同時有生理層。人的身體同時是一生物的有機體，受著生理的限制，在這生理的層面，人也沒有自由，在這一層面人需要喝水吃東西才能生存，也需要環境保護與環境條件，與及機體有適當的休息，才可以持續生存與發展。在生理層面之上，是人的社會層面，現代世界所有人都出生在社會中，生長在社會中，不自覺的在社教化（socialization）過程中接受了社會存在的既定的模式與價值觀念，人在社會層面的存在也不完全自由，有一定的限制，人的價值取向與視野也可以受社會存在的限制，所謂「社會存在決定意識」，如果筆者出生在伊拉克，便會是一伊斯蘭教徒。然而，人能自覺到人在物質層面、生物層面以及社會層面的現實限制，以及人能自覺的追求種種價值的實現，正表示人原則上能超越這各種層面的限制，而體驗與自覺此等層面以及在更高層面的種種價值，此正是人之所以為人的靈性或心靈的層面。靈性或心靈是自由或自主的，正因其能超越現實的限制。現實是人不吃東西便會死亡，但人可以為抗議不合理的事情而絕食。靈性使我們雖生而為中國人也不一定就必須非推崇儒學或中國文化不可，而是真了解儒學與中華文化有其優越性與價值之處，然後才推崇。

儒家由孟子重人禽之辨始，正是要指出人之為人的本質，就在於人所獨特具有的這一靈性的或心靈的或自覺的層面，孟子指出這靈性便是「仁義禮智」四端。荀子也說過：

　　　水火有氣而無生，草木有生而無知，禽獸有知而無義，人有
　　　氣有生，有知且有義，故最為天下貴也。（《荀子·王制》）

　　人之為人的存在正表現在人所獨有的靈性層面或心靈的層面上說，
由此才能體驗義理之當然——道德的當然之理。也只有在這一層面
才可以說道德，也只有在這一層面人才有真正自由與自主，與人之
為人的存在。

　　但這裏必須指出，人所獨有的靈性層面，固然可以說是心的層
面，這裏指的心靈的層面，嚴格說是指精神的❷、靈性的而說，而
非現代心理學所研究的一般由物理生理所衍生的心理現象。故不單
是「心」，而是「心靈」，故是「心靈的層面」。心理學所研究的
一般心理現象，人在其物理生理機能下固定的反應，也是機括的，
受限制的而可以加以控制的，這些都是人與其他動物共有的心理反
應心理現象。如人在黑暗中在對環境的變化無法預計中即會產生恐
懼的心理；人見眾人舉頭向上望，好奇心理驅使也會使人跟著舉頭
望；在大量群眾集合的場合中，人也易受群眾心理影響，由喜或怒
的發洩而生暴虐與破壞行為；人的一般好勝爭強心，都是這一層面
的心理的表現。現代商業社會裏的廣告就是知道人有這一層的共同
心理，而利用人的這一層心理而促進銷售。

　　靈性正正可以使人在黑暗中一方面自覺恐懼，另方面超越恐
懼，以保持冷靜，面對危險或危機，以避免危險或解決危機；靈性

---

❷　「精神」是有別於一般心理現象。「精神」包涵了對價值有一定的自覺的意
　　義。即必須是對一定的理想或價值的自覺追求才表現「精神」。

正正可以使人在群眾運動中，在群眾激烈情緒發洩中仍自覺保持頭腦清醒，從較長遠的整體利益考慮，不只是為了發洩；靈性也使我們不受廣告的誘惑，以貨物之優劣與個人的需要而購物。不止如此，當外國人都視中國人為東亞病夫，都批評中國甚麼都不行的時候，靈性也使中國人自覺不能給外國人看扁，為復興中華而沉著堅毅，努力奮鬥；中國太空人一飛沖天時，靈性使我們在興高采烈舉國歡騰後，更戒驕戒燥，繼續努力。

4. 物理與生理充足條件下產生人的現象

儒家雖然以靈性層面或心靈層面為人所獨有，是人之為人的存在之本質，若由此而說儒家是唯心論，並不準確，可以是差之毫釐，謬以千里。在中國文化傳統裏，在儒家看來，心物並不一定對立，卻必須融合為一才能產生人的存在。❸因此從物質生理的角度看，也可以說必須有物質與生理的充足條件下，才能有靈性或心靈或精神的現象，沒有了物質與生理層面，靈性與精神亦無法呈顯。❹這也是我們常識經驗中共許的事實，至少我們在經驗上無法證明沒有軀體的靈性存在。所以當代大儒唐君毅先生也說過：

---

❸　比如在英美大哲懷海德（N. Whitehead）的哲學裏便把「心」和「物」都看成是抽象性的東西（abstractions）而非最後的真實的東西，最後的真實的東西是「實際存有」（"actual entity"）。Whitehead (1954). *Religion in the Making*, N.Y.: New American Library, p.105. Also Whitehead, *Process and Reality*, David R. Griffin and Donald W. Sherburne edited. N.Y.: Free Press (1978), p.108.

❹　由靈性或心靈所體驗創發之意義與價值，固可以通過文字圖畫等形式保存下來，但仍須具體存在的心靈通過這些文字圖畫等之形式再次體驗或呈顯相應之意義與價值。

> 物的存在與實在，我們一點也不否認，我們同一切唯物論者
> 一樣的堅信。……宇宙間不只有物質世界，且有生命世界，
> 心靈精神世界。❺

所以儒者不會否定物質世界生物世界的真實性與重要性，更不會忽
視維持人類物質與生理需要的勞動生產活動與經濟活動的基礎性與
重要性。故孔子主張「先富後教」（《論語·子路》），也說過「富
而可求也，雖執鞭之士，吾亦為之」（《論語·述而》）的話。也即
是說，孔子主張先要使人民有基本富足的生活，然後才教化他們，
如果人民衣不蔽體，棲宿無處，飯也沒得吃，如何教化人民呢？那
便教化也不管用。所以孔子有以上的話，說為了充足生活，也願意
作低下的勞動職業。孟子也十分了解一般人民，「無恆產，則無恆
心」（《孟子·梁惠王上》）。有了基本充足的生活後，培養及提高人
民的道德水平便很重要了。

儒家人禽之辨與從靈性或心靈的層面以肯定人之為人的本質，
在今天仍然是站得住腳的。

人以外其他動物的物理與生理條件並未達到充足條件以產生靈
性或心靈。這樣說卻不排除現時地球上其他物種如靈長類的猩猩、
猴子可以進化到具備充足條件時，變化成人的存在，地球上的人類
也是由人猿進化而來的。也不排除在其他遙遠星系中，存在著不同
於地球的物理與生理系統，但只要這些不同的物理與生理系統結合
產生充足的條件，便同樣可以產生靈性或心靈現象，亦即是說，筆

---

❺ 《唐君毅全集》卷二十四：《生命存在與心靈境界》（下），頁 253。

者認為，宇宙中是可以有在物理和生理系統不完全相同於地球人的人的存在。既為人的存在，亦必然有道德現象，有道德價值的產生。既為人的存在，因有靈性可以超越自我的限制，地球人與其他星系的人，原則上，也可以溝通與相互了解。而在地球上，人與人間，不論處何種環境，原則上靈性能超越現實自我，能設身處地，相互了解，相互諒解。這是靈性表現，也是道德表現，也是世界能走向太和世界❻、天下一家的真實的全球化時代的基礎。

5. 道德是人所獨有的

　　正因為人具有自由自主的靈性或心靈層面，才有道德的價值或道德的意義可說。靈性或心靈的自由自主，正正是靈性或心靈的「超越性」，能超越故能自由自主，所以能夠自由自主是因為靈性或心靈能超越限制。心靈的超越性來自心靈的自覺，「自覺」被限制了就不自由不自主了，不自由不自主被決定，便沒有道德責任可說。自覺使人意志自由，在政治上肯定人的自由，也須預設了人有意志自由。故一切決定論（Determinism）的人生哲學皆無法肯定道德意義。道德本質，道德的存在，正正離不開超越限制，離不開自由自主。故當代大儒唐君毅說：

　　　　一切道德行為、道德心理之唯一共同的性質，即為自己超越

---

❻　唐君毅先生認為「太和世界」一詞較「大同世界」更佳，不要世界都同一，也不可能。世界各國各地縱有不同，只要能互相包涵欣賞，互相補足會通，便可以成為一「太和世界」。

現實的自己的限制。❼

道德揭示了宇宙中一個深玄的道理。道德一方面是超越現實自己的
限制，但另一方面道德卻正正是能超越的心靈，或即無限的上帝，
或無限的天在現實中的呈現——簡言之，即無限在現實有限中的呈
現。也就是說：道德一方面根源於人能超越現實有限的無限的本性
❽，但卻同時必須表現於有限的現實世界中。即無限必須表現於有
限中。

在無限的上帝中或無限中❾，無所謂道德不道德可言。英國經
驗主義哲學家休謨（David Hume，1711-1776）曾經指出，如果一個世
界富足優美得使每一個人的甚至貪婪的需求、以至多麼奢侈的幻想
與欲望，皆可不費氣力的得到滿足，便無需要像「公平」（justice）
之類的道德存在。❿雖然休謨是針對物質與欲望而言，但同樣道
理，沒有限制或無限意涵無須抉擇；無須抉擇，一切皆能夠實現，
也便沒道德問題。所以上帝沒有道德問題，上帝無須抉擇。上帝無
須掉骰子。雖然人的本性（即心靈）本質上是無限的，但人必須存

---

❼ 唐君毅：《唐君毅全集》卷一之二：《道德自我之建立》（臺北：臺灣學生
書局，1991），頁54。

❽ 人有「能超越的靈性」，也可以說是無限的，「無限」的意義，只能就其能
超越任何有限上說，我們不能有一積極的無限概念。正如我們不能有一積極
的「無限數」一樣，只是永遠的 N+1，也就是「至大無極」。

❾ 這裏是就「上帝」或「無限」之意義言，並不牽涉到肯定或否定上帝或無限
者的存在。

❿ David Hume (1751). *An Enquiry Concerning the Principles of Morals.* Tom L.
Beauchamp edited (1998), Oxford University Press, p.83.

在於有限的現實中，在現實中任何時候都只能實現有限的價值，因
此便有價值的選擇問題，也有道德的問題。

另方面，動物沒有自覺，動物的存在完全在條件的（物理的、生
物的）制約中，一般動物生物便是存在於機械與生理的機括中，不
能自由自主，因此也無道德現象或道德問題。所以道德正正是靈性
或心靈一方面作為能夠超越限制者，另方面卻必須在有限的現實世
界作出表現者，因此便須在有限中抉擇，冀能在有限的現實世界中
實現恰如其分的有限的價值與意義，這便是道德。道德一成為現實
的某種道德行為，或某種德目，便是有限，執著有限，變成僵化，
便沒有了道德根源的靈性。

6. 仁的不同層面意義，與及仁為道德的本質

儒家自孔子始，即重視仁教。我們可以說，在儒家，仁就是靈
性，就是人之為人的本質，與及道德的基礎。

在《論語》中，「仁」之概念出現最多，共 105 見，固亦可反
映孔子在教學上最重視教學生實踐仁。固然，「仁」的意義歷來學
者詮釋不一，疑義亦不少。如朱子弟子陳北溪便謂：「自孔門後，
人都不識仁」⓫，當代西方漢學家，更對仁的意義摸不著頭腦，如
韋利（Arthur Waley）謂：「仁是一個神秘的實體」⓬，芬格萊特
（Herbert Fingarette）謂：「仁」的概念在《論語》中，是充滿吊詭與

⓫　陳淳（北溪）：《北溪字義》（北京：中華書局，1983），頁 25。

⓬　"Jen is a mystic entity" Arthur Walley. (1938). *Analects of Confucius* , New York.
　　p.28.

神秘。⑬的確,《論語》中,孔子一方面不輕易許人以仁,以仁之難也。他最讚賞的學生顏淵,孔門十大弟子之首而以德行科見稱,亦只是「三月不違仁」(《論語·雍也》),即只能達到三個月不違反仁之理,以言其能久不違仁也。孔子自謂「若聖與仁,則吾豈敢。」(《論語·述而》)又說:「仁以為己任,不亦重乎?死而後已,不亦遠乎?」(《論語·泰伯》)然而孔子卻又說:「仁遠乎哉,我欲仁,斯仁至矣。」(《論語·述而》)又似乎是仁之垂手可得。

而且,孔子之後歷代大儒者,解說仁時亦有不同的側重,不同的說法。孟子以仁義禮智四端之論說仁。唐韓愈以「博愛」說仁。宋儒程伊川認為仁以「感通為性,潤物為用」、「仁是性,愛是情」⑭,程明道「以覺言仁」。朱子謂「仁是心之德、愛之理」、「生生之謂仁」⑮。牟宗三先生以仁具「覺」與「健」兩大特質。⑯

本文作者認為,雖然仁的內涵豐富,歷代儒者解說仁有不同側重,以至引起疑義,但不礙我們會通孔子與後儒之闡發,而見出仁,作為人之為人與及作為道德的基礎的理論系統意義。對《論語》孔子言仁之說話有整體了解,不難看出《論語》中已包涵「仁」具有三層意義。⑰最淺一層是仁表示愛,是一德之仁的意

---

⑬ "Jen is surrounded with paradox and mystery in the *Analects*". Herbert Fingarette (1982). *Confucius: The Secular as Sacred*, Harper & Row p.37.

⑭ 同注⑪。

⑮ 朱子《論語章句》。

⑯ 牟宗三:《中國哲學的特質》,《牟宗三先生全集》,卷 28(臺北:聯經出版公司,2003),頁 31-33。

⑰ 本文作者在十多年前亦曾為論文,已略說其要。見 Lau Kwok Keung, An Interpretation of Confucian Virtues and Their Relevance to China's Modernization,

義，即美德之一種。如樊遲問仁，孔子以「愛人」為答《論語，顏淵》，又如《中庸》記載，孔子言智、仁、勇為「三達德」，皆意謂仁愛是其中一種美德。稍深一層是指總攝諸德，包涵眾德的集合，如孔子說：「仁者必有勇，勇者不必有仁」（《論語·憲問》），「能行五者於天下為仁。恭、寬、信、敏、惠」（《論語·陽貨》）。最深一層的意義，是形而上意義的仁，亦即人之為人之本質的仁，這一層的意義在《論語》較不明顯，但已蘊涵其中，後儒加以發揮。如孔子說：「仁遠乎哉，我欲仁，斯仁至矣。」（《論語·述而》）又說過：「君子去仁，惡乎成名？君子無終食之間違仁，造次必於是，顛沛必於是」（《論語·里仁》）。可見仁之在己，而不可須臾離也。一切依賴於外在條件，非人自己本已有的便不能如此說。後儒如孟子四端之論，及孟子明確說「仁者，人也」（《孟子·盡心下》）、「仁者，人心也」（《孟子·告子上》）；程明道以「覺」說仁；程伊川以「感而遂通」說仁，朱子以「生生之理」說仁，王陽明以「良知」說仁。皆凸顯此人之為人的存在本質，是仁的最深層面意義的闡發。

　　從孔子開端後儒闡發之仁教，核心便是一種道德教育，所謂「成德之教」。仁正正是人的本質，是心的靈性，是人能超越現實自我的限制，能自由自主的根源。孔子的「我欲仁，斯仁至矣」，就是肯定人無論何時何刻，在任何處境，只要我當下立心行仁，仁

Confucianism and Modernization of China, S. Krieger & R. Trauzettel edited, Mainz, Germany: v. Hase & Koehler Verlag, 1991, pp.210-228.唐君毅先生早在《中國哲學原論——道論篇卷一》論述「孔子之心道」已有所論及。見《唐君毅全集》卷十四，頁 73-80。

心仁德便在當下立即呈現，仁就在眼前，「我欲仁，斯仁至矣。」這是就人之主體具有此本質潛能而在任何時候皆能發用上說。至於仁德或人的本質性的充分完成，則聖人亦有所不能❶。至於仁之發用實際上帶來多少效果，雖然重要，但並非仁之核心部分。效果雖非道德之核心，但也不能說儒家不重視實效，誠心行仁亦必考慮事情的實際影響或效果，總希望自己的行為行動帶來善的效果。但事情的效果或結果，並非個人可以完全估計與控制的，若將道德的意義與標準建基於行為的結果或功用上，像功用主義（Utilitarianism）那樣，則一來結果是無法完全充分計算，二來人若要依賴於外在條件與結果的決定，便無法真正自主，也即無真正的道德可言。

所以，我們可以說孔子兩千多年前，指出能超越限制，自由自主的靈性、心或人之本質，是一種仁。孟子加以發揮，以仁是人之為人的本質之善性。人見孺子將入於井而生惻隱之心。惻隱之心便是仁之端，是人超越自己的安全處境而感通到孺子將入於井的危險，是人超越自我現實有限（或特定方式——即當下的安全）的存在，而感通到孺子的存在，當下對孺子危險之感通，使孺子的當下存在也成了自己當下存在的一部分。所以仁者是「感而遂通」，仁者是與感通的對象通而為一。又如感通「父母唯其疾之憂」，因此孝順父母便必包涵愛惜自己，免於父母為己而憂。故孝是感父母之心，而與父母之心通而為一。所以仁是一種自我存在的擴充，仁是一種

---

❶　《中庸》：「君子之道，造端乎夫婦，及其至也，察乎天地」、「君子之道……及其至也，聖人亦有所不能。」

創造,仁是一種情,因這種情是普遍之情,故同時是合於理⓭。所以在中國傳統,情與理不一定對立,重情理相融,情是理的具體化,離開情也無真實存在可言。

當人表現仁,用現代的話語來說,是人的靈性生命的躍動,是人的存在的投入(existential commitment),是情的呼喚,是人的存在的擴充與創造,是意義世界道德價值世界的朗現,從儒家哲學形而上地說,是宇宙實體的朗現(disclose of Reality)。就是人們不信不談儒家形上哲學⓮,只從常識經驗可言說部分肯定儒家倫理關係,亦於世有益。

7. 仁與諸德之關係

儒家倫理教育,從一方面意義說,也是一種美德教育。兩千多年來,儒家所教都是孝悌忠信、仁義禮智、誠敬勤儉等種種美德。然根據上述對仁為人之本質之了解,儒家道德教育美德教育便可以仁(最高一層即人的本質的意義)為中心而貫串成一系統的了解。各種美德只是仁(人之本質的意義)在不同關係中及不同情境中表現而矣。仁作為人之本質之意義與諸美德關係可以下圖表示:

⓭　越趨於普遍的情,便越合於理。「理」就是在具體中抽象其普遍規則。也為甚麼康德(Kant)表述「定然律令」(Categoried Imperative)是求設準(Maxium)之普遍化。情合於普遍之理,是人間的深情,是動而無動,靜而無靜之情,不同於受生理機括本能欲望驅動的情緒(emotion)與激情(passion)。情緒與激情是浮於表面的,是動而無靜的,是波動起伏的。

⓮　如不談天道,不談宇宙實體,不談人的心體性體。嚴格說,宇宙實體天道等也不能直接言說,只能指示,以其不能為語言概念所限定,「道體」是非心非物,亦心亦物;非一非多,亦一亦多。

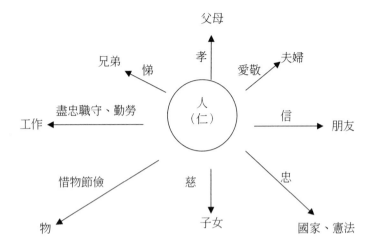

圓圈代表一個人，他的本質是仁，每一個人是一個關係的中心。在儒家看來，現實世界中的人都是未完成的，都是在關係中在回應中完成自我。所以每一個人在一意義下都是一位天然的藝術家，他在創造著自己，完成其自我的存在，故人都是在自我創造自我雕塑的過程中，來完成自我。此過程既是一道德自我之完成，也是自我雕塑過程中之藝術自我的完成。

圖中短箭頭顯示較親近的關係，長的箭頭代表較遠的關係。在箭頭所指示的每一關係中，人以仁心回應，即在此關係中實現了仁，便自然合乎道德。人與關係中的對象即感通而合一。故在道德實踐中，仁的感通中，是主客相融，人我相融，物我相融；所以便主客和諧，人我和諧，物我和諧。

各種美德或道德的名目，是相應於不同關係與情境而命名。比如說在以父母為對象，在與父母的關係中，作為子女，他的心或靈性，能感通於父母的心，知父母之掛慮、悲喜、好惡，於是子女之

靈性通於父母之心的道路，便是孝道，時常實踐孝道，時常心感父母之心，於是在子女的人格上便有所得❷，即常能有孝的行為表現，而為具孝德。如人之所對為兄長為叔伯，人以仁心感通兄長叔伯為親為長，故而有敬愛之心，此即名之為悌，故人感通於兄弟叔伯之道即為悌道。又如作為父母，養育子女，感通於子女稚幼而加以愛護慈蔭，此即名之為慈愛之道路，常慈愛之父母即有慈德。

再如人對物的關係中，人感通於物而知物也須物盡其用，才能成其為某種物的存在。故人對物便有愛物惜物之心，由愛惜而不致浪費，此中亦有一節儉之道與儉德。人與人能結合成朋友，必須依於信而開出通道，換言之，開始若沒有信，沒有對對方之信任和使自己可信，則便無法建立朋友關係。因此在朋友關係中，相互感通的通道，即為信道。故信德在朋友關係中凸顯為最首要。建立在利害、功用上的所謂朋友關係，並非真實的朋友關係。又如夫婦關係中，固然需要愛，愛使男女二人合一而成夫婦，但愛亦有深淺，若夫婦之感通只停留在愛慾上，或由愛而擁有上，則未能同時感通對方的獨立人格，獨立主體意義，而須尊重與禮敬，故儒家更重視夫妻之「相敬如賓」，夫妻須由愛進於敬，夫婦關係才能恆久，故夫婦關係中，仁心發用感通之道即為愛敬之道。

人對於所屬團體，對於所屬國家，人所感通的對象雖不是獨立的個體，人須感通於自己所屬團體，國家所依於成立的理上，此理即為團體、國家的章程憲法，以至忠於此團體、國家與及愛惜此團體、國家的歷史與文化。故忠為人感通於所屬團體國家之道。人對人之

---

❷　「德」，古字為「得」，故「德」亦有行道而有所得於身之意。

工作與職責，其感通之道，也是忠於工作，忠於職責。人對工作之感通，即知盡忠職守，勤勞認真，這時人與工作便相融為一。人在各種關係中，即有各各不同的分位與不盡相同的感通之道。從道德的角度看，在不同的關係與分位中，則有不盡相同的道德責任之要求。

8. 仁義禮智誠貫注於大部分關係與感通中

以上圖中所示的孝、悌、忠、信、愛、敬、慈、勤、儉諸德，是人之本質之仁性在不同關係中感通之道所表現之主德或主要德性，然以上所論未及「仁（作為一德之仁）、義、禮、智」。「仁、義、禮、智」是孟子所強調之四德。孟子明言：「仁義禮智根於心。」（《孟子·盡心上》）西漢董仲舒加上信，而成為漢及以後所重視之五「常」——仁、義、禮、智、信。以此為「五常」亦非無道理，因為在絕大部分的關係中，心靈之感通，皆多少寓有此五種美德於其中，故宜乎稱之為「常」德。五常中之仁，是一德之仁的「愛」之意義，與上圖所示的對象的關係中，如對父母、子女、兄弟、夫婦、國家、工作，以至於物（包括——生物死物），仁心感通之亦同時或深或淺涵有愛意，如對物亦可有情，所以良好公民應對公物加以愛惜。

義者，《說文》解釋為「宜也」。此解釋可以說正確，為歷代儒者所接受。孔子言仁多，但也及於義，《論語》中義字 25 見。孟子繼承孔子，然更重視義，常仁義並舉，《孟子》一書中，義字 106 見，其中 27 次仁義連詞，此也可說明孟子是推進孔子的思想，強調了義的重要，強調了在人的實際存在中，人本性之仁之發用，必須感通於具體之對象關係與情境，才能知道和作出恰當的回應。因此，道德固然根源於人性中的仁，但亦必須表現於具體關係

與情境的恰當回應中，這具體關係與情境像對人之仁心有所要求，要求其作出恰當之回應，此恰當回應之要求即為義的要求，即像要求人之仁心感通於「義」而抉擇「義」實現「義」，孔子已說：「君子之於天下也，無適也，無莫也，義之與比。」（《論語·里仁》）也就是說孔子認為君子行於天下，無所謂可與不可❷，一切以義為標準。又如孟子明言：「義，人路也。」（《孟子·告子上》），「居仁由義」（《孟子·離婁上及盡心上》），義是人的道路，因為具體的人必須存在於有限的現實抉擇中，故人的道路便是在恰當的抉擇或義的道路中。故可知在一切美德之為美德之實現中，普遍有一義道並存其中。若我們移孝作忠，以孝事君或統治者，或今日商業社會，以孝事老闆，這便不合乎義，這種孝便不成其為美德或道德。一切美德要具體落實，便必須合乎宜，合乎義。

但如何知義如何知是恰當呢？這裏也牽涉到智的培養，牽涉到道德判斷的能力的訓練。故一切恰當回應與抉擇，也就是一切具體表現的美德或道德，已涵蘊一智慧於其中，故道德同時是智慧，故「智」也是「常」道。本儒家的道德教育，亦必重仁智雙彰。西方對道德判斷的訓練（如柯爾伯格 Kohlberg），偏重於分析判斷的能力，這種能力固然重要，但不是智慧的全部。中國人講養智，儒道佛三家，皆重在使人先化掉氣性、慾望、習氣，利害得失所生的偏頗，清心靜慮，心明如鏡，無過與不及，看問題時先得中正之道，不致一開始便偏頗歧出，以至聰明心思用盡，也只見假象。這一點西方人西方文

---

❷ 孔子亦明言「無可無不可」（《論語·微子》），但美德教育的初階段中，不宜強調。

化的高明不及中國人中國文化，但在遇事分析精細，步驟綿密，中國人則不及西方人，故中國人做事常有不緊不要大而化之之弊。

至於禮，其核心意義亦普遍存在於各種關係中。禮之起源固與祭祀相關，祭祀亦包括各種儀式。禮之意義的發展，到周朝，禮與儀已有所區分。❷❸禮的作用是所以別異（《禮記‧樂記》、《荀子‧樂論》❷❹），使不同的個人與事物都各有秩序，不至於亂。禮必包涵敬的精神。禮與敬之別，是禮包含外表的形式，敬更重在指內心的狀態。若分別觀，各各存在的個人，都是相異的個體，人與人之相互禮敬，亦所以表示尊重相互間的差別，與各各相互間的不同關係與分位。故禮敬亦普遍存在於父母子女、夫婦、兄弟、朋友，以至在對工作職守，及團體國家的關係中。而且本儒家之教，對一切人（以至惡人，在未知其惡前）都存禮敬之心，因所有人的本質是靈性，最為天下貴。所以本禮敬之心，不止視他人為平等，且是舉他人在我之上。人人互相禮敬，必至於和諧。而且在互相禮敬中，同時是相互促進，相互教育。在人相互感通中，人對我禮敬，一方是一種肯定與鼓勵，一方使自己覺得慚愧，而要努力使自己進步，變得更好，以副人家的禮敬。故禮或禮敬亦為「常」德。五四時代批判禮教，固然因看到禮儀的僵化外在化，變成虛文與人心脫節所帶來的流弊，然亦未能把握禮的本來意義。

至於信，說是五常之一，是為一種常德亦甚對，因一切關係中

---

❷❸　《左傳》記昭公十五年，趙簡子問揖讓周旋之禮，子太叔曰：「是儀也，非禮也。」

❷❹　《禮記‧樂記》：「樂者為同，禮者為異」、「樂統同，禮辨異。」《荀子‧樂論》：「樂合同，禮別異。」

所表現的道德亦必須是一種信實，才堪稱為道德或美德。然本文作者認為，以「誠」代「信」，或誠信合舉，意義更見完滿。「誠」為《中庸》所首先特別闡發的概念。誠，朱子的解釋就是「真實無妄」的意義（朱熹《中庸章句》），真實無妄便是天道，故《中庸》謂：「誠者，天之道。」宋儒周敦頤《太極圖說》更把「誠」視為最後實體。無論如何詮釋，一切發自仁心向於任何對象或在任何關係中的感通，必須發自至誠者，才有真實的感通，然後才真實無妄，此亦為一切道德或美德所必需有的條件。誠者必包涵信，信則可指單純外顯的守諾行為，但此信守之行為也可以是根源於功用主義的，契約精神即源於功用主義的哲學，在社會（尤其是複雜的工商業社會）的運作上有其必要與實效。信亦可指由誠於內而有的信實，如此則誠與信是一體的兩面，要說根本，則誠更根本，可以是信表現的內在基礎。

從以上所論，可見今天而言，中華美德中的「仁、義、禮、智、誠（信）」仍可作為今天中華美德教育的五常，再配合其他如孝、悌、忠、廉恥等美德。這些中華倫理美德自有其理論的相互融貫性，而非零散的任意的。

9. 中華美德教育的當前時代意義略論

由於清末西方科技文明的入侵，利炮堅船把中國門戶轟開，重道德重和平不重武力輕功利的中國文化儒家思想，受到挑戰無法抵擋，以致節節敗退㉕——由洋務運動是重學西方的器物，到戊戌維

㉕　重道德和重禮教的性格與文化，在短期看往往鬥不過追求力的表現，以強凌

新的學西方的學校制度，至清末立憲及民國建立學習西方的政治制度，以至 1919 年五四運動掀起的打倒孔家店，全盤西化的呼聲不絕。中國知識分子在列強侵凌與及民國後的軍閥割據、國共內戰，皆不能真靜下來反思中國文化儒家思想的優勝處。大家都把傳統棄如蔽履。實際上，如上所論，由儒家思想而來的中華美德教育，在教什麼的問題上，於理論上更為系統與圓融，對當前科學發展並無扞挌，對當前西方德育理論發展亦可相融且有救弊補偏之用。以下將逐點略為論析。

9.1. 中華美德教育是自人所共有之平凡經驗下學而上達之路

如本文開首所言，儒家倫理不先由上而下先假定上帝存在或一最高原則，然後推演下來。而是由人們日常生活上常有感通之情說起。然後分析人存在之所有不同層面，而靈性層面確實存在，亦常識所共見。

若先確定上帝，不同上帝的信仰往往引起激烈的衝突。通過信仰建立道德，常顯得權威主義與獨斷主義，道德只附屬於上帝之命令，但誰人詮釋上帝之命令才最正確亦可常有爭論形成不同教派，最後誰對誰錯如果不訴諸武力決定，也少不了訴諸大家都接受的人生常識經驗。㉖各種宗教所信上帝不同，對各種美德之次序輕重有別，如基督教以「信」（信仰也）德為先，然世界各大宗教亦多少

弱，好勇鬥狠的性格與文化，但時間稍長，前者會最終勝利。所以中國文化的優點在其可大可久。

㉖ 儒者對天道、性命之體驗與解釋，細微處亦可有不盡相同，然在倫理美德教育上可說基本一致。

不能否定儒家五常之德以至孝、悌、忠、廉恥等之德。如果教徒不以自己的誠心以信上帝，如何算是一真教徒呢？各大宗教也不會教人不仁愛不孝悌，故真受儒家倫理美德之薰陶下，心靈是較開闊，既尊重各大宗教而能表現包容和諧之德。

9.2. 與科學發展並無矛盾

儒家倫理之教，與當前遺傳基因科學的突破性發展也沒有矛盾。在筆者看來，不止沒有矛盾，甚至是相吻合。從儒家的觀點看，靈性是人之本質，物質與生理的身體固然重要，但它是靈性之活動或表現之環境，人一出生，他所承受的遺傳基因已決定他的物理生理與心理的特質，而這些特質或優或劣，都構成靈性的限制的或多或少，優質的遺傳使靈性受限制較少，劣質的遺傳使靈性受制較多。生來耳目聰明，使人學習與理解都較快，但聰明人也不是沒有蔽處，聰明人心思快捷，心亦易於流蕩，易生驕傲而少安於笨拙樸實之功。有些人因遺傳先天疾病或基因紊亂而生下來時某些機能受破壞或生長萎縮（如手腳或視力等），人生的限制便更多，靈性自覺自己的限制，回應限制，因而一方安於限制，而一方在可能範圍內發展其他良好的機能，以創造價值，完成自我。此自覺自己的限制，面對限制，或逐步化掉限制（即在努力中改善自己的機能，如通過醫療或訓練），卻是靈性或道德生命之充分表現。所以，越能超越限制以創發，是越充分表現靈性。如果只從結果效果建立道德，天生殘障的人便不會有很多的道德與價值。

9.3. 中華美德是使中國人成為中國人的歷史文化環境

人縱生來便有美醜、智愚，以至健康與殘缺之不同，但為甚麼

仍肯定人人皆平等，皆同具尊嚴，就是因為人皆有靈性，這本是常識之見。靈性的存在於「身體環境」中外，還存在於其他環境：如自然環境，社會環境，以至歷史文化環境。人的具體存在，都多少離不開這些環境，這身體以外的種種環境的條件之優劣，也會影響以至窒礙靈性的生發與表現。人的具體存在是離不開身體、自然、社會、歷史文化等種種環境，人就是在這多種環境中實現其自我，所以嚴格說各種環境便構成人具體的自我存在的一部分，所以人對自己具體存在的家鄉山水，鄉鎮都會，社會國家，以至其歷史與文化，必較他處的人關係更密切而對其產生更多感情。要超越這種種環境，也要熟悉後才能超越，要「走進去」才會有「走出來」。要真走進去才知其優劣與限制不足之所在，然後才能創造發展環境，創造發展環境同時也是在完成自我。

9.4. 超越一種只追求自由與自主卻價值失落的漫蕩無歸

西方的自由主義在肯定人的自由與自主上，是有一定的貢獻，但只肯定人的自由與自主還不夠，因為人有了自由自主後，還是要面對一一問題：即有了自由自主，我如何去選取和抉擇呢？要實現怎樣的價值呢？根據怎樣的價值標準作選擇與抉擇呢？有了一套價值標準，便不是有了限制嗎？為甚麼是這一套而不是另外一套？不能選另一套，不是限制了自由自主嗎？於是要價值中立。避免價值選擇，避免存在地投入，於是價值失落，自由變成漫蕩無歸。殊不知事事中立，價值中立，本身已是一立場，是一固定的存在形式。任何在現實世界表現的形式或存在，都有所定限，這是宇宙中一個深玄的吊詭（paradox）。只求中立，便是一固定形式，一成固定便

有限制，便好像沒有了自由。真正的自由自主，同時是真正的中。真正的中，是《中庸》所說的「中」，是「時中」，是就每一具體存在中、在與各種環境的關係中而作出的最恰當的回應。在「時中」中，人一方仍不失其自由自主，且是人對環境回應創造一新的整體，是一和諧，用儒家古老的話，是一「太極」。於是人的靈性的自由自主不是沒有價值方向，任意取向的漫蕩無歸，而是自由自主中時時刻刻通過靈性的體驗與創造，建立新的綜合，新的和諧，新的融合為一的整體。這是中華美德哲學的高明處。

9.5. 與西方道德教育理論的發展有相融合之處

現今的時代是功用主義（Utilitarianism）與實用主義（Pragmatism）當令的時代，在西方民主與開放的歐美社會，雖然宣稱尊重多元價值，事實上由工業化發展至後工業化當前的經濟全球化時代，工商業與感性文化的支配，使普遍現代都市人的價值意識單一化，只追求現實的功用的價值。在功用主義的道德觀下，道德教育變得是重在理智的計算。功用主義者如邊沁（Bentham）所提出的快樂的計算（Hedonist Calculus）是一個典型，是一種輕道德情感的尚智主義。[27] 美國由六十年代中開始流行的價值澄清法（Values Clarification）也是實證主義、分析哲學的尚智主義思潮的反映。道德價值變得純粹是個人主觀的事情。然而吊詭的是，價值澄清法之後起大師，祁慎邦

---

[27] 劉國強：〈普世倫理之尋求與道德哲學的更高綜合試探——儒家倫理哲學的資源〉。見國際儒學聯會編：《儒學與當代文明——紀念孔子誕生 2555 周年國際學術研討會論文集》（北京：九州出版社，2005）卷四，頁 1803-1818。已選輯在本文集中。

（Kirschenbaum）為了回應批評，在 1975 年擴充了雷斯（Raths）等在 1966 年建立的三段七步驟價值澄清法公式，變為五段十步驟的價值澄清法新公式。❷新公式最引人注目的，是強調加強與別人的溝通，同情地瞭解別人的觀點，與及意識到人須在不同層次尤其是作高層次的思考。而這也正正是儒家美德教育所重視的，加強溝通，加強不同層次的思考，也說明了價值澄清法是無法避免觸及道德的本質即仁心感通的發展，道德的客觀性是在人的不斷感通發展中見出。若完全收歸於個人主觀中，不能超越個人現實自我之限制，涵攝外在對象事物作為新綜合新發展，便無法真正建立道德。

儒家肯定人之本性是天之所給予，因此而天道與人之性命是相貫通的，也是說人之本性與天道是同一的，是天人合一的，故道德之基礎在人之本性。換言之，也即同時在天道，實踐人之本性就是實踐道德實現天道，故孔子說「人能弘道」，上文已略及此意。《中庸》開首即謂：「天命之謂性，率性之謂道，修道之謂教」，正是簡單扼要申述此一觀點。在筆者的理解，美國道德教育泰斗柯爾伯格（Kohlberg）的道德認知發展理論，在一意義上是支持儒家人性基礎論的道德觀。因柯爾伯格的道德認知心理的三層次六序階理論正正隱含著對人性中的基本結構的肯定。❷而其肯定人之認知結構是與道德價值的發展若合符節。柯爾伯格受杜威之影響重視教育或道德教育的「發展」意義，也與儒家仁心感通之須不斷擴充基本

---

❷　Barry Chazan (1985). *Contemporary Approaches to Moral Education*. N.Y.: Teachers College Press. pp.46-49.

❷　劉國強：〈道德教育及其人性論基礎〉，劉國強、李瑞全編：《道德與公民教育》（香港：香港教育研究所，1996），頁 41-56。已選輯在本文集。

不見矛盾。但在儒家看來，正如前文所說，仁是一種理，固須訓練智力以利仁，如孔子所說「智者利仁」，但仁也是一種情，情須涵養，「涵養須用敬」。道德情感的重要可以說正是柯爾伯格理論有所忽略之處。

姬莉芹（Gilligan）對科爾伯格尚智主義的批評，並重視人與人的具體關係與關懷之情，由此而建立關懷倫理，認為道德教育應建立於關懷倫理上。事實上，儒家倫理正正不能離開人與事物的關係說道德。如前之所說，照儒家看來，人就是存在於各種關係中。人的自我完成，就是在關係的回應中。「義」之概念，正正表示是在具體關係具體情境中才有真正的道德可言，抽象的原則原理可以幫助我們判斷，但最終還是要良知（可說是靈性，或本心的另一名稱）在人具體存在具體處境中的知義行義。良知或靈性是一種知，也是一種情。

中華美德儒家倫理也不否定美國目前最受重視的「品性教育」（Character Education）。品性教育強調重視一些基本共同的美德，如里克納（Lickona）便提出尊重（Respect）和責任（Responsibility）為兩個最基本美德❸，其他美德如自尊、公平、守諾、同情等皆由此兩基本美德衍生。姑不論美德的名目與數目的多少，與及各美德重要性的次序如何排列，正如本文前面所述，儒家二千多年來的道德教育，在一意義上也是一種品德教育，上文所述的孝悌忠信，及仁義禮智誠等亦可被視為一些基本恆常的美德。儒家也重視學子從童蒙開始便培養這些美德，讓人養成美德的習慣，建立良好的品性，漸長後便重智育使更知各種美德之所以然，使人更堅定實踐義之所當

---

❸　　Lickona, Thomas (1991). *Educating for Character*. New York: Bantam. pp.43-47.

然的道德。

9.6. 中華美德教育也是一種情感智慧的教育

　　如果本文讀者有注意到，高文（Daniel Goleman）在 1995 年出版了《情感智慧》（*Emotional Intelligence*）一書❸，便一時風行，洛陽紙貴，被翻譯成各國文字，坊間談論「情感智商」，教人如何培養孩子情感智慧的書如雨後春筍。「情感智商」一類名詞成了人們尤其是教育界和家長們的口頭禪。高文書中引述耶魯心理學家沙諾維（Peter Salovey）的看法，指出情感智慧有五方面，其中包括情感的自知（self-awareness）、情感的自制（emotional self-control）、自我奮發（motivating oneself）、同情共感（empathy），處理關係（handling relationships）。❸這些名詞所包涵的概念與意義，對於讀過儒家經典的人，肯定不會陌生，孔孟及歷代大儒不都時常教人這些嗎？孔子教「克己復禮」（《論語·顏淵》），言忠恕（《論語·里仁》）；曾子要人「三省吾身」（《論語·學而》）；孟子教人「反求諸己」（《孟子·公孫丑上》），其所說之四端：惻隱之心、羞惡之心、辭讓之心、是非之心，是理也是情；宋明儒者論省察、涵養，都包涵了高文（Goleman）所說的情感智慧，只是人們只知慕西方，而對自家門內的珍品粗心大意沒有覺識而已。

---

❸　Daniel Goleman (1995). *Emotional Intelligence.* New York: Bantam Books.

❸　同上，pp.42-44。

儒家仁心感通擴充的
道德價值論說

1. 本文主旨

　　本論文的主旨是要申論儒家主張仁心的感通擴充，是倫理道德、和諧社會文化建設，及在多元社會中建構核心價值之基礎。簡單說，就是仁為根源或基礎。這是儒家一向的主張與看法，並非新論。本文之作是用現代人的話語，面對當代人的問題，也多方參考唐君毅先生對儒家思想概念的疏論，希望藉此申論儒家此一向之主張，說明其在當前時代仍有其真確性與說服力。

2. 仁心發用為倫理道德的基礎

　　什麼是倫理？什麼是道德？倫理或道德的本質是什麼？什麼是倫理道德的標準？以至道德有沒有客觀的普遍性？這些問題哲學家的討論由來已久，大家輩出，立說紛紜，莫衷一是。事實上也難於一錘定音。在筆者之拙文《普世倫理之尋求與道德哲學的更高綜合

試探——儒家倫理哲學的資源》❶中，論說幾家重要道德哲學派別之優劣，雖所論道德哲學派別並不周備，但也指出了，不論以快樂之價值，作為道德善惡判別的根據的功用主義（Utilitarianism）；或以上帝存在，對上帝真誠之信仰為基礎的基督教傳統（Christianity）；以至憑個人情感之喜惡以作判斷的情感主義（Emotivism）；或遵從義務（duty）而行的德國大哲康德（Kant），也必須包含心靈感通各種不同的價值以至由心靈真誠的感通信仰上帝。事實上，沒有任何稍具說服力的道德哲學不預設了主體心靈的作用，而儒家倫理道德哲學也同時是一種最能自覺肯認此心靈作用表現為仁心的感通、價值的意識的豁醒。❷

　　仁心的感通、仁心的發用，同時是一種價值意識的豁醒。道德，更廣泛地說，是一種價值。沒有價值——尤其是道德價值，便不成其為人生世界人文世界。所以在儒家看來，價值意識之豁醒，或仁心發用而有所感通，可以說是道德的本質或基礎。若從形而上學的存有論（Ontology）或宇宙論（Cosmology）看，仁是人存在之本質，也與能生天生地的超越的天的本質同一。筆者的另一拙文《中華倫理美德的理論系統與當前時代意義》❸是指出儒家主張由切近的經驗下學上達來達致這種超越的肯定。若不從切近的經驗下學上達以建立超越的肯定，而是由天啟而來的信仰——超越之絕對神，或為建立理論系統而預設一最高原則，往往使系統與系統之間、信

---

❶　已選編在本文集中。

❷　心靈的作用也可以表現為認知心，如科學之重客觀認知。

❸　曾刊於《中國德育》，中央教育科學研究所，2006 年 12 月號。已選編在本文集中。

仰與信仰之間，互相對立互相外在而無法融通，以至矛盾對立互相
否定。

　　論者或許說，道德就是為達成社會功能而產生（如涂爾幹
Durkheim 之論）。或者只是為使大家追求快樂避免痛苦（功用主義者之
看法）的欲求得以實現而已。又或以道德倫理就是如此這般的現
象，無需假定背後有什麼「本質」、「實體」或「天道」，像現象
主義（Phenomenology）的觀點，不去說現象背後有什麼是什麼。殊不
知任何把道德限於經驗世界、社會現象而不聯繫于超越面如本質、
天道、上帝等等，則道德法則便只有偶然性而無必然性，即無法說
明人何以「應該」遵循某些道德法則。功用主義者（Utilitarianist）邊
沁（Bentham）追求「最多數人的最大快樂」（The greatest happiness for
the greatest number），這一功用原則之能有效、之應該被遵循，正是
因人能感通到我以外之他人也需要快樂，他們的快樂也有價值。這
是當人的仁心發用、感通他人亦同是靈性存在，同有悲歡苦樂，而
其悲歡苦樂同是價值或負價值，然後人才能超越個人的快樂苦痛，
建立「最大多數人的最大快樂」的原則。假若我不能有仁心感通他
人的痛苦，沒有感通之情，就像野獸般饑餓時捕捉弱小動物撕裂而
食，有何不可；人為什麼不可只要自己聰明能避免懲罰便把自己的
快樂建築在他人的痛苦上——因對我而言，可以是沒有感覺，因此
沒有仁心感通，任何超越個人的道德普遍法則皆不能真正建立。後
天經驗的影響固可以使人感通之情變得遲鈍以至麻木。

　　論者又或說由於人自出生後在社會長大，受社教化
（socialization）的影響，父母、教師、社會都對孩子灌輸某種價值或
道德，因此道德便可在人們內在化而達到維持社會之功能，故並無

在社會以外的道德本質存在。這種看法似是而實非。人能受教育受社教化，正由於有內在的本質才可以接受道德的教育而內化，社教化只是道德產生的必需條件（necessary condition），而非充足條件（sufficient condition）。比如一顆小石粒，沒有松樹的本質，無論水、陽光、礦物質、肥料如何充分，也無法發芽生長成松樹。但一顆松子，在恰當的條件下：有充足的陽光、水分、養料等，便可發芽生長而成一松樹。由發芽生長而成樹的過程固是經驗界的現象，如沒有松的本質❹，又如何可能。當然，縱然是松子，有松的性質，但沒有充足的條件，如欠缺水分，或陽光、或養料，便似與小石粒無別，無法發芽生長。

　　一般讀者會知道孟子以人有四端說人的性善，但或許沒有注意到孟子也說過：「乃若其情，可以為善，斯謂之善矣。」（《孟子・告子上》）意思即是說：在實情上❺人可以為善，這便是我（孟子）所謂人性是善的意思。「可以為善」，是人的本質，但實際上人為善多少，能持續為善多久，也受一些條件如生活環境所影響❻，所受教育教化的影響，以及最重要的是否自覺此「可以為善」之本質，而自覺地努力擴而充之。而儒學之教化及其不朽之價值亦

---

❹　從現代科學的觀點，總希望能從物質的經驗的角度來解釋一切現象，新興的心靈科學（Science of Mind），就是希望從科學的角度研究心靈或精神現象，最終以物質物理現象說明心靈或精神現象。但縱使發現一些生物的基因，或腦中某部分的細胞中的電子脈衝與某些精神現象相連而起，也只能說明這些物質部分只是必需條件，而不必然是精神現象的直接原因。

❺　在《論語》、《孟子》中，「情」字不多，都是指實情或情理。到《荀子》，「情」字多見，多指人之感情言。

❻　如孟子所說的「富歲子弟多懶，凶歲子弟多暴」。（《孟子・告子》）

正正在教人自覺此人之本質性而努力擴充之。

3. 仁心發用是「善」與及是和諧文化建設的基礎

3.1. 能感通是善、閉塞不通是惡

「可以為善」，孟子所肯定的是一個如此簡單的經驗事實，人人都多多少少能經驗到認識到人是可以為善的。但論者仍然可以說，人也能經驗到人也可以為惡，為什麼只說人性是「仁」、是善，而不說人性是惡呢？這是對孟子「性本善論」❼的一種常見的批評或懷疑。

這種批評或懷疑並不難解答。人「可以為善」的基礎正因人有仁心而能感通。所以再深一層說，也可以說人的本質便是仁，或「人能感通」便是人的本性。死物沒有感覺，因此麻木不仁，無所謂感通，禽獸有感覺，但不能自覺，因此不能自覺自我與對象之別，所以是有感而無所謂通。《中庸》謂：

> 喜怒哀樂之未發，謂之中；發而皆中節，謂之和。

人在遇事接物中生感應，而有喜怒哀樂之情。此喜怒哀樂之情能恰當地回應於人所遇之事所接之物，也就是人能感而遂通❽，人與所

---

❼ 嚴格說，孟子是「性本善論」，而不是「性善論」，是人之「本」善，而非現實已經是善。現實的人可以擴充其可以為善之質，而成善人、仁者，以至聖人；但也可以沒實現擴充而成小人、惡人。

❽ 周敦頤《通書》（第四章）謂：「感而遂通者，神也。」宋儒如程伊川與朱子也多所強調。

遇之事與所接之物便無閉塞阻隔不通；換言之也就是與所感通之對象融和或融合為一，❾此中便是善，也是和，朱子注釋謂：「發皆中節，情之正也。無所乖戾，故謂之和。」（朱熹，《中庸章句》）《中庸》更指出，「和者，天下之達道也。」為什麼是「達道」，朱子更解釋說因是「天下古今之所共由（之道）」。所以是「共由」，就是因為這是「感而遂通」，也可以說感而遂通是和，是達道。

但若人不能感通，此中便閉塞不通，閉塞不通也可以說此中即沒有仁心之恰當發用，此中便有惡。簡言之，閉塞不通便生惡，便沒有和。

舉淺例言之，一個毒販，因感通財富的價值，與及由擁有財富帶給自己的享受的價值，卻不能或不願感通因他的販毒而使吸毒者毀了一生，及帶來吸毒者和其家庭的痛苦。故毒販是對受害者的痛苦與幸福閉塞不通，此中便有販毒者的價值與受害者的價值的矛盾，販毒者追求的價值（金錢、物質享受等）泛濫，而損害以至完全抹殺了受害者（吸毒者及其家人）的合理價值的追求與實現，此中便有惡。固然吸毒者本身也有一定的責任。

又如黑社會中人的罪惡心理，在利益與立威的爭鬥中，互相毆鬥砍殺，以夠凶夠狠，以殺人不眨眼為英雄，是他們的心裏只感通到利益與立威的價值，而不去感通受害者的傷害與痛苦，及他們的

---

❾ 「融和」與「融合」二詞，雖意義不完全一樣，但在實際發展上，也可以說在辯證歷程上，融和必發展至融合。和而不同，即不同也可以和。不同也可以和，進而互相欣賞，互相吸收，便發展至最高綜合的和，此時之和同時也是合。

行為對社會所構成的危害。這些人的心都與受害者的痛苦與幸福及社會的和諧進步閉塞不通。但人畢竟是人，某些時候——或是夜靜更闌，或是看到自己子女可愛成長的一刻，仁心或良知自然發用，會感到自己的所為是惡行，於是這些人的自我亦有一種內在的矛盾不安，是人自我內在的不和諧，這些人此時為了減少這種內心不安，會多方用一些似是而非的理由為自己的罪行開脫，如「人不為己，天誅地滅」、「適者生存，弱肉強食」、「人在江湖，身不由己」等等，這些似是而非的理由幫助閉塞了人自然而有的感通之情。

相反的，人若能感通他人的存在，感通他人的處境及他人的悲歡苦樂，這是人自我存在的擴充。故仁心的感通，是人超越現實自我的限制，使感通的對象成為自己生命存在的一部分，所以仁心感通是使自我與所感通的對象融合為一，是和諧的基礎。仁心是道德的基礎，也就是唐君毅先生所說：一切道德行為、道德心理，都是人自己超越現實的自己的限制。❿也可以說，一切道德行為皆是自我存在的擴充。以孟子所舉「見孺子將入於井而有惻隱之心」為例。人有這一遭遇時，可以是正在椅上曬太陽，自己十分安全，但當見孺子將入於井，便有怵惕惻隱之心的反應，是人超越自己十分安全的現實處境，而當下感孺子將入於井的危險，而當下感通而充盈內心為整個心所關切的，便是孺子的安危。這當下的感通中，其實也沒有了或超越了我與孺子的主客分別，就像自己也就是在孺

---

❿　唐君毅：《唐君毅全集》卷一之二：《道德自我之建立》（臺北：臺灣學生書局，1991），頁 54。

子的危險中，那怵惕惻隱之心，是一種情，同時也是一種動力，推動自己霎那間從椅中——從曬太陽的安全與閑逸中跳起，一箭步衝前，把孺子從將入於井的危險中救回來，使負價值的悲劇不至發生。

仁心感通使人的存在不斷擴而充之，以至人的存在可以與天地萬物為一，所以孟子說過：「萬物皆備於我矣」（《孟子·盡心上》）。由此可以見出，人的存在，不止存在於自己身體所在的時空，而是可以存在於自己身體所在的時空之外的其他時空，以至一切時空中。也可以說，人是存在於他所能感通所能關切的一切對象之中——因人與所關切之對象通而為一，融合為一。

由以上理解，不難看出，仁心發用，是超越現實自我的限制，向外感通，是人與對象（人所感的任何對象）的融和以至合一的基礎。儒家對人存在的本質在仁心——即「人能超越現實自我，感通於外」的信念，必至於最終重視和諧，以和合為貴。儒家也不否定現實事物中有正反的對立，但更重視在變化發展的辯證歷程中須發展至更高階段的合。正反對立是過程，是手段，最後還是為了合。

3.2. 既重仁，何以又重義與禮？

仁既是和合的基礎，孔子重仁便可以了，為什麼同時也重義與禮？

先說何以重義？這是因為具體的人的存在，都是有限的存在。人的本質的仁只能在具體存在的人在具體的情境中發用，其發用所根源之仁性雖一，但因有限的具體情境是多種多樣，故仁在具體情境的發用表現（也必在物質世界經驗世界中，故儒家不會否定物質世界經驗世

界的真實性與重要性），便必須有其適當與否、合宜與否，即是否「義」的問題。

故孟子更發揮了孔子的仁道，常仁義並舉，孟子強調：「義，人路也。」（《孟子·告子上》）因為具體的人是有限的存在，必須有義或道德以彰顯仁，「義」便是道德的標準，合乎義，便合乎道德；義便是道德。合乎道德合乎義使人成為真實的「人的存在」。個人在具體情境中能否感此「義」，覺此義道，即前文所說的人的價值意識能否豁醒而覺此義道。用簡單常用的道德語言來說，就是個人能否時時處處對「應該」有自覺。

既重仁與義，又何以要重禮？因為縱使發自仁心，縱使知合乎宜合乎義，但也須外顯合乎禮，因在不同文化不同社會中，也可以顯為不同的外在的形式，即不同的外在禮節法度（如西方人見面禮可以是擁抱，中國人則鞠躬或拱手，泰國佛教徒合什作揖）。沒有外在適當的禮節形式，由仁以知義的事實也不能彰顯，也不能通過恰當外在形式以達人與人的相知相感，縱有善意，因禮之不同或不恰當亦可以引起誤會，故人須入鄉隨俗。又如人感通父母之愛而知恩知孝，但卻沒有半點表現於外在行為與禮節形式，沒有出返相告，沒有晨昏請安，沒有「有酒飼，先生饌」，如果說只將孝放在內心，則久而久之，亦將喪失。所以孔子強調「文質彬彬，然後君子」（《論語·雍也》），有質（內在之仁心），也必須有「文」（表現於外之禮）。

孔子弟子有子強調「禮之用，和為貴」（《論語·學而》），這是十分正確的。禮的功用，就是使人與人間可以達致和諧，因人各有異，禮所以用來分別異（《荀子·禮論》、《禮記·樂記》），使相別

異者有秩序而不至於相爭與亂❶，故禮之用，在達於和。而禮能建立，正正由於人能超越自我，而感通到與自己不同的他人之存在與價值，於是對他人存在予以肯定，以至見他人的價值在自己之上，或都可以在自己之上。因此對他人有禮不止是視他人與我平等，且多少有對他人推而尚之之心情，視人更高於自己，這種思想形成中國人謙遜的文化心理。是十分可貴的。

禮本於仁，內仁外禮，所以禮是根於人能超越自我，感通他人同為真實的存在，他人因具價值，使人與人間互相尊重包涵。人能超越自我，也同時是擴充自我之存在，而成其更大更真實的存在。重仁與禮的社會不會是人人只知自己，自我中心，目中無人，或只求爭勝，追求自己勝過他人壓倒他人，而是像當代大儒唐君毅先生所說的，是人與人的心靈「交光互映」❷，在相互包涵欣賞中見社會中人與人之相感相通，人間世界可以是一個何等相互滋潤與豐盛與連綿千古的世界；而不是像西方當代的個人主義、或實證主義（Positivism）下的價值觀道德觀❸，以至存在主義如沙特（Sartre）所見的每一個人都可以像是一個孤島，都是絕對孤零零的，人間世界

---

❶　禮之起源初與祭祀相關，到周時禮已包括典章制度、風俗與社會規範，也實際包涵今天法律的意義。今天社會要避免爭執與紛亂，亦必須禮法並用。

❷　《唐君毅全集》卷一之一，《人生之體驗》，頁 145、146；卷一之二，《道德自我之建立》，頁 141。

❸　如邏輯實證論（Logical Positivism），可參考 A.J. Ayer, *Language, Truth and Logic*, Ch. 6)，美國上世紀六、七〇年代盛行的價值澄清法（Value Clarification）價值教育進路，即建基於這種哲學。

是一個何等荒涼寂寞與阻隔不通以至完全是荒謬的世界❹。世界的荒謬性也反映在任何人因洩憤而攜槍進校園亂鎗掃射，使無辜的天真學童喪命，使多少個家庭籠罩哀傷，像行為間沒有了因果關係，亂鎗掃射者（很多時是冷靜的預謀行動）像完全感覺不到無辜受害者的半點悲哀。因為沒有了感通，也感覺不到因果關係，當下的存在成為了孤零零，成為了荒謬。儒家思想所培養大多數人的文化心理，是使人寧願自己受苦、自己犧牲，也不願把更多痛苦帶給他人。

禮是建立和諧社會和諧文化所必需的，但禮除其外顯的形式外，也必須有真實的仁心之感通作為內涵，不是徒具外表的儀文節目，否則便成了虛偽的僵化的文飾。禮一成為僵化的虛文，便會桎梏人的真生命真感情，走到禮的存在意義的反面。所以孔子強調：「人而不仁，如禮何」（《論語・八佾》）、「禮云、禮云，玉帛云乎哉！」（《論語・陽貨》）孔子的意思是說：不仁的人，光有外表的禮，又有什麼用？與及禮並不就等於外在的玉石綢絹，縱使是貴重的禮物。換言之，即不能沒有了內在仁心感通之情。五四運動所打倒正是僵化了的封建禮制。火鳳凰從灰燼中升起，中華民族的復興，經濟與科技固然必須發展，但也必須包括如何重建與新時代相

---

❹　雖然被視為存在主義者包括了觀點很不同的哲學家思想家，他們卻是一致地肯定人的主體性與人的自由。存在主義在科技與工業文明中欲重建人的主體性與自由，卻使人的存在面對空無（Nothingness）帶來的佈慄（anguish），尤其是無神論存在主義者如尼采（Nietzsche）、沙特（Sartre）。沙特以對過去的一切可以作出否定來見人的自主性主體性；否定使人超越限制而自由。然而在否定中人卻茫然若失，生命存在無所掛搭，只有孤零零的主體，所以存在主義無法建立道德與價值的基礎或客觀性。

融合❶的禮樂制度。

3.3. 價值意識的擴充與義及和諧文化

但仍有問題是：人如何能「中節」？如何能覺此應該知此應該？或覺此義知此義？什麼是「義」？什麼是「應該」？這是千古的問題。墨子已指出「一人一義，十人十義」，以至今日多元世界，不同的價值、不同的標準，各有各說，誰對誰錯，一時似也難於定奪。

看什麼是義，什麼是應該的問題，儒學是下學上達之路，是由仁心不斷擴充，而創生「義」與「應該」，使「義」與「應該」生生不息，也即創生了不斷的融和與融合。仁心不斷擴充，也同時是「價值意識」的豁醒與擴充，也即是「義」的擴充。因此「仁心」、「價值意識」、「義」，都不是純粹對象（pure object），都不是僵化固定的，不是單純的知識，而是與人的主體性（subjectivity），與人的真實存在結合的創生歷程。若不作分解的說，仁心、價值意識、義、主體性、人的真實存在，與及創生歷程，都是一根而發，是同一實在（Reality）。

這樣說，對一般不習慣於哲學思考，不習慣用這些概念的人來說，好像是相當抽象，以至有點玄虛。其實道理並不玄虛，可以用些具體的經驗例子作說明。經驗上說，任何人都是一有限的存在，物理與生理構造，使人受物質墮性，感官生理的欲望本能衝動的驅

---

❶ 用「融合」一詞表示不完全只求「適應」新時代，要適應時代，但新時代的一些危害人存在的價值的發展，也須制止或修訂改變後才達致融合，不是只求符合所謂「現代」的趨勢。

動，對滿足物理生理與感官的需求的東西都自然的追求，以至盲目的追求。能滿足人的物理感官生理之需求或由此而生的快樂，此中當然也有一種價值，這種價值也是人最易感覺感通到，也最易受肯定。而這種價值的滿足卻往往是互相排斥的，如我吃了那碗飯，使我肚子飽，但我吃了你便沒得吃。物質慾望的東西，是你佔有了，我便沒有，我佔有了，你便沒有。人的存在，最先最容易感通到的價值，即在自己的物質需求與及欲望的滿足。然而人在人倫關係所表現親親的孝悌之情，是人最自然地超越自我需要與欲求，而感通父母兄弟的需要欲求與幸福快樂，也可說是人心最容易超越現實自我的限制之自然感通。所以孔子的學生有子說：「孝悌也者，其為仁之本與。」（《論語·學而》）朱子釋為「孝悌為行仁之本始」（朱子：《論語集註·學而》）。於是人的擴充仁心，擴充價值的意識，最自然也最容易是由孝悌的培養開始，再擴而充之。人的價值覺醒原則上可以由人對家族親人之愛，對鄉里之愛，對國人之愛，到對普遍人類之愛，以至對其他動物，生物，以至對死物亦有情。❶即孟子所說的「親親而仁民，仁民而愛物」（《孟子·盡心上》）。人心（仁心）亦可從需求欲望滿足的「用」之價值的感通，到真、善、美、神聖等各種實用以外的不同類型與層次的價值的覺醒，與體

---

❶ 當代美國關懷倫理（Care Ethics）的道德教育家駱婷詩（Nel Noddings）亦有幾乎一樣的說法，駱氏說：「由關懷自己，關懷親愛的他人，到陌生人，到地球上的其他人；由自然世界和非人之生物，到人做物，到觀念。」(Noddings, N [1992]. *The Challenge to Care in Schools*. Columbia University: Teacher College: Teacher College Press. 'Introduction'. P.xiii. Also, Noddings, N. [1995]. Teaching theme of care. *Phi Delta Kappan*. May 1995, p.675.)

驗，與欣賞。

　　筆者在拙文〈禪宗對教師的啟示〉**⓱**曾舉一例，亦足以說明人們，以至有學識的教師們，也常可以有所覺悟——價值意識的豁醒與擴充。如一位平常教學認真而剛嚴的教師，克盡教學之責，做到嚴師為難。但一次放學後在路上行走，迎面而來的三兩學生，是自己作班主任的班中所教的學生，每日皆見面。這位剛嚴的老師心中正想著，迎面來的學生一定會向他鞠躬行禮或至少打招呼，像往常在學校一樣。誰知學生雖然看到他，在差不多行到他面前時，已從側面的巷子鼠竄開了。這位剛嚴的教師一面錯愕，不明所以，想著明天回校要如何教訓這些學生，讓他們懂得禮貌規矩。他想著想著，忽然一片白雲把熾熱的太陽擋過了。剎那間，他若有所思，心中有所覺悟。收斂了的熾熱陽光使他覺醒到溫馨親切的價值，他看到了自己一向為師嚴厲認真的價值，卻欠缺了溫馨親切。對學生恰當時要有嚴厲的一面，也要有恰當的溫馨親切。於是他想著明天回校不是要懲罰學生，而是如何使學生感到他的親切，以補救自己過去的偏蔽。這一覺悟是價值的豁醒，是真實生命的存在，是仁心的擴充，是宇宙真實（Reality）的開朗（disclose），此擴充此開朗是補充現實世界與人的現實存在的偏狹與不足，是人贊天地之化育，是人能弘道。

　　仁心不斷感通，價值意識的擴充，由此，一位重視實際與實用

⓱　Siu Ping-kee, & Tam Tim-kui, Peter (1995). *Quality in Education: Insights from Different Perspectives* (教育質素：不同卓識的匯集). Hong Kong Educational Research Association (香港教育研究會), pp.246-258.

的商人或企業家，可以欣賞一個時常追求美感經驗，把美的意境具體化在宣紙，在畫布，在音樂，在雕塑的畫家或音樂家或雕塑家的價值。一個重視實證，追求嚴格論證的科學家，卻可以欣賞哲學家、宗教家的超越的情懷，以及對永恒的關懷（ultimate concern ⑱）與企慕。一個老成穩重而常瞻前顧後務實以成就事業的實業家或行政總裁，卻可以欣賞年青人對他率直的批評，與及年青人充滿理想主義浪漫主義的情懷。以上種種，都需要一種常能擴充價值意識包涵各種不同價值的胸襟。

　　然而，人的現實存在畢竟有限，學習不同學科，生活於不同國度、環境，以至人有不同型態的性格，亦常使人無法相知，無法相互感通與了解，以至往往產生各種誤解；而人亦常多先要求人對自己了解，常怨他人不了解自己，多於求自己先去了解他人。人世間的怨恨、仇視、鬥爭，及由此而引生的種種人間罪惡與痛苦。亦常由人與人不了解、無法感通以至相互閉塞不通而起。

　　荀子即見識到人世間的禍患，正正是因人常偏蔽於一種價值，而抹殺或忽視其他價值，荀子說：「凡人之患，蔽於一曲，而闇於大理。」（《荀子·解蔽》）「大理」，筆者所理解就是能見其通之理，「闇於大理」，就是執於一偏之理，而不見理之可通及其他。⑲

　　佛廟中的佛陀像或菩薩像，俯視眾生，悲憫著世人因無明與執著而生種種痛苦。佛菩薩的悲憫，是源於一種智慧，一種通觀，了

---

⑱　田立克（Paul Tillich）定義宗教為人的「終極關懷」（Ultimate Concern）。

⑲　《荀子·解蔽篇》即指出人可以有種種蔽：「欲為蔽，惡為蔽；始為蔽，終為蔽；遠為蔽，近為蔽；博為蔽，淺為蔽；古為蔽，今為蔽。凡萬物異則莫不相為蔽，此心術之公患也。」（《荀子·解蔽篇》）

解人世間多少痛苦災難是源自人的閉塞與執著，源自人的無明。唐君毅先生也說過：「聖者通也。德化及人，而人之德亦成己之德，即人之福，亦可相感通。」❷⓪

　　培養人之仁心的不斷擴充，使人之價值意識不致蔽於一曲，使人心胸廣濶心境寬平。心胸廣濶心境寬平像「地之博厚」之德，是能承人載物之德，故厚德載物。德之厚德之深，使他人亦不覺其德，是潤物而無聲之德。

　　但只有地博厚之德仍不足夠，還須有像「天之高明」之德，因為人的存在是存在於具體情境中，具體情境都是有限的，有限的故不能一下子將所有可以包涵的價值都一併實現，故便有緩急先後、本末始終之別，是否恰當的問題。《大學》謂：「物有本末，事有終始，知所先後，則近道矣。」故「君子而時中」（《中庸》）。若人常有包容的廣闊胸襟，即常有地博厚之德，也可以幫助人善於感通，而較易達於發而皆中節的智慧高明之境地。

　　具體存在的人的人生發展途程中，若能時常仁心發用，像孟子所教，時常擴而充之，時常有價值的豁醒，將逐步使人存在的本質之心靈在現實中去其物欲氣稟之偏，而能不斷致其廣大，能時時處處皆發現價值，於是縱使不是農民，於一絲一飯，皆可感其來之不易，而覺醒農民勞動的價值；農民耕作配合四季天時，那種樸實無華、日出而作、日入而息的生活，自可感受那種自然中的生活，與自然和諧為一的價值。若人處處發現價值，人生處處皆可得到滋

---

❷⓪　　唐君毅：《中國哲學原論——原道篇卷一》（臺北：臺灣學生書局，1991），頁 243。

潤，人生將無入而不自得。

4. 仁心發用與多元價值中的核心價值之建構

總結上文所說，不外是指出：⑴仁是道德與價值的基礎，也即是說因為人有靈性，有仁心，所以才有道德世界價值世界。⑵仁心感通，價值意識豁醒與擴充，使人能體驗與包容不同的價值（包括不同種類與層位之價值），由此而人與人的心更能相感相通，以建立和諧的社會與和諧的文化。故仁心感通與擴充是和諧社會和諧文化的基礎。⑶義或道德的標準或客觀性，正是在於仁心感通與價值意識的不斷豁醒與擴充中確立。由此儒家一方能包容價值的相對性，一方可確立價值的客觀性。道德價值客觀性不是在此或彼原則作為標準，若在此原則或彼原則將無法超越相對性，而永遠可以因不同觀點而爭論不休。道德價值的客觀性是在擴充中包涵中見其融合以成其為「大」的過程中。㉑「為天為大，唯堯則之」（《論語·泰伯》），聖人效法天，故能如天之大。⑷仁心感通，價值意識豁醒與擴充，使人心胸廣闊，有容乃大，表現了像「地博厚」之德，足以承人載物。然而人仍須像天之高明，在具體存在的有限情境中知

㉑ 譬如一位自少因家境及客觀環境限制而祇接受了很少學校教育的鐵路站臺的清潔工人，在站臺上看見一紙盒，祇本著盡自己責任，清潔好地方，把紙盒放進大堂上的一雜物房，沒有意識到恐佈分子這一時期所針對的破壞對象，因此沒有解除了引致傷亡的爆炸災難。經過了這次事件，他在火車站臺以至相類地方相類情況，對自己工作上的要求，感到義所當為、義所當注意的事便有所增加。這是他的義的擴充與發展。不同的人，都理應常在義的豁醒與擴充中。也即只在盡心而矣。

本末先後，然後知其宜知其義。❷❷

關連於第⑷點意義，還需要進一步闡釋，而在進一步闡釋中更可以見出任何人類社會皆有需要建立核心價值，才可以落實和諧社會和諧文化。

能包容，是因為能設身處地，同情共感，而感通到他人亦往往有所見有所是，而其所見所是亦非全無價值，這是能致廣大的胸襟，也是自仁心之常能感通，常能有所覺悟而至。然而我們也必須知道：任何所見所是與所肯定之價值，亦必有其限制，因此賢聖者一方能感通與包涵各種所是各種所見各種價值，同時亦能知各種所是所見各種價值的限制，因此在一一具體的有限的情境中，賢聖者能知本末始終與先後，而能作恰當地回應與抉擇，故不止表現「地博厚」之德，同時也表現了「天高明」之智，是仁且智。

具體之現實情境變化萬端，萬千的個人各各在其分位應如何回應，亦原可各不盡相同，而各各個人也不都常能仁且智，都常能覺悟到「應該」，都常能「中節」，常合於義。真常能中節，合於義也不容易，故孔子也說過：「中庸，民鮮（少也）能久矣」，常常是「知者過之，愚者不及也」（《中庸》）「及甚至也，雖聖人亦有所不知焉……雖聖人亦有所不能焉。」（《中庸》）所以現實上會有更多的個人可以因個體的欲望、氣性❷❸所牽引，而不能自覺或不願自覺自己的責任或「應該」，也可以是只自覺到個人親屬的或所

---

❷❷　對事情沒有本末先後的認識，是無法知其宜知其義的。

❷❸　即氣質之性，包括指才性、聰明等能力，也可指欲望、習性、氣性、好勝心，以至非理性的破壞心，妒忌疾惡心、色心等。

屬集團的利益，而未及意識或覺悟到更大更廣闊的利益，由此而所意識的價值亦是相對狹隘的價值，以至為維護此較狹隘的價值而強為立說，勉強使其看來合理化。也的確常常是「智者過之，愚者不及」。這使人文世界、價值世界，看來較自然世界，科學世界更複雜。然而，畢竟人的存在，其身體的構造都有基本相同的物理生理以至心理結構與條件，人所存在的地球的自然環境也有基本的規律，於是人所存在的環境亦有一定的共同規律，而人之靈性或仁心之能感通以回應環境與遭遇也有「道」在其中，即萬千的個人各各在其時刻感通雖不盡相同，但亦有其普遍共通之一面。由此可以訂立一些行為規則以助人與人之間的相感通而相善，防止人與人間的相蔽塞而相害，此種法則有兩大類，一為法律，是消極的，重防止與事後的懲罰，以禁止未來的可能的惡；一為道德，是積極的，引導與鼓勵人的向於「應該」，向於「義」，向於善。

　　人類社會的維繫與和諧，法律與道德兩者不可或缺，正如孟子所說：「徒善不足以為政，徒法不能以自行。」（《孟子‧離婁上》）孟子是有真知卓見的。在道德的層面說，道德亦可在人的實際不同的關係與境況中顯現為不同的道德價值或道德規範，如孝、悌、慈、寬、忠、信、愛、勇、謙、敬等等。要枚舉起來，也可以為數不少，為了便於或助人的相感通而相善，尤其是在社會安頓，各方面發展已上軌道時，選擇一些較恆常及普遍的道德或價值，與及相對於當前時代與歷史階段的特殊環境所需要摘取一些相應的道德價值（如新加坡因國家的多元種族組合，便特別強調種族和諧），以作為社會或國家的共同價值觀，這將大大有益於引導鼓勵人民群眾的素質的提高與社會的共識與和諧。在不同時代、不同環境，為相應時

代環境的要求，可以建構不同的核心價值。民族、國家為外國所侵略所欺壓，那時的恰當的核心價值便不能少了勇敢、敢於鬥爭抵抗、不怕犧牲。但如果已從帝國主義的壓迫走出來，需要銳意建設、需要發展，如果再強調鬥爭，變成國民自己人鬥自己人，是不恰當的核心價值，只會帶來內耗與自我毀滅。

而且，當前世界進入了全球化的時代，人們更易接觸到一個價值多元，以至價值相衝突與激盪的世界，如何一方使國民有開闊的心胸與視野，一方亦須有自己的定盤針——自己的核心價值，以凝聚國民以至世界所有的華人，是需要認真考慮的課題。

至於中國應定那些核心價值，這可以匯聚各方智慧[24]，就筆者所見，從中華文化傳統裏如：仁、義、禮、智、誠信、孝弟、和諧、人本、廉潔、實事求是（務實），皆有普遍性與符合當前發展需要的適切性。

---

[24] 就筆者所知，如北京東方道德研究所創所所長王殿卿教授一直都關心和推動建立國人的共同價值觀。

從儒家心性之學看
道德教育成效之內在基礎

儒學之核心為心性之學。心性之學,一方為修心養性之學,為道德教育成效之所本;一方為心性上通於天道,而為道德標準道德實踐之可能建立既超越而又內在的基礎。本文目的即從此兩方面探討儒家的心性論對道德教育的可能資源。

1. 心性論爲儒學核心

中國傳統文化以儒家思想為主流,儒家之教,重在教人成德,故謂成德之教。成德之教的哲學或理論基礎即在儒家的心性論❶。一般論者或以為到宋明儒學時,儒家才發展出心性論的哲學,因宋明儒者特多討論心性之問題。實則大謬不然,心性論或心性之學是中國學術思想核心,自古已然。《易經》中已以心為人的心理,《尚書》、《詩經》已以善惡道德釋心。❷《左傳》、《國語》已

---

❶　「心性之學」較「心性論」意義廣泛,在本文中,二詞互通為用。
❷　張立文:《心》(北京:中國人民大學出版社,1993),頁 24、26-28。

以天道人道論心，提出了「仁心」、「帝心」的思想。❸孔子言「仁」，雖未直接言仁為人之性，只言「性相近，習相遠」（《論語・陽貨》），然又言「為仁由己」（《論語・顏淵》），「我欲仁，斯仁至矣」（《論語・述而》）。仁既在我，而人可隨時欲仁而仁至，此仁即內在於我，即隱含仁為人之性矣。❹孟子主張人性本善，並謂「盡其心也，則知其性也；知其性，則知天」（《孟子・盡心上》），則這個就是心性之學。故唐君毅先生說：

> 至孟子，自仁為人心之德，以言心性之善，乃大張孔門之心性之學。❺

陸象山之直接繼承孟子❻，直指本心，而說「宇宙便是吾心，吾心即是宇宙」❼。王陽明「致良知」教，是發揮孟子「良知」概

---

❸　同上，頁 29-31。

❹　因「仁」必須內在於我，而非外在於我或依賴於外在的條件，才可以完全操之在我，才可說「我欲仁，斯仁至矣。」

❺　唐君毅：《唐君毅全集》卷十二：《中國哲學原論：導論篇》（臺北：臺灣學生書局，1991），頁 91。

❻　全祖望：《增補宋元學案》（臺北：臺灣中華書局，1966）。冊四。卷五十八：〈象山學案〉。「卷首序錄」言：「象山之學，先立乎其大者，本乎《孟子》……」。當代新儒家牟宗三先生亦明確以陸象山直承孟子。見牟宗三：〈宋明儒學概述〉，《中國哲學十九講》（臺北：臺灣學生書局，1993），頁 393。

❼　《象山先生全集》卷 36（臺北：臺灣商務印書館：人人文庫，1979），頁 489。

念。❽《大學》言「明明德」，言修身在正心誠意，在格物致知；《中庸》開首即言「天命之謂性，率性之謂道，修道之謂教」，又言「喜怒哀樂之未發謂之中，發而皆中節謂之和」，「中」為「大本」，「和」為「達道」，與及其重「誠」之教。《易傳》言「心」、「性」處亦不少，如〈復卦象傳〉：「復其見天地之心」；〈咸卦象傳〉：「天地感而萬物化生，聖人感人心而天下和平」；〈說卦〉：「昔者聖人之作易也，將以順性命之理」；〈乾卦·象傳〉：「乾道變化，各正性命」；〈繫辭上〉：「一陰一陽之謂道，繼之者善也，成之者性也」，即見其性命天道一貫，重人之能感能復以繼道成性。皆可見《大學》、《中庸》、《易傳》重在心、性、命之教。而宋明儒者所討論之主要課題，大皆承《論語》、《孟子》、《大學》、《中庸》、《易傳》而發❾。故唐君毅先生說：

> 心性之學與中國學術思想俱始……可以證中國學術思想，當以心性之學為之根。❿

又說：

---

❽　孟子即已言：「人之所不學而能者，其良能也；所不慮而知者，其良知也。」（《孟子·盡心上》）

❾　如牟宗三先生言，宋明儒者之課題，重在發揮先秦《論語》、《孟子》、《大學》、《中庸》、《易傳》之思想。牟宗三：《心體與性體》（臺北：正中書局，民57初版，民78（1989）八次印刷），頁17-20。

❿　同注❺，頁90。

> 此心性之學，是中國古時所謂義理之學之又一方面，即論人
> 之當然的義理之本原所在。……而實則此心性之學正為中國
> 學術思想之核心，亦是中國思想中之所以有天人合德說之真
> 正理由所在。⓫

確實如此，自先秦孔、孟、《大學》、《中庸》、《易傳》，到宋
明儒的周敦頤、程顥、程頤、朱熹、陸象山、王陽明等，到當代新
儒家宗師如唐君毅、牟宗三各大儒，皆重在闡發儒家心性之學。

上文所謂「成德之教的哲學或理論基礎在儒家的心性論」，即
是說儒家思想是有基本的哲學理論，以說明道德的本質是甚麼？為
甚麼要教人成德——為甚麼要實踐道德、要合符道德？人何以能夠
被教育成為有道德——人能夠實踐道德的根據何在？換言之，在儒
家，這些問題的答案即在其心性論。也就是說，在儒家看來，道德
的本質、道德善惡之標準，人之能實踐道德之根據，皆有其內在基
礎，即基礎在人之內在心性。此心性，應名之為「本心本性」，以
其非一般心理學意義之心理現象，或作為經驗事實的心理現象；不
是經驗事實的一種自然之性，如食、色、好愉逸，與及快樂或痛苦
的感覺之類，而是具有超越意義，可超越於心理事實，自然事實，
而自作主宰，知所應然的一種「知」、一種「能」，即孟子所說的
良知良能（《孟子·盡心上》）。所以儒家對道德的本質與意義、道
德與不道德的標準之看法，在根本上不同於：把道德基礎建立在社

⓫ 《唐君毅全集》卷四之二：《中國文化與世界》，頁22。

會存在上的社會功能論派如涂爾幹（E. Durkheim）⓬；把道德基礎建立在主觀情感上情感主義者（Emotivists）如艾爾（A.J. Ayer）⓭及史雲生（C.L. Stevenson）⓮；把道德基礎建立在快樂與痛苦之增減的功用主義者（Utilitarianists）如邊沁（J. Bentham）⓯和穆勒（J.S. Mill）⓰；或把道德基礎建立在超越之上帝的「猶太－基督教」宗教傳統。這些哲學與宗教都是把道德基礎建立在外在的性質或外在的超越的存在上，而對內在心性修養重視不足。

　　本文要處理的根本問題是：了解儒家的心性論，對今日的道德教育或今日的成德之教有沒有積極的作用？如有，積極的意義在那裏？肯定地答覆此兩問題，亦即說明儒家心性論對道德教育的可能貢獻及資源意義。

2. 儒家心性論之兩層要義

　　先須闡明儒家的心性論。

⓬　可參閱 Barry Chazen (1975), Contemporary Approaches to Moral Education, ch.2, Emile Durkheim: Moral Education and Moral Socialization; E. Durkheim (1961), Moral Education, ch.5 & 6, pp.64-94.

⓭　可參考 A.J. Ayer (1971), *Lauguage, Truth and Logic*, London: Penguin Books, 1990 esp. Ch. VI, 'Critique of Ethics and Theology', pp.136-158.

⓮　可參考 C.L. Stevenson "The Emotive Meaning of Ethical Terms", *Mind,* Vol.46, 1937. Cf. *Readings in Ethical Theory,* W. Sellars & J. Hospers edited (1952). New York: Appleton-Century-Crofts. pp.415-429.

⓯　Jeremy Bentham, *An Introduction to the Principle of Morals and Legislation* (1789), Oxford: Clarendon Press , 1996, c1832.

⓰　John Stuart Mill, *Utilitarianism*, New York: Prometheus books (1987).

　　儒家的心性論，扼要地說，可以從兩層面來了解。一層面是從說明人存在之真實是甚麼的一種本體論（Ontology）來了解，另一層面是從說明如何使此本體呈顯或實現的工夫論（Theory of Self-Cultivation）來了解。若自其細微處言，不論在本體論或工夫論上，程顥與程頤，朱熹與陸象山，唐君毅與牟宗三，皆有不盡相同處。但本論文之目的不在辨析分疏各家之相異處，而是就大儒者的心性論之大方向共通處說，較具體地則多舉孟子、周敦頤、二程、朱熹、陸象山、王陽明、唐君毅幾位大儒之言以論其在道德教育上之實效的資源價值。

2.1. 從本體論看心性之學

　　根據儒家的心性之學或心性論哲學之看法，人存在的真實是人的本心本性，而人的本心本性根源於天。此取大多數的大儒者之觀點之直接肯定或皆涵蘊此義而為共通者言之。孔子實涵此義，孔子言「我欲仁，斯仁至矣」（《論語·述而》），則仁無時不在人性之中。故包含「仁」之人性，可說為人之本心本性。孔子亦言「天生德於予」（《論語·述而》），仁德如天之所給予。孟子言仁義禮智為人性善之端（《孟子·公孫丑上》），直為內在而非外鑠（《孟子·告子上》）又明白的說：「天所與我，我固有之，人皆有之。」（《孟子·告子下》）又言「仁義禮智根於心」（《孟子·告子上》），故說：「學問之道無他，求其放心而已」（《孟子·告子上》）。要在尋回放失了之本心，以至言「盡其心也，則知其性也；知其性，則知天矣。」（《孟子·盡心上》）即肯定心、性、天道通貫而為一。荀子則可說是例外，以其視天為自然之天。

　　《中庸》言「天命之謂性，率性之謂道」，即意謂「天」、「性」、「道」相貫通而為一。❼

　　二程兄弟程顥（1032-1085）與程頤（1033-1107）肯定孟子「盡心知性知天」之觀點，如程顥說：

　　　　孟子曰：盡其心者知其性也，知性則知天。存其心，養其性，所以事天，便是至言。❽

程頤也說：

　　　　孟子曰：盡其心，知其性，心即性也。在天為命，在人為性，論其所主為心。其實只是一個道。❾

又說：

　　　　在天為命，在義為理，在人為性，主于身為心，其實一也。❿

從以上引文，即可見二程視心、性、道（或天道、天理）為一。故張

---

❼　「通貫而為一」之義，是指在活動變化中而有一貫之「道」在，使所有被貫通的都成為一有機的整體。

❽　程顥、程頤：《二程遺書》（上海：上海古籍出版社，2000），卷十四，頁187。

❾　同上，卷十八，頁254。

❿　同上，卷十八，頁254。

立文教授言：「二程哲學的心，亦有宇宙本體的意義。」❷

　　朱熹（1130-1200）為南宋大儒，集北宋儒學之大成。朱熹與陸象山、王陽明固有不同，傳統多以朱子「道問學」而陸王「尊德性」，此固朱陸各有所偏重，實非其相對反不同而不可通。❷朱熹與陸象山王陽明之不同，要在朱子主「性即理」，陸、王同主「心即理」。在朱子，不能言「心即理」，因朱子以心為氣，雖是「氣之精爽」❷，然畢竟是與理為二。此根本不同，固亦顯示在本體論工夫論上有精微分別，然於本文所要申論之「道德教育成效之內在基礎」而言，並不構成根本差異。因朱熹繼承張載、二程的人性二分之論，分「天命之性」❷與「氣質之性」之別。「天命之性」即為人之本性，而人人相同；「氣質之性」則因人之稟受不同而有不同，眾人便是「性同氣異」。由此朱子進一步辨別「道心」與「人心」之不同，道心即「天命之性」，人心即「氣質之性」。「天命之性」則合於天理，同於天理，故在朱子「性」、「理」是一，性即理也。朱子說：

---

❷　張立文：《心》（北京：中國人民大學出版社，1993），頁 174。

❷　唐君毅先生於其《中國哲學原論・原教篇》中之「朱陸之學聖之道與王陽明之致良知之道（上、中、下）」，即有所疏論，以朱子與陸王並非相對立而是各有所側重，可以相通。此在「中」章疏論尤多。（《唐君毅全集》卷17：《中國哲學原論・原教篇》，頁 252-290）

❷　朱熹：《朱子語類》，卷五，〔宋〕黎靖德編（北京：中華書局，1986），冊一，頁 85。

❷　張載名之為「天地之性」。

性者，即天理也，萬物稟而受之……。❷

蓋天者，理之自然，而人之所由以生者也。性者，理之全體，而人之所得以生者也。❷

又說：

理者，天之體；命者，理之用。性是人之所受，情是性之用。❷

《朱子語類》亦記朱子之肯定答問如下：

問：天與命，性與理，四者之別。天，則就其自然者言之；命，則就其流行而賦於物〔按：或人〕者言之；性，則就其全體，而萬物〔按：包括人〕所得以為生者言之。到得合而言之，即天即理也，命即性也，性即理也，是如此否？曰〔按：朱子答覆〕：然。❷

---

❷　朱熹：《朱子語類》，卷五，〔宋〕黎靖德編（北京：中華書局，1986），冊一，頁95。

❷　朱熹：《朱子文集》，卷六十七，陳俊民校編（臺北：允晨文化公司，民89（1990）），頁3384。

❷　同注❷，《朱子語類》卷五，頁82。

❷　《朱子語類》卷五，頁82。

又曾說：

> 天之賦於人物者，謂之命；人與物受之者謂之性，主於一身
> 者謂之心，有得於天而光明正大者謂之明德。❷❾

可見人性有其本體論意義，而與天或道同一。而心在朱子有主宰義
❸⓪，心可變化氣質使合於理，合於理則「人心」變成「道心」，道
心則是「心具萬理」，此時之心或道心，亦是與性與天為一。故若
從結果上看，不自開始點上看，仍可說心、性、天或道，有其本體
論上的合一意義。

　　陸象山（1139-1192）為直截簡易之教，主張心即理，心與理為
一。如陸子說：

> 滿心而發，充塞宇宙，無非此理。❸❶

又說：

---

❷❾　《朱子語類》卷十六。〔宋〕黎靖德編（北京：中華書局，1986），冊一，
　　頁 260。

❸⓪　如朱子云：「心是神明之舍，為一身之主宰。」（《朱子語類》卷九十八）
　　「心則人之所以主於身，而具是理者也。」（頁 3384）、「夫心者，人之所
　　以主于身者也。」（頁 3389）（同上注❷❻，《朱子文集》卷六十七）

❸❶　陸象山：《象山先生全集》（臺北：臺灣商務印書館：人人文庫，1979）下
　　冊，卷三十四，門人嚴松年錄，頁 423。

仁,即此心也,此理也。❷

也說:

> 人皆有是心,心皆具是理,心即理也。❸

也因為心與理同,所以象山才可以說:「宇宙便是吾心,吾心即是宇宙」❹,因為心與宇宙在本體論上是同一。

王陽明(1472-1528)為明代大儒,其「良知」觀念,直承孟子❺,亦繼陸象山言心即理,從下引王陽明之說話即可見在他看來,心性與天理天道亦本體論地同一。

> 心之本體則性也。❻

> 心之體,性也,性即理也。❼

---

❷ 同上,上冊,卷一,頁4。

❸ 《象山先生全集》卷十一,「與李宰書」,上冊,頁144。

❹ 《陸九淵集》卷二十二〈雜說〉(北京:中華書局,1980),頁273。

❺ 勞思光先生在其《中國哲學史》(香港:友聯出版社,1980)亦謂陽明之良知觀念,直承孟子之「主體性」觀念。(卷三,上冊,頁437)

❻ 王陽明:〈大學問〉,卷二十六。《王陽明全書》(臺北:正中書局,1954),冊一,頁121。

❼ 《傳習錄》上,頁89。引自葉鈞點注《傳習錄》(臺北:臺灣商務印書館,1971)。

心即性，性即理。❸

夫心之體，性也，性之原，天也。能盡心，是能盡其性矣。❸

心也，性也，天也，一也。❹

良知是乃天命之性，吾心之本體，自然昭靈明覺者也。❹

天命之性具于吾心，其渾然全體之中，而條理節目森然畢具，是故謂之天理。❹

性，一而已。自其形體也謂之天，主宰也謂之帝，流行也謂之命，賦於人謂之性，主於身謂之心。❹

由上述大儒之所言，可知在儒家，終極原理通常謂之「天」，或名之為「道」，或「太極」，或「理」，或「天理」，在於人便成為人之心，人之性。此「心」、「性」為超越於時空經驗，故又

---

❸ 《傳習錄》上，頁 37。同上。
❸ 《傳習錄》中，頁 110。同上
❹ 《傳習錄》中，頁 186。同上。
❹ 王陽明：〈大學問〉，卷二十六。引自《王陽明全書》（臺北：正中書局，1954），冊一，頁 122。
❹ 王陽明：〈博約說〉，卷七。引自《王陽明全書》（臺北：正中書局，1954），冊一，頁 164。
❹ 《傳習錄》上，同上注❸，頁 39-41。

名之「本心」、「本性」，以與表現在時空中經驗中的具體氣質之心理和性格有所區分。因此從人的角度說，天理既超越而又內在於人而為人之本心本性。所以在儒家看來，終極之原理是既超越而又內在於人，此終極原理是既靜既動的。人之真實存在就是把內在於人之本心本性呈顯或實現於具體生命的歷史時空中。本心本性之呈顯或實現便自然合乎道德，因道德之根本意義與標準即在要合符天理，也即是說道德要合符本心本性，或發乎本心本性。所以王陽明才可以說「吾心之良知，即所謂天理也。」也就是說良知是天理是心之本體。良知並不是經驗知識之知，而是道德判斷之知，知是知非之知。❹由此而道德之標準既超越於個人而為普遍之天理，但同時亦內在於人之本心本性，構成道德的內在基礎。

2.2. 從工夫論看心性之學

當然，「天」、「天道」、「天理」、「本心」、「本性」、「良知」，都非經驗科學之所對而能為科學地驗證的（verified），因其有超越於經驗，超越於時空而非純粹經驗所對之存在❹。那麼儒家此一基本的看法，又是否像一些宗教般，只能說「信者有，不信者沒有」呢？

固然不可以這樣說，但卻可以說如果天、天道、天理、本心、

---

❹ 如王陽明說：「良知者孟子所謂『是非之心，人皆有之』者，是非之心，不待慮而知，不待學而能，是故謂之良知。」（《王陽明全書》，卷二十六，〈大學問〉，第一冊，頁 122）

❹ 即至少可顯示為超越於現實而指向於未來之創造，若只有經驗，則只有現實，無法說明未來與生生不息創造之可能。

本性、良知不表現在事上，不在經驗上有所呈顯，則天、天道、天理、本心、本性、良知之存在，便成虛懸不實，所以孔子之教，重在「人能弘道」。有「體」必有「用」，「用」以顯「體」，「體」「用」不離，使人弘道，故須得有修養工夫使本心本性或天理或天道呈顯。所以當代新儒家牟宗三先生也說：講道體就函著工夫，講工夫就印證道體，這兩面一定是相應的。不光是儒家如此，道家和佛教都是如此。❹「講本體必講工夫，本體、工夫一定兩面講。」❹因此，儒家之本體論要成其為真實不虛，而不只成玄談或思想文字遊戲，便必須確立修養培養心性之途徑，使本心本性，良知天理時常得以在事上呈現。儒家之心性論，除了本體論部分，便有其工夫論部分，才得以完整。而其工夫論部分，在今日看來，則與價值教育道德教育直接相關，工夫論可以說是教的過程與學的過程。儒者工夫論之目的是十分明確的，就是使本心本性呈顯或實現，亦即使人之真實生命，道德生命的實現。

　　舉例言之：孟子強調「學問之道無他，求其放心而已矣。」（《孟子・告子上》），即以求學與教育最根本目的在尋回流蕩放失了的本心，使其復現。《大學》開首即謂「大學之道，在明明德，在親民，在止於至善」。「明明德」者，意即大學教育之道是重在把人們內在本有光明的德性或善的本性，充量光耀彰明出來。程顥說：「凡學之道，正其心，養其性而已。」❹意即教育在使本心得

---

❹　牟宗三：《中國哲學十九講》（臺北：臺灣學生書局，1993），頁 395。
❹　同上，頁 394。
❹　引自程頤、黃宗羲：《重編宋元學案》，卷十一〈伊川學案〉，陳叔同等編校（臺北：國立編譯局，1963），頁 65。

正，本性得養。朱子亦重申孟子之意云：「自古聖賢皆以心地為本」❹、「心若不存，一身便無所主宰」❺，「聖賢千言萬語，只要人不失其本心。」❺王陽明教人「致良知」，以「『致良知』是學問大頭腦，是聖人教人第一義。」❺「良知」如前說，既是心之本體，亦即天理，「致」，即推而至極言，「致良知」就是使心之本體天理之盡實現而已。以上所引大儒者之言，足可見在儒家，教育或工夫論之目的，是在於呈顯或實現人之本心本性，亦即實現天理。在今日而言，工夫論也就是一種修身養性之學，是使人實現道德，彰顯道德的一種道德教育。彰顯道德，也就是呈現本體或天道。

　　至於工夫論之內容，不同的儒者，固側重點不盡相同。如孟子重擴充善端，集義以養浩然之氣；荀子重隆禮義，貴親師；周敦頤重端本，而以誠心為本，誠為「端之本」，「百行之源」；朱子與陸象山、王陽明相較而言，朱子較重致知格物，求窮究事物客觀之理，與及著意於變化氣質，故更重克制人之氣性物欲之雜，與涵養省察之功，以「存天理，去人欲」。陸象山、王陽明則重直指本心近於孟子。象山重在發明本心，以立其大者，即「教人自覺其理之顯于心之發用中者」❺。王陽明則直接致良知於事事物物，時時知是知非，而事事物物亦得其正。故王陽明解釋《大學》格物章，以

---

❹　《朱子語類》卷十二，同上注❷，頁199。

❺　《朱子語類》卷十二，頁199。

❺　《朱子語類》卷十二，頁199。

❺　王陽明，引自《王陽明全書》，同上注❷，冊一，頁58。

❺　《唐君毅全集》卷十七，《中國哲學原論——原教篇》，頁286。

「格」為「正」，不同於朱子以「格」為「至」。

儒者工夫之教之不同側重，並不就是互相對立而不可相通而相互補充❺。至少我們可以說，各儒者工夫論之要，皆重在從內在的心上用工夫，沒有在此內在心上或主體性上用工夫，則道德教育便無法有成效之可言。以下就工夫論之內容綜合儒者之所見，扼要說明幾點作者認為最重要的一些項目，以見出儒者特重內在的心上用工夫的義理。

3. 於內在心上用工夫的道德教育進路

3.1. 立志——開發主體能動性與擴大精神空間

中國傳統的成德之教育，特重學者立志，如孔子自言「吾十有五而志於學」（《論語・為政》），教弟子要他們各自言其志（《論語・公冶長》）；孟子強調「士尚志」（《孟子・盡心上》）；二程也指學者須先立志，「志立則有本」，立志須遠大，所謂「言學便以道為志，言人便以聖為志」❺；朱子亦以學問工夫，以立志為先，嘗言：「學者大要立志」、「惟有志不立，直是無著力處」❺；王陽明自己自少年即立志作第一等人，第一等人在他看來即聖人，而非功名及第，亦嘗對學生言：「志不立，天下無可成之事，雖百工技

❺ 如唐君毅先生於《中國哲學原論——原教篇》中之第十一至十三章「朱陸之學聖之道與王陽明之致良知之道」（上、中、下），即論朱熹、陸象山、王陽明各所重之義理皆有相互貫通相涵之處。

❺ 《二程遺書》（上海：上海古籍出版社，2000），卷十八，頁237。

❺ 轉引自顧樹森編：《中國古代教育家語錄類編》，下冊（上海：上海教育出版社，1983），頁180。

藝，未有不本于志者。」❺又言：「故立志者，為學之心也；為學者，立志之事也。」❺

當代大儒唐君毅先生也強調，教育青少年人，須從教育他們立志開始，唐先生說在他少年時，前輩先生教後輩，也總是要人先立志❺。唐先生認為教青少年人立志十分重要，他說：

> 人之所以為不同之人，即在其志願。志願到那裏，即人是什麼；人是什麼，學問之成就即是什麼。❻

又說：

> 我之志之狀態，即決定我之實際存在狀態。❻

然而，中國近百年自清末受西潮影響下的新教育，並不重人之立志，且以教人立志是太空泛，常被視為迂濶之論。殊不知從儒家心性之學看來，立志正正是要人從內在的主體作起，從人之未成德未成學之先，即定一方向，此方向也不一定是很具體，很確定的，重要是使學子有一理想，如唐君毅先生所言，使人能開拓一精神空

---

❺　《王陽明全書》卷廿六，〈教條示龍場諸生〉，同上第一冊，頁 124。
❺　《王陽明全書》卷八，〈文錄〉五〈書朱守諧卷〉，同上第四冊，頁 12。
❺　《唐君毅全集》卷三之一：《人生之體驗續編》，頁 95。
❻　《唐君毅全集》卷二之三：《青年與學問》，頁 42。
❻　《唐君毅全集》卷三之一，頁 77。

間㉒，建立一度量胸襟㉓。立志是一種理想，但又不同於一般的抽象普遍的理想，因為立志是連繫於個人自己的真實存在，故「任何人不能代人立志，立志是絕對的各人立各人的」㉔，故絕對是個人生命內在的事。

　　要知道道德教育之成功，從個人修養或教育他人而言，都不是短暫工夫的事情，而是不斷努力的歷程，立志是開拓了空間作一長期之努力。立志也不必須是立具體的志願，而是志向引發一向上超越的心胸或空間或一理想方向。人亦必須有此向上超越的心胸或理想方向，才能維持作不斷道德修養之工夫，以日進不已。就是今天所流行所提倡的終身學習之觀念而論，如不是本於志向，而只是本於興趣、好奇心或功用心去學習，亦終可因興趣或好奇心之消失，或功用的轉變而學習終不能繼。正如朱子所言：「若不立志，終不得力……學者為氣所勝，習所奪，只可責志。」㉕又說：「自家只立得大者是，其他物欲一齊走退。」㉖不能立志，心無主宰，則只會受外物牽引，不能克己節制以導向一理想方向，則只會物交物而引至陷溺於物㉗，現代社會物質豐富，只加強了這種物引物之傾向，而喪失自我而成被動。

㉒　《唐君毅全集》卷二之三，頁 41、42、45。

㉓　《唐君毅全集》卷二之三，頁 41。

㉔　《唐君毅全集》卷三之一，頁 76。

㉕　《朱子語類》卷一一八。轉引自錢穆（1971），《朱子新學案》，第二冊，頁 364。

㉖　同上轉引，頁 366。

㉗　孟子之語，見《孟子·告子上》人自身亦是一物質存在，無心之主宰，人自身亦只表現物性，而只是受牽引而被動，而至陷溺於他物。

唐君毅先生以青少年人的生命，較壯中老年人，更有一自然向
上之心，較能有無私、光明與理想，但唐先生也看到人生如不立志
自覺向上，便會像自然拋物線由向上而向下的墮落。唐先生指出：

> 人只要一動念，要實現其理想於此客觀的世界，人即必然的
> 須要去多多少少佔有一些東西，以為其在世間的立腳點，事
> 業的開始點……然而人在開始對此世間諸事物，覺有所佔有
> 之一剎那，即人之生命精神陷溺沉淪於此諸事物的開
> 始。……而加以把握佔有，以生矜持、自恃、倚著、安排等
> 心病之開始。……此即成貪財好名好權之意識，而使人之精
> 神向下墮落者。……而向上心之是否能繼續，必須有待於後
> 天的立志的工夫。❻❽

所以在道德教育上，唐先生認為只凌空教訓人是沒有用的❻❾，而主
張「人必須由青年起，便知求有一自覺的工夫，去提挈培養自己的
志願，使之生長。」❼⓿可見唐先生對立志持志之重視。而且，亦正
如孟子所說：「今夫弈之為數，小數也；不專心致志，則不得
也。」（《孟子·告子上》）就是博弈這些小事，不專心致志，也不
能致勝。

今日中國人社會受西方影響而來的新教育，恒未能像傳統重視

---

❻❽　《唐君毅全集》卷三之一：《人生之體驗續編》，頁 80。
❻❾　唐先生說：「在此我並不相信，只是凌空的教訓人，你應該如何如何，有什
　　麼用處。」（《唐君毅全集》卷三之一，頁 81。）
❼⓿　《唐君毅全集》卷三之一，頁 81。

立志之教，再反觀西方現代的道德教育理論，無論是威爾遜（John Wilson）的理性功用主義（Rational Utilitarianism）進路、價值澄清法（Value clarification approach），柯爾伯格（Kohlberg）的道德認知發展論（Cognitive-developmental approach）皆重在從固定道德美德，或認知能力、分析能力之培養，而未能見及立志在成德工夫上之重要。

3.2. 心懷誠敬──以誠其意，正其心，持其敬

儒家工夫論，「思誠」或「誠之者」的工夫也十分重要。孟子曾說「誠者天之道也，思誠者人之道也」（《孟子·離婁篇上》）。

《中庸》亦有類似的說話：

> 誠者，天之道也；誠之者，人之道也。

「誠」就是真實不妄，意謂天之道，本然地就是真實無妄，人則通過努力使之真實無妄，故是「思誠」，是「誠之」，這是人道，就是人須通過努力使人自己成為真實無妄之人。《大學》的八條目中，修身必待於正心，正心必待於意誠❼。到周敦頤更以「誠」具有本體論之實體地位，「誠者，聖人之本」❼❷「誠，五常之本，百行之源」❼❸。「誠」便成為一切道德行為的本端。為「純粹至善者也。」❼❹

---

❼ 所謂「意誠然后心正，心正然后身修」。
❼❷ 《周敦頤集》（北京：中華書局，1990），〈誠上〉，頁 12。
❼❸ 《周敦頤集》（北京：中華書局，1990），〈誠下〉，頁 14。
❼❹ 《周敦頤集》（北京：中華書局，1990），〈誠上〉，頁 13。

　　朱子也肯定誠為道德修身、道德教育的重要方法。朱子說：「誠字在道，為實有之理，在人，則為實然之心。」**⑦**對朱子而言，誠之工夫也就是：「誠者，合內外之道，便是表裏如一。」**⑦**換言之，誠基本上是內心的工夫，如朱子說：「人只是不要外面有，裏面無。」**⑦**「如事親以孝，須是實有這孝之心。若外面假為孝之事，裏面卻無孝之心，便是不誠矣。」**⑦**

　　在儒家的工夫裏，誠與敬，常是相關連的，故程明道亦有言：「學要在敬也，誠也；中間便有箇仁。」當人真的心懷誠意對人，亦必同時涵有敬人之意。當代大儒唐君毅先生即指出：「誠之無間斷即敬」**⑦**並指出「先秦重禮皆以敬為本」。**⑧**故可以說禮之為真實，亦必有敬貫注其中，禮而無敬，便成虛偽的文飾以至成了繁文褥節。

　　孔、孟言敬，多在敬事敬人上說。如孔子說：「執事敬」（《論語・子路》）、「敬事而信」（《論語・學而》）、「事思敬」（《論語・季氏》）、「祭思敬」（《論語・子張》）；如孟子謂：「有禮者敬人」（《孟子・離婁下》）、「敬人者人常敬之」（《孟子・離婁下》）、「敬兄」、「敬弟」、「敬叔父」（《孟子・告子上》）、「敬老慈幼」（《孟子・告子下》）。然無論敬事或敬人皆由心發，

---

⑦　《朱子文集》卷四十六〈答曾致虛〉，同上注**㉖**，頁 2068。

⑦　《朱子語類》卷二十三，同上注**㉕**，頁 543。

⑦　同上，卷二十一，頁 504。

⑦　同上，卷六十四，頁 1563。

⑦　《唐君毅全集》卷十七：《中國哲學原論・原教篇》，頁 191。

⑧　同上。

故孟子以知敬之義為內而非外，以心能知和能發出敬（《孟子·告子上》）。宋儒程伊川關於工夫論之總綱名言❽：「涵養須用敬，進學在致知」❽，帶出了敬的重要性，要涵養本心，使其不放失，便必須時常保持敬心，此時之敬心已打破動靜，在對事對人之外，不可頃刻間斷的心靈修養。故二程說❽：

> 學者須敬守此心，不可急迫，當栽培深厚，涵泳于其間，然後可以自得。❽

又說：

> 敬只是主一也……存此，則自然之理明。學者須是將敬以直內，涵養此意，直內是本。❽

程伊川也說：「識道以智為先，入道以敬為木。」❽即可見，二程明確指出，敬為內在修養之本，為存守本心之本先工夫。

---

❽ 勞思光先生以此為程伊川工夫理論之總綱，勞氏著《中國哲學史》第三卷，上冊（香港：友聯出版社，1980），頁 261。

❽ 《二程遺書》，卷十八，同上注❺，頁 237。

❽ 《二程遺書》中，有些只記二程所說，不辨是程顥（明道）或程頤（伊川），有些則明確記錄為程顥或程頤所說。

❽ 《二程遺書》卷二，頁 64-65。

❽ 同上注，卷十五，頁 195。

❽ 《二程全書》，此處轉引自勞思光《中國哲學史》卷三，上冊，頁 262。

朱子更進一步肯定敬的重要性。他說：

> 「敬」字工夫，乃聖門第一義，徹頭徹尾，不可頃刻間斷。⑧⑦

> 「敬」之一字，真聖門之綱領，存養之要法。⑧⑧

> 又釋「敬」說：「只整齊嚴肅便是。」⑧⑨

與朱子同代大儒張栻也釋敬說：

> 程子教人居敬，必以動容貌整思慮為先，蓋動容貌整思慮，
> 則其心一以敬也。⑨⓪

又說：

> 敬有主宰，涵養漸熟，則遇事接物，此意豈容渙乎？⑨①

人定立了志向、理想，亦必須敬以持之，敬是專一、嚴謹、內斂，

---

⑧⑦　《朱子語類》卷十二，頁 210。

⑧⑧　同上，頁 210。

⑧⑨　《朱子語類》卷十二，頁 211。

⑨⓪　〈南軒學案〉，載黃宗羲著、繆天綬註：《宋元學案》（臺北：臺灣商務印
　　　書館，民 63 年（1974）），頁 298。

⑨①　〈南軒學案〉，同上，頁 300。

通過心之敬，才能持其志。所以學子立志之後，便必須內存敬心，使志不喪失，是謂能「持其志，無暴其氣」（《孟子·公孫丑上》），便不至放失本心。所以程伊川說「涵養須用敬」，就是要涵養本心，必須用敬。所以朱子也說：

> 程先生〔指程伊川〕所以有功於後學者，最是敬之一字有力。人之心性，敬則常有，不敬則不存。❷

在今日資訊時代，人心易為外在事物尤其是舖天蓋地而來的資訊所牽引而變得流蕩和缺乏深思，「敬」確是一種內在工夫，使心靈回歸凝聚❸和內歛，由此而靜而知所止，心才能思，才能有所得，如《大學》所說：「知止而后有定，定而后能靜，靜而后能安，安而后能慮，慮而后能得。」孟子也說「思則得之」（《孟子·告子上》）。道德判斷之需要心靈專一或凝聚，才能達至合於廣泛之善之判斷❹。「敬」的心情亦往往使人超越自我中心，而能感通他人的存在價值，所以今日之道德教育不應也不能沒有「敬心」之培養。

---

❷ 《朱子語類輯略》，轉引自顧樹森：《中國古代教育家語錄類編》下冊，《漢唐宋明各家》（上海：上海教育出版社，1983），頁181。

❸ 唐君毅先生在其《人生之體驗續編》中第三章，即討論〈心靈之凝聚與開發〉，其所謂心靈的凝聚，亦是敬心之一種表現。朱子：「敬是心之貞」，敬心能使心氣貞定凝聚。

❹ 不正確的道德判斷亦可源於人偏狹與自私之觀點。

3.3. 涵養與省察──求不失本心

宋明儒者之工夫論主要是本於《中庸》《大學》而說，正如朱子所說：

> 學之大本，《中庸》《大學》已說盡了。**❾❺**

《中庸》一開首的一段即與成德之工夫修養莫大關連，朱子早年即曾努力要參透其「中和」之義。該段曰：

> 天命之謂性，率性之謂道，修道之謂教。道也者，不可須臾離也；可離，非道也。是故君子戒慎乎其所不睹，恐懼乎其所不聞。莫見乎隱，莫顯乎微，故君子慎其獨也。
> 喜怒哀樂之未發，謂之中；發而皆中節，謂之和。中也者，天下之大本也；和也者，天下之達道也。致中和，天地位焉，萬物育焉。

可見未發之中，及已發之和，是為實現人之天命之本性，呈顯達道之關鍵。所謂「未發」、「已發」，即意謂人之本心本性在具體存在中，遇周遭之事而有所感有所應；有感應而有所發動，而有喜怒哀樂各種之情。「性是體，情是用」**❾❻**，故情是心之動。**❾❼**

---

❾❺　《朱子語類》卷一百一十七，同上注**㉕**，冊七，頁 2832。

❾❻　《朱子語類》卷五。〔宋〕黎靖德編（北京：中華書局，1986），冊一，頁 91。

動而合於義者為宜，則為中節，即人之反應與事和合而顯天理。是故如何使人在未發時保持心不偏不倚之中正，待發動時即和合中節，無過與不及，即人之修養工夫重點所在，即人的涵養省察工夫之所在。故程顥云：

> 是故覺者約其情使合於中，正其心，養其性，故曰性其情。愚者則不知制之，縱其情而至於邪僻，梏其性而亡之，故曰情其性。凡學之道正其心，養其性而已。❾❽

宋明儒中朱子之工夫論上特別關心此已發未發之問題，人須「涵養」心之未發時之中，與及已發後「省察」所已發動之情與意是否恰當，恰當即維持之，不恰當則更改之。至於「涵養」「省察」何者更根本更重要，宋明儒固有所爭論，然就本文而言，知「涵養」「省察」皆工夫之要者即已足夠。如朱子云：

> 未發已發，只是一件工夫，無時不涵養，無時不省察耳。❾❾

> 未發已發，只是一項工夫，未發固要存養，已發亦要審察。⓿

---

❾❼ 如朱子謂：「性是未動，情是已動」（同上，頁 93）、「情是動處」（同上，頁 96）。

❾❽ 引自程頤。黃宗羲：《重編宋元學案》，卷十一〈伊川學案〉，陳叔同等編校（臺北：國立編譯館，1963），頁 65。

❾❾ 《朱子語類》卷六二，同注㉕，頁 1514。

⓿ 《朱子語類》卷六二，頁 1514。

對朱子而言，我們平居生活，無事應對，也須涵養本心，所謂「平日涵養本原，此心虛明純一，自然權量精審。」❶「須是平日有涵養之功，臨事方能識得。若茫然都無主宰，事至然後安排，則已緩而不及於事矣。」❷

也就是說日常生活也要時時涵養，使本心不失，於是公正與清明在躬，沒有偏私，應事自然恰當中節。

省察則是一種自我反省審查之工夫，孔子要人在視聽言動皆合於禮（《論語・顏淵》），即是一種省察克己之工夫。曾子也強調「吾日三省吾身」（《論語・學而》）朱子更進一步發揮這種工夫，要人在念慮開始萌生時，即已用省察，故朱子說：

> 謂省察于將發之際者，謂謹之于念慮之始萌也。❸

即在意念一發動上已做工夫。朱子此說正可對治學者私意橫生之通病，也是要人在幾微處即用工夫。朱子嘗言：

> 靜中私意橫生，此學者之通患，此當以敬為主，而深察私意之萌，多為何事，就其重處，痛加懲窒，久之純熟，自當見

---

❶　《朱子語類》卷三七，頁 988。

❷　《朱子文集》卷四十二，〈答胡廣仲第四〉（辛卯），同注❷，冊四，頁 1808。

❸　轉引自顧樹森編：《中國古代教育家語錄類編》，中卷（上海：上海教育出版社，1983），頁 184。

效。❿

朱子承程伊川之看法,涵養須用「敬」,所以涵養也是敬的工夫。
「涵養須用敬」,朱子解釋「敬」謂:「敬只是提起此心,莫教放
散,則心便自明」❿,又說「整齊收歛這身心,不敢放縱,便是
敬。」(《宋儒學案・晦翁學案》)可見持敬是心不外馳,不受制於
外,是時刻提持心之自我。涵養既久,不受外物欲望所蔽,則不偏
不倚,心動而發為情,亦易生中正之情,或合乎性之情而中節。

　　省察則偏在自知、自審的自我察識❿。涵養省察如車之兩輪,
不可偏廢。

　　對於朱子而言,涵養與省察兩者,不應拘泥分作兩截。而是相
互促進。由以下朱子答覆學生之問可知:

> 問:涵養之功夫,實貫初終,而未發之前,只須涵養,才發
> 之,便須用省察功夫,至於涵養愈熟,則省察愈精矣。曰
> 〔按:朱子說〕:此數句是!❿

---

❿　同上,頁184-185。

❿　轉引自顧樹森:《中國古代教育家語錄類編》,下冊(上海:上海教育出版
　　社,1983),頁176。

❿　如蔡仁厚先生說:「察識,是省察情之發:⑴是否中節合理?⑵是否不偏不
　　雜?⑶是否能喜其所當喜而想其所當想?⑷是否能好其所當好而惡其所當
　　惡?」引自蔡仁厚《中國哲學的反省與新生》(臺北:正中書局,1994),
　　頁137。

❿　轉引自顧樹森編:《中國古代教育家語錄類編》,下冊(上海:上海教育出
　　版社,1983),頁184。

宋明儒者之工夫論，無論是重涵養抑重省察，兩者皆表現了在道德培養與道德實踐上人的主體性與能動性。涵養與省察皆包涵了自覺的意義，儒家這種工夫論的進路，並不是要用一些道德的教條凌空的從外的教訓人，而是從人之內部之自覺、內部之覺悟以成就道德。而省察之工夫必包涵人之自覺。譬如說，我因趕時間而於乘公共汽車時插隊，受到他人所指斥，若由此而生起慍怒和憎惡他人之心，慍怒和憎惡是心之已動而所發之情，此情是否合於性，則視乎此情是否可致廣大而能普遍化，若能省察此情之不合於義而由一己之私而來，便須更改琢磨心情使私歸於公，不正歸於正。久而久之，則去其偏頗之私情（由欲望而來之情多為偏頗之情），而使廓然大公之本心本性呈現。如朱子所言：

> 人作不好底事，心卻不安，此是良心……知得此事不好，立定腳跟硬地行從好路去，待得熟時，私欲自住不得。❿

也就是說，省察改過，用功日久，則能致於道，這也就是孔子所說的克己復禮（《論語·顏淵》）的進一步發揮。故若能於幾微處，在心才發動處，在「動而未形，有無之間」，即能省察以至「有不善未嘗不知」，於幾微處即去惡為善，這種道德實踐便會容易而切近。相反的，若「一事之微，不加精察之功，則陷於惡而不自知」，邪僻日久，則回復本心本性便更見困難。於「幾微」處用

---

❿　轉引自顧樹森：《中國古代教育家語錄類編》，下冊（上海：上海教育出版社，1983），頁169。

力，更易於改惡從善，對於幾微處用力，周敦頤亦有所教也，他說：

> 幾，善惡。⑩

而朱子注釋曰：

> 幾者，動之微，善惡之所由分也。蓋動於人心之微，則天理固當發見，而人欲乎已萌乎其間矣。⑩

周子又曰：

> 動而未形，有無之間者，幾也。⑪

又引《易》曰：

> 君子見幾而作，不俟終日。⑫

> 知幾其神乎。⑬

---

⑩　《周敦頤集》（北京：中華書局，1990），〈成德第三〉，頁 15。
⑩　同上，頁 15。
⑪　同上，頁 16。
⑫　《周敦頤集》（北京：中華書局，1990），〈思第九〉，頁 21。

就是說要從事物之幾微處或心之應事物之幾微處，在無而未有，無而將形將有之間，即能有所省察，「見及對德行之阻礙，而求有以化除之」⓮，也就是說，在「幾者動之微，善惡所由分」處即用力，則其能去惡以涵養心體之功更大。正如唐君毅先生謂：

> 於此知善惡之幾處，為善去惡。此即為一至簡易至切近之工
> 夫也。⓯

此種儒家工夫論所強調之省察於幾微，涵養在持敬之論，在當今西方道德教育理論中，亦不見強調與申論。無論是「價值澄清法」、「道德認知發展理論」、「理性功用主義」，皆重在從知識或認知之訓練的角度說道德培養，多在能力技術層面而偏向於外在化地看道德教育，而忽略內在主體性培養之重要。就是西方二十世紀五、六十年代以前的品格教育，也如柯爾伯格（L. Kohlberg）所批評的，只是美德袋（bag of virtues）式的教育，將各種「美德」外在地一件一件的教學生，而非重在確立主體內在的「常惺惺醒」的意義。因此，今日而言，使學生在生心動念之幾微處，即時刻自覺內省，以求用心之正，則道德教育更見成效。

　　以上所闡述只是作者認為儒家最重要道德修養之內在工夫。此處所說並未窮盡儒家一切之道德工夫，也不意涵儒家內在修養之工

⓭　同上，頁 21。
⓮　唐君毅：《唐君毅全集》，卷十七，頁 63。
⓯　同上，頁 65。

夫不需要其他外在工夫如制度❿、法規訓練、思辨、角色扮演、價值澄清等種種方法能力配合，以達於更佳效果，本文只在強調儒家心性之學對道德教育之有甚大資源作用即受時人及西方傳統所忽略。

---

❿ 如一社會沒有良好的司法制度的保障。有德行善的人總是惹禍，久而久之，整體社會便會喪失道德而至於亂。

從人生之艱難、罪惡之根源說儒家返本開新的道德教育進路——當代新儒家唐君毅先生的啟發

1. 前言

1.1. 推行道德教育須意識到的辯證真理

　　道德教育確是一件不容易的工作，但卻是人類社會尤其是今天的人類社會所迫切需要的。推行道德教育時，如果我們能意識到一個辯證的真理，將會有助於道德教育的成功。這個辯證的真理就是：我們必須一方面意識到道德教育不是一件簡單容易的工作，是牽涉到不同層面的問題不同層面的工作，是一項複雜而綜合的努力，不能祈求短期的立竿見影的成效，也不能以行政命令達致。另一方面，我們必須包涵一個十分簡單純粹的心，就是要切實辦好道德教育，培養好青少年人的品格的單純的心。這個簡單而純粹的心是真實的道德教育的必須條件，也是每個教者可以當下立心決定的最簡單直接切近的條件。

　　所以，道德教育裏有一辯證的道理，道德教育是包涵一複雜和單純的兩面的辯證結合。

　　從複雜的一方面說，這尤其是關連於認知上和推行上的。在認知上，推行道德教育者須意識到道德教育牽涉不同層面的問題，比如說，可以牽涉到基本層面哲學層面的問題：如什麼是道德？我們應該教青少年甚麼道德？是否有不同的道德？道德與不道德或善與惡的標準是什麼？所有標準是相對的嗎？還是可以有普遍和客觀的標準？等。

　　從教育的層面也可以問：道德或美德是否可教？若可教，如何教？究竟哪些人更應該或更能夠負責推行德育？孩子的家長？學校的老師？政府？教會？在學校的道德教育應以一獨立科進行？還是以滲透式與隱藏課程（hidden curriculum）進行？或者兩者並行？有那些不同的德育模式？那種模式最有效？德育模式的運用是否須因應學生不同年齡的心理發展，與不同之文化背景？德育的教師須具備怎樣的素質？等。

　　從德育的功能目標看也可以問：德育應為社會國家服務？還是為個人自己的存在或自我實現服務？還是純粹為了道德價值之實現？當這些目標矛盾衝突不相容時，如何取捨？又如何衡量評估所推行的道德教育是否成功？相關的知識：如哲學的、心理學的、文化學的、社會學的知識都有助於我們對上述各種問題的分疏、了解，以至解答。

　　在道德教育的推行上，也牽涉到各方面各層面的相互關係相互影響。比如說，家庭、社會、學校三方面便須有較好的配合，使家庭教育、社會教育和學校教育不致矛盾對立，以致相互抵消。在學

校裏，學校政策與教師教學也須相互配合；在課室裏，教師如可因應不同學生，因材施教，使教與學配合。

而教育或道德教育也往往受政治、經濟以至社會不同群體利益的壓力，人才缺乏等等現實的限制，如何在各種現實限制中取得平衡，因應本末先後，互相配合，盡量減少矛盾相耗，增加其相互促進之力量，這都要考教育決策者的具體智慧，不單單是抽象的概念思維與原則便足夠，更不能是鐵板一塊壓下來變成僵化的合模，以致扼殺各層面的生機與創造性。所以可見道德教育是一項複雜而艱鉅的工作與努力。

但若從簡單的一面看，也就是只要推行道德教育的人，時常反躬自問，不要失去一顆簡單純粹的心，時常懷抱著要切實辦好道德教育之心，以培養優秀的青少年人，在這種自我要求中，心意簡單純正便能在面對德育過程中的種種困難時，時刻自覺自己的不足及可能錯失，常思以改進德育的決策方法與模式，以相應不同的教育環境與學生對象，並使自己道德修養不斷升進，困難中得以堅持，以完成立己立人，達己達人之路。

1.2. 本文的主旨——從儒家思想資源中探求一種返本開新的道德教育進路。

若明白上文所指陳的道德教育中的辯證真理，便可以了解，無論道德教育如何艱難複雜，總有可以立腳開步，總可以有立根立本的地方，這就是回歸到純粹為了道德教育的簡單心靈處，這是一種返本開新的道德進路。儒家思想為這返本開新的進路提供了更多資源，使道德教育得到更多切近而真實的開發。本文以下便是透過闡

釋當代大儒唐君毅先生的一些觀念，發揮說明儒家在現代的道德教育上具有一種返本開新的資源意義。❶

2. 對現實人世間的艱難之體驗了解

儒家返本開新進路，也不難了解，可以從一般人都可以有的切近的經驗來說明。首先無須待研究清楚：教哪些人的道德？教什麼的道德原則？道德善惡的標準如何定？道德是客觀的還是主觀的？是相對的還是絕對的？❷無論是教師還是學生（高中或以上的學生），只要嘗試去體驗人生有普遍艱難處，便容易產生與培養真實的道德感，也易了解道德的重要，生發向上的與理想的心。大抵人對人生的普遍艱難沒有真實的存在體驗，也不能真了解道德的真實性與重要性。

說到人生的艱難，佛家是有深刻體驗的。在佛家看來，人生的基本事實是苦，《大般涅槃經》就說到有各種的苦：有生、老、病、死之苦；有愛別離、怨憎會、求不得、五盛陰之苦等等。❸儒家雖然不視苦為人生最基本事實，但儒者往往也能對人生的艱難痛苦有深刻的體驗。但儒家與佛家的不同在於儒者不視苦為人生最基

---

❶ 所以強調「資源意義」，表示這並非道德教育的全部，也不是道德教育的唯一模式與進路，更非意謂這就是儒家道德教育思想的全部，而是指出從感受人生之普遍艱難，了解人生罪惡之本質，然後知道返本開新對發展人之道德品性之重要性，在今日之道德教育而言仍十分重要。

❷ 不是意謂這些問題不重要，而是站在不同的基本假設上便會有不同的答案。若道德教育必須先要學生先弄清楚這些問題，便很難進行道德教育。就算教師也不容易一下子弄清楚。

❸ 《大般涅槃經》卷十二。

本事實，即苦並非第一義的存在，儒者更看到處處的艱難痛苦，也正正是價值的呼喚與實現處。當代新儒家唐君毅先生的一些反省與體驗不難引起大家的共鳴。

2.1. 人生芒昧與求食求生之艱難

唐君毅先生說：「人生的艱難，與人生之原始的芒昧俱始。」❹的確，只要想一想，每一個人出生以前從何而來，死後將往何處去，都是我們每一個人所不能知的，所以人生是與芒昧俱始。父母生我，並未得我之同意。❺而我之死，是死自己之死──「一切人之死，同是孤獨的死。」❻這聽起來好像很哲學的，但其實這都是人生的實際情況，只是我們平常不去想而已。我們被生下來後，便要求生存。求生存，於是需要求食求衣。然而，正如唐先生慨嘆：「人生百年中，每日吃了又餓，餓了再吃；破衣換新衣，新衣還要破。」❼這也是人生實事，並不抽象。為什麼人不可以不需要吃飯，或吃過了一次便無需再吃而可以繼續生存呢？！這些人生實事，也是人生先天而有的艱難。純粹為了生存，人便可以是衣架飯袋的人生。❽事實上，大部分人，一生中的時間，佔了不少是用來求食求衣求住的。人為求食求衣求住求生存，不少時候也保不了尊嚴與獨立性，而要為五斗米折腰，能作陶淵明的畢竟是少數，且今

---

❹　唐君毅：《人生之體驗續編》，第三篇。見《唐君毅全集》卷三之一，頁53。

❺　同上，頁 53。

❻　同上，頁 54。

❼　同上，頁 56。

❽　同上，頁 56。

日也難於過陶淵明「採菊東籬下」的隱逸生活，現代社會的理性結構，把人都網羅著，動彈不得，看似自由，空間卻更少。人往往掉進制度的機栝，掉進競爭中。競爭不錯帶來進步，因求生存求食因懼恐失卻安全而來的過度競爭、劇烈競爭，以至鬥爭、戰爭，便變成人生的艱難與痛苦的集中表現。

　　生於富貴之家，衣食豐足吃飽了的人，不一定會體會到求食求衣求生存的艱難。「但是世界上確確實實有無數未飽的人，為生活之擔子所重壓」❾，也有不少人生逢戰亂，為生存而恐懼而奔逃。

　　吃飽飯了的人、豐衣足食的人沒有艱難了嗎？不是！吃飽飯了的人，又會有其他更多物質的慾望，各種慾望的追求，掩蓋了他對人生艱難一面的意識，也掩蓋了未吃飽飯的人面對求食求生存的問題的嚴肅性，與及掩蓋了他們對未吃飽的人的同情。❿主觀上他們沒有了求食求生存的艱難，客觀上他們掉進了另一種艱難的陷阱，他們為慾望的滿足而奔忙，而緊張，種種比較，是非，得失，帶來日夜的怨懟，憤恨，失落，煩燥與不安。而且，「今日萬鍾，明日餓死」，世事無常，一場金融風暴、金融海嘯，本來家財萬貫，揮金如土，可以變成債務纏身，不名一文。一場疫患，本來千嬌百媚，可以變成氣若游絲，瘦骨嶙峋。佛家對世事無常最有體驗，人生無常之艱難，今日看來，更是人生實事，並不抽象。

2.2. 男女相求，慾望與愛情之艱難。

　　天地生人，男女相求，亦是自然之事。所以唐先生說：「人之

---

❾　同上，頁 56。
❿　同上，頁 56。

需要愛情與人之要求生存，都是人之天性。」❶依唐君毅先生儒家觀點的解釋，這是因為天地乾坤之道合而生人之故，即是說人之生是由合男女性而生，乾道為男，坤道為女，乾坤之道合而生人，「人由父母，男女之合而有生命，則人生命之根底，即是男女性。」❷但人或生而為男，或生而為女，則任何一人之生，同時亦是男女性之分離，於是在每一個人身上都產生追求異性——即有乾坤之道男女性之合一的根底要求，亦為男女之欲之所根源。❸

然而這種要求與慾望，也並非由人所同意而有。在這男女相求之事實中，其中亦有無限之艱難：「失戀離婚的苦惱，男女曖昧的關係，情殺，姦淫的罪惡。這些事，我們總是日日有所聞。」❹每個人是一個體，人與人間，以至夫婦間，總有不同，求溝通，求了解，也非時時盡如人意，或我之偏見，或你之傲慢，或大家之蔽塞，誤解，怨氣，都使人咫尺天涯。人世間怨偶總比佳偶多。「恩情似海的夫婦，到頭來，終當撒手。」❺不能偕老，終要分離，人亦只有獨自忍受，他人的安慰說話，都免不了是外在的。「一切愛情之後，皆有失戀之可能，一切結婚之後，皆有離婚之可能。一切佳偶，皆有成怨偶之可能。」❻而一切恩情似海的夫妻，也有無奈生離死別的分離時刻。這些都是人世間的代代重覆出現的實事，是

---

❶　同上，頁 58。
❷　同上，頁 58。
❸　同上，頁 58-59。
❹　同上，頁 59。
❺　同上，頁 60。
❻　同上，頁 60。

人世間的艱難痛苦，並不抽象。

若人要超越此種艱難痛苦，或為追求其他真善美之理想，而決定終身不婚，斷絕一切男女之慾，如和尚、比丘尼，如神父，這時候人即「須與他之男女之欲作戰，同時即與他生命底之無數男女性作戰，與天地之乾坤之道作戰。」❶此中自有天人掙扎、靈慾交戰之艱難。或人純順自然生命之流不斷追求男女慾望之滿足，如西方性愛主義者之所為，然而慾海無邊，只不過是引生每次慾望滿足後的空虛，與及更多乖僻慾望的追求以填補空虛而已。

2.3. 希望他人了解與名位追求之艱難

人生在世，有求食求生存，求男女之慾夫婦之愛，除此之外，還有求名位之心理，求名之心理，賢者亦不能免。

為什麼人會有求名位之心，唐先生的反省，是「人恆要求人承認我之所為是好的，或要求我之所為，為他人承認是好的。這中間見一人與我之不可分的精神繫帶。」❶人的存在，不單是衣架飯袋的人生；人的存在，在儒家看來，在根底上有一生命精神求擴充而要求與其他生命，以至萬物合一而達至天人合一之境地。即人心靈之要求與天地萬物統一與相貫通。人之好名，初即緣自人之要擴充其生命存在，以存在於更多人心中，受到更多人的肯定而來。所以人總是希望得到他人的了解與肯定。所以人與人的互相欣賞、體諒、包涵與肯定，是人生感到充實的一個很重要泉源。因此過分強調競爭、比較優劣，正正是與全人教育，道德教育之意義相抵觸

---

❶ 同上，頁 59。
❶ 同上，頁 61。

的。⓴人之好位好權，初即緣自人認為自己行為做法有價值，而望更多他人跟隨自己的做法以實現更多的價值而來，所以在其根源處、原始處，是本來清淨的。

　　然此由人生存在之底層或本質而來的求名求位權的心理，在現實人生世間中亦會掀起重重艱難。唐先生指出：在現實人世間，任何個人所實現或表現的價值，總是有限，一切人的認識能力也總是有限。因此，人的名位越高，越多人認識，他人的責望便越多，人便越要面對求全責備的求全之毀，故名位越高而越危。而且，他人之慕我之名，又是否真知我；他人之敬畏我之位，又是否真了解我之價值。此皆外在於我而不能操之在我者。故世間的或榮或辱，或毀或譽，皆無定準，亦非恆常。⓴「由是而世間永有無數有才無名，有德無位的人……由是見名位之世間，必然有無窮委屈。」⓴當然，人世間也總有沽名釣譽，屍位素餐之輩，也會有無意盜名位，而卻有不虞之譽，得非分之位之謬，總可使人失笑。儒家自孟子始，已分「天爵」、「人爵」之別，而貴「天爵」多於「人

⓴　這裏並不是完全否定競爭和比較，而是否定「過分的」競爭與比較。但如何是不過分呢？在筆者看來，先須分別「教育」（education）與「教學」（teaching）之別，教學層面可恰當地運用競爭與比較的方法，在教育的層面是應打破競爭與比較之心理。也就是說真正成功的教育或所培養的「有教養者」（educated person）是應該超越了競爭與比較的心理。「教育」與「教學」之別，可參考 P.H. Hirst & R.S. Peters, *The logic of Education*, London & New York: Routledge, 1970, ch.5. pp.74-87。

⓴　同注❹，頁 62-63。

⓴　同上，頁 63。

爵」。❷天爵就是實現人之德性。

　　人不能看透此名位世間之虛幻與無常，則只會患得患失，生命如浮萍，心隨外轉。若人能看透此名位世間，而知其為外在於我，而非真我，非操之在我，於是人求特立獨行，行心之所安，遯世不知見而無悔。❷然此中亦有艱難，因人之精神是要與其他人之精神相感通而得到滋養，如唐君毅先生所說：「在我們一般人，可以自勉於使名位之心漸淡，但是在實際上，仍免不掉要多多少少賴他人之讚美，高高低低的社會名位，來滋養其精神。」❷此亦是源自人生命根柢要與外貫通，得他人了解的要求而來。若得不到滋養，人的精神在孤高，飄零和冷寂中會易於枯竭。然若真要特立獨行，便必須假設，當自己自覺義之所當為時，卻為一切人，包括至親的人，也罵你，詆毀你，批判你，人如何面對絕對孤獨，與無數他人的精神的壓迫，此中亦有不少艱難，抵不住，人會自殺❷，人自殺正表示人生的艱難。

---

❷　《孟子·告子》。

❷　為甚麼能遯世不見知而無悔，是因為：「人如能參透毀譽現象的內蘊，即可了解由形下的俗情世間，至形上的真實世間之通路，亦漸能超俗情世間之毀譽，而能回頭來在形下的俗情世間，求樹立是非毀譽之真正標準。」（唐君毅，《人生之體驗續編》第一篇〈俗情世間中之毀譽及形上世間〉，《唐君毅全集》，卷三之一，頁13。

❷　同上，頁62。

❷　如文革時期有不少知識分子的自殺。

3. 由超越現實人生之艱難見道德意識道德教育之重要

人生存的現實世界，是俗情世間，如真去想它，確是艱難處處，求食，求偶，求名位求權力，莫不如此。以上所說之艱難莫不顯示人生的灰暗面，於是人會追問：則人生何價？面對這一問題，人確可以有不同的生命取向。如前所說，人固可以自殺。這樣地選擇自殺的意義只是完成人生艱難的句號，可以說此外便全無意義。人亦可採取嬉笑怒罵遊戲人間的態度，但這不過是意義失落的虛無主義（Nihilism）者的哀歌，人生艱難如舊。人固多可以走的另一條路，是信仰上帝或神之存在，人生世界是虛幻，真實世界在上帝在天國，世上的艱難不重要，重要是認識真神，信仰真神，依靠真神的引路，最終走過艱難，走向天國。人如真有這信仰，生命確可以有所安頓，以遙望天國，遙望未來的永恆，並抵受當前人生的一切艱難痛苦，視一切艱難為上帝的試探、上帝的恩寵。這也是一般人易於了解把握之路。人懷著超越上帝之信仰，可以使人產生最堅決的自我犧牲的道德實踐，放棄世間一切物質財富的佔有，宗教教徒因信仰而一生奉獻宗教以行愛，如德蘭修女，以至像伊斯蘭教徒之人肉炸彈，他們視為一種榮耀，是轟烈犧牲不惜粉身碎骨以完成真神的命令為榮耀。這是道德與宗教合一，道德建基於上帝的信仰上。然而此中之關鍵困難是何者是真神？我如何知有真神？不同的上帝信仰，不同的「真神」衝突時，如何解決？而人在現實世間中存在，世間的真實性卻無法安立，相對於上帝與天國而言，人世間是可有可無的。這些皆為上帝信仰之教未及圓融處理的地方，而未

能極成「圓教」者。

東方儒釋道三教，在安頓人生之艱難痛苦問題上，亦各有所見。佛家以苦根源於無明，就是因不了解萬事萬物「緣起性空」，皆「因緣所生法」，由無明產生執著，而有苦，去苦之道就是求對事物有如實觀的智慧，而得解脫，而離苦海。

道家是有大智慧大肯定，不能等同為嬉笑怒罵遊戲人間的消極遁世之輩。道家之智慧在使人應合「道」之流變，不將、不迎、不取、不捨，而達於無入而不自得的無為逍遙的境界，見一切自然無為而自化，超越一切美醜、善惡之相對較，則人生亦無所謂艱難與不艱難矣。其大肯定者為道之運行不息，一切無為而自化。

一般之論不少有誤解佛道之教為消極為逃避，甚至有批評道家只是阿 Q 精神，只是人主觀心理的逃避而已。事實上，佛家道家之智慧，在指出世俗之見只是一偏之見，未能把握最終真實，而只有在破偏執或超越相對之見才顯整全真實，佛道之教皆有真信仰真肯定在，價值相對主義、虛無主義不可同日而語。

至於儒家，在面對人生艱難痛苦中，最能顯道德的意義在。在儒家看來，當人真感受或慨嘆人生的艱難時，此即同時有一欲去超越現實人生之艱難，求人生世界更完滿更理想的渴望隱含其中，這正正是一切價值意識道德意識之原始。儒家確是特別表現積極的精神，總希望超越現實世間的不完滿，追求真美善神聖的世界，以求改變現實之人生世界，把真善美的價值帶到人世間。在道德教育上，儒家特別重視這價值意識道德意識之原始。

所以，說人世間求食，求偶，求名位之艱難，初看似與道德教育無涉，其實不然，如人真能意識到此種人世間的普遍艱難，人便

會有超越此種艱難與不完滿的要求，而望追求更真實，更美善之世界。若能順此種超越的要求，並加以恰當培養發展，正是價值意識與道德意識發展之泉源。當然，以上所說之人生艱難，青少年人也不易完全體會，因為他們的人生經歷較淺，應培養他們良好的習慣，以及社會所接受的普遍道德原則（當然也應該讓他們有空間去思考反省好習慣與道德原則的理由與意義）。然作為德育老師，若能對此種艱難有所意識有所體會，則不忍見人生處處艱難而有要盡己力以減少客觀人生世間之艱難痛苦，此處正是儒家自孔子以來所強調的仁心發用，任何人任何時刻見人世間之艱難痛苦而心生不忍，即天光開顯，乾坤扭轉，一切人生的艱難痛苦荒謬，皆我當下之心所欲化除，則人生存在之莊嚴與重大意義立刻挺立。不忍之心，一切人都或多或少某些時候總會有，尤其是對親人至愛最易生起，所以今日講道德教育，也不能違孔子孟子孝悌仁義之教。但時刻保有這仁心不容易，孔子對自己最讚賞的學生顏回，也只是說其「三月不違仁」，其他學生，則「日月至焉而已」❷❻。即是說，以孔子弟子之賢，顏回也只能三個月長保仁心（「三月」是象徵其久），其他只是或保持一日，或一月，其間都有仁心的間斷（即應仁時未能生起仁心）。唐君毅先生自己更說自己「日月至焉」也未能達❷❼，當然這是唐先生自己的謙詞。但的確，儒家的道德教育，返本開新的進路，即在保養此人人心中所有的不忍之心，使其恆久不失。

　　老師不忍學生將來要存在於更艱難的世界，所以教他們美德，

---

❷❻　《論語·雍也》。

❷❼　《唐君毅全集》，卷三之一，頁67。

使他們不會變成為增加人世間艱難和痛苦的根源，相反的，要變成化除人世間艱難痛苦的力量。老師不想見學生重蹈中國上世紀初中國積弱受欺凌時中國人的艱難痛苦，於是教學生知奮發以自強，為國為民。老師不忍見老百姓受貪官污吏的壓迫，因此教學生清廉以自守，淡泊以明志。

德育老師更應明確使青少年人了解知道開發價值意識道德意識的心的重要，也就是返本開新的重要。衣架飯袋的人生，男女肉慾的人生，爭名奪位的人生，不止不能為人生帶來意義，也都並不真能去除人生世間的艱難痛苦，建立人生的幸福與快樂。

沒有人生艱難的體會，像生於富宦之家的二世祖，因他們是蔽於富貴蔽於容易，不易生起和發展道德意識。❷❸或像古之帝王如晉惠帝司馬衷，當有一年發生水災，臣下向他訴說人民困苦沒有飯吃時，他竟謂人民何不吃肉糜。生長於深宮，對人生艱難無知若此，如何能有道德意識的產生、道德之實踐？恣意弄權而自視為高高在上的官員，時時對人民百姓呼之則來，揮之則去，如何能體驗老百姓的艱難痛苦，如何能有道德意識？

道德的真實，不全在現實世界，道德的真實與意義，正在於人要改變現實世界，要把心所意識到的價值實現於現實世界，故道德同時是創造，是開創。因此只從現實世界看，不能了解道德的真實意義。順現實世界看，適者生存，森林定律（the Law of the Jungle），

---

❷❸　《荀子》解蔽篇謂人有蔽於欲（喜愛）或惡（厭惡），遠或近，古或今等種種蔽。筆者以為人亦可以謂當人生於富足，衣食無憂，而不知貧困，是蔽於富貴。一切得來容易，不知艱難，是蔽於容易。事實上，如荀子所說：「凡萬物異則莫不相為蔽」。

弱肉強食。自然界定律，確有這一面事實，人是自然界的一部分，也為生存而奔忙，為生存而適應，而鬥爭，這就是人生的艱難，但當人意識到這艱難，而要打破這艱難，超越這艱難時，人的存在，即從自然人躍升為文化人文明人，人之為人的真實意義同時確立與開顯，所以道德意識價值意識是使人成為人的真正關鍵所在。只有自然的反應，事實的意識，不足以為人，不足以建立人的世界，只有科學只知化學物理生物經濟定律，不足以建立人的世界，故必須有人文之意識、價值之意識。所以必須使科學教育人文教育雙足並立，而道德教育是人文教育的最重要一環。

4. 真美善神聖世界的追求及其艱難

人要超越現實世間俗情世間衣食男女名位權勢之虛幻與艱難，也就是要追求一個更真實美善以至神聖的世界。在這個真美善神聖的世界之追求過程中，要說艱難也還是艱難處處。真美善神聖之世界是人自自然世界超升而體驗的價值世界。在價值世界的追求中，人才是真正能夠平等的。正如唐君毅先生說：「在一切真理美善神聖之價值之體驗與實踐前，一切人之心與人之位，亦實為一畢竟平等。」❷❾因在衣食男女名位之世界的中，衣食我取了，你便沒有，你取了，我便沒有；男女名位亦如是。但在真美善神聖世界，是人所可共享而不相礙之永恆世界。你認識了一個真理，不礙於我也可以認識這真理；你欣賞一幅畫之美，我也同樣可以欣賞；你實踐了一愛德或心中懷有信善，並不礙於我亦可行愛德和心懷信善。「一

---

❷❾　《唐君毅全集》卷三之一，頁 65。

家有孝子慈孫，亦不碍家家同有孝子慈孫。」❸因此，一切真美善神聖皆可以是人與人之心相通的橋樑與道路❸。兩人以至多人共同沐浴於一真理、一美感、一善德中，即見心光互映而為一。「人心之往來處，亦即有心靈之統一，亦即天心之呈露。」❸大家共同知道衛生搞不好，會帶來疫病，大家對這真理之了解，即大家之心在這真理中合一，而變成一個心；大家忘我的欣賞一曲「高山流水」古箏演奏，大家的心就合一在這曲調之優美中；大家為保城保土而勇敢抗洪，大家的心就合一在抗洪的勇敢中；大家為保家衛國而抗戰，大家的心便合一在愛國中。合一的心就是通過理而合一──無論真的理、美的理、善的理、神聖的理。合一的心是普遍的客觀的，故也可以說是大心、天心，而不是私心。所以在儒家看來，天國不在遠，就在目前，就在心靈通過各種理而交光互映中。❸人類世界的和平與真正全球化，也只能在人與人的心在理上貫通與合一處達到。我們能欣賞其他國文化或歷史所表現之道理或意義與價值，我們即與其他國人融合為一，國界在這裏消失了，不存在了。同樣的，我們了解古人的說話之道理，我們即與古人之心合一，古人亦雖死猶生。而這「與我們日常生活中，忽而豁然貫通一道理，忽而想好一文章之結構，及忽而有一道德上之覺悟，並無本質上之不同。」❸這是因我們的心與普遍的真理美善神聖的世界合一，這

---

❸　同上，頁 65。

❸　同上，頁 65。

❸　同上，頁 66。

❸　同上，頁 66。

❸　同上，頁 68。

就是天人合一。然而，「我們在日常生活中，對於這些事常來不及反省其涵義，我們的心又閉了。」❸❺因我們的心是結合著一特殊的血肉之軀之我之存在，而特殊的我的血肉之軀是在現實世間俗情世間的，這使我不易時常看到普遍的真美善神聖之理，我總易被個人過往有限經驗之限制，個人之利害、恩怨、成敗，牽引著我的視野。所以唐先生指出，在求真美善神聖價值的第一度艱難：是人真能在平凡的世間看到有永恆的、普遍的、純粹的，與貞定的世界而心喜好之。❸❻我們一般人常在現實生活的經驗中轉，易執著感官經驗為真實，而不易把握及長保日常生活中所顯的普遍義理❸❼的真實性。故真相信一真美善神聖世界是不容易的❸❽，所以唐君毅先生時常受到最多的批評是「太理想化」，而太理想化的他卻看到人生的處處艱難。

　　真美善神聖之世界，其中隱藏之義理境界，可以在人生命精神不斷上升中開悟而開顯❸❾，此開顯之真美善神聖世界，與俗情世界

---

❸❺　同上，頁 68。

❸❻　同上，頁 67。

❸❼　本文所採用「義理」一詞，包涵廣泛之真理意義，即包涵認知之真理，道德（即善）之真理，及美的真理及神聖之真理的意義。

❸❽　所以上帝的形像，神的形像，也要想像成一個血肉之軀的人之形像才容易把握。

❸❾　唐先生亦曾說：「你當永遠認識真理之新意義，而獲得新真理。你將覺你所認識之真理之範圍，逐漸擴大。……你將發現無窮的新真理。」（《唐君毅全集》，卷一之一，頁 44）又說：「真理世界有無窮的真理。」（《唐君毅全集》，卷一之一，頁 47）又說：「無窮盡的價值境界，依著次序開展，你只要有無窮的努力，是可以窮盡價值境界之無窮盡性的。」（《唐君毅全集》，卷一之一，頁 65）

分裂，戳破現實世間俗情世間的表面完滿性，而顯俗情世間的醜惡。而在俗世或現實世間的人又往往厭惡或懼怕這些求真美善神聖的人把他們的醜惡與虛幻世界戳破。❹俗情世間的醜惡與罪惡處處，可以與你追求真善美神聖之心作對，使你處處受到阻撓，以至身處險境，阻撓與險境可以使人氣餒。

追求真美善神聖世界的人，縱能體驗信仰這超越世界之真理，他仍脫不了生活在現實世間俗情世間，也可以因人在現實生活得到豐裕與安定後，而世俗的事務與應酬，易使人心流蕩而外馳，而再變得世俗。所以佛道二教之寺廟常建在深山遠谷，要遠離塵俗，隔開俗世的煩囂；又如德國哲學家海德格（Martin Heidegger）晚年隱居於黑森林，不易見客。懷著血肉之軀真去實踐理想求改變艱難痛苦的世界，實現道德的理想，縱能見貞定之理的世界，生存在俗世的特殊環境中，也常須忍受孤獨之艱難，生命精神越上高處，則越孤獨而高處不勝寒。❹而且，真美善世界隱藏的義理無窮，下焉者，若人之生命精神不求開展，則任一層仕一處之義理皆可為人心停駐而執著而成障礙，使人不見其他更多更廣闊的義理，便以為真理已盡在我，美善已盡在我，而生我慢之心，其他人皆為我所教訓的對象。若再混合在俗情世間而有比較、爭勝等等心理，則一人一義，十人十義，義理觀念反成人與人爭勝，心靈精神貫通的最大障礙與分裂鬥爭之根源。或人亦可以因遠離塵俗，不食人間煙火，慢慢變成自鳴清高，而對人世間冷漠無情，而不再求改變世界之艱難痛

---

❹　《唐君毅全集》卷三之一，頁 69。
❹　《唐君毅全集》卷一之一，頁 214-221。

苦。這又是追求理想世界過程中的艱難與陷阱。

　　絕對孤獨地在冷寞的理念世界中轉，人是受不了的，而且，若要改變現實人世間的艱難痛苦，便要從高處步下，重返人間，與俗情世間相接觸，也須忍耐、妥協和包容。俗情世間的人也非全無善意。「然而」，唐先生說：

> 俗情世間的人的存心與行為，則處處有夾雜與不純潔之處，因而走這條路的人〔按：走學聖賢之路的人〕，對一切夾雜與不純潔之處，亦恒勢須亦加以衣被；於是把走過這條路的人之精神，自然拖下，使之亦貼切於污垢。涅而不緇，談何容易？於是他亦被污垢所感染。這是這種精神之下墜。而可淪為鄉愿之最深刻而最難克服的魔障。在另一方面，則走這條路的儒者之言行，同時最易為一切人所假借貌襲……儒者之教，只要人庸言庸行，則人人皆可同其迹，而實不同心。中國儒家社會文化中，所以特多偽君子。❷

以上所引唐先生的說話是何其深刻。孔子最厭惡鄉愿，孔子曾說：「鄉愿，德之賊也。」❸儒家文化下的中國社會，尤在讀書人中，可以有很多好好先生，口中時常仁義禮智，也言必及義，卻是是非不明，或缺乏承擔，最懂明哲保身，是德之賊的鄉愿。可見因不忍現實人世界之艱難痛苦而追求理想求改變世界，而走上一條學聖賢

---

❷　《唐君毅全集》卷三之一，頁72。

❸　《論語·陽貨》。

之路，然而這條路上也是處處是泥濘，處處是陷阱，可以使人滑倒，可見理想道路上何其艱難。

5. 理想艱難路與道德教育道德意識的開拓與成熟

　　現實世間求衣食、男女、名位是艱難世間，如上所說理想世界的追求卻也艱難與陷阱處處，最終好像同使人灰心。但從道德教育、道德意識的發展來看，對現實世界的艱難意識正正可以生發起人之道德意識，正正使人與自然生物，人禽之辨得以劃分。在追求價值理想的世界——也可說即道德實踐過程中，所產生的艱難意識，正是可使道德意識道德教育開拓與成熟，以至於完成。

　　真能了解儒家的精神，或真能由本心或簡單純粹之心，發出對人世間的艱難痛苦之不忍，這當下就是一種奮發向上，當下就是生機。在儒家看來，不論在任何現實限制與艱難處境中，人皆可加以肯定與承擔，總可以是一個起點，所以唐先生說：

> 　　因而無論在什麼處境中，人總有一條向上之路可發見，而不必去逃循其自然生命在俗情世間中所遭遇之一切。……無論我發現我在那裏，我都可以說：「是，我在這裏。」是，是，是，之一無限的肯定，可把一切天賦於我的，一切現實的，可能的遭遇，都加以承擔，負載，而呈現之於我之自覺心，與自由意志之前。❹

---

❹　《唐君毅全集》卷三之一，頁 70-71。

唐先生這種「是，我在這裏」的大肯定，無限肯定，即與孔子所說的「我欲仁，斯仁至矣。」**⑤**相一致。即人在任何時刻任何處境，都可以實踐仁，都可以對自我作道德要求，道德的價值、道德的意義就在當下呈現。這也是孟子所講的「可以求諸在我」者。所以真正的道德生活，就是當下的「自覺的自己支配自己」**⑥**。而人生的目的，就是以「當下能自覺的心所自定自主的活動之完成」**⑦**。

當然，這種「大肯定」不是因初見現實世間艱難痛苦而生不忍時即可達至，而是在不斷追求理想實踐道德的過程中，由理性反思生命昇華而來的，孔子固「知其不可而為之」、「纍纍若喪家狗」以推行仁教，唐先生也由對人生艱難之層層體驗而開發了生命三向心靈九境之哲學。唐先生說：

> 你當知心靈之深度，與他忍受苦痛之量成正比。
> 上帝與你以無可奈何之苦痛，因為他要衡量你心靈之深度。**⑧**

的確，只有對艱難痛苦的層層轉進、體驗與意識，生命心靈才可開拓其深度。浮淺的心態是承擔不了道德實踐的持久性，與及開展人生存在的深度。道德實踐、道德意識與及人生存在的開展與深化進

---

⑤　《論語・述而》。

⑥　《唐君毅全集》，卷一之二《道德自我之建立》，頁 37。

⑦　同上，頁 50。

⑧　《唐君毅全集》，卷一之一，頁 55。

程㊾是有其普遍性的,這不單純是東方社會的產物,西方人也可以有相近的體驗。西方當代的如柯爾柏格(L. Kohlberg)的道德認知發展的六序階說,雖然是從認知的角度看,但也肯定了人之道德判斷、道德標準是向更普遍性發展而最終達於公義(justice)的原則。

孔子以及歷代大儒之身教言教,都幫助了我們至少或能有所「智及之」。而這種對當下人生之大肯定,影響中華民族的生命,其優點是對現實世界在任何情況下總懷抱希望,總要盡其在我,責任之所在,義之所在,總發奮向上,使歷史上不少志士仁人固努力「仁能守之」,黽勉以行之,沉潛篤實,以至犧牲小我,遯世不見知而不悔。中華民族之能抵禦歷史上的各種艱難,歷各次危機,而屹立不倒,實與這種大肯定之精神相關,中華人文精神即源自周初的憂患意識,憂患意識就是一種艱難意識。一切建立在功用主義,心理上的情感主義的道德觀皆不能確立這種對當下人生的大肯定。

解開在追求理想實踐道德過程中所體驗到的層層艱難,亦正是道德意識的開拓與成熟而至於大肯定之過程。人由初見現實世間的艱難與痛苦而生不忍心,此不忍心固是道德之根源。但人此不忍心之呈顯,可以並不穩定恆常,可以因心外馳,陷溺於外物或事務中,而變得麻木不仁。也有興起後未能通過理性而昇華,只結合情感情緒上之強烈,情感情緒的強烈過後,五分鐘熱度,道德意識便只停留在情緒上的不滿與發洩上,而不能沉潛深厚,化為持續的道德實踐。事實上,我們一般人也常有不忍之心道德之情之生起,只

㊾ 前文(第 3 節)已點出道德是開創,是人之為人真實意義同時確立與開顯,固也可說人真實存在的開顯。

是難於日月至焉，更難於三月不違仁。

　　道德教育道德實踐的開展，必須超越以道德教條只從外教訓人，勉強人去遵守❺，而是求返本開新，培養人們不麻木之心，並昇華人之理性，求人之道德生命自身之生長發展，開拓道德之境界，以貞定其仁心。

　　「不忍之心」或仁心之初步開發與拓展，也須社會環境之配合才能見效。若社會之罪惡與不公義不斷，驕奢淫逸瀰漫，善心卻常招禍患，則社會大眾亦難於發展「初心」──本有之不忍之仁，則任何道德教育都變成了虛飾。所以道德教育也須政治經濟與社會政策之相配合，否則事倍功半。

　　在人真求理想實踐道德過程中，體驗了不少時候會面對不同觀點，不同價值與不同標準的衝擊，若人不經歷「我可能是錯」的懷疑，人的道德生命，道德意識亦無法開展。自我懷疑固然帶來焦慮與不穩定，是自我道德發展必須經歷的艱難，但也因此更能使人打破偏執，盡力同情的了解他人的觀點，他人的標準。這在道德教師尤其重要，若道德教師終日以真理在我，排斥一切不同的觀點，終日自視為聖人的化身，用以驕人責人，則只會真的成為「人之患」，而與道德的意義即生命開創之意義背道而馳。

　　總而言之，追求理想實踐道德，若常有艱難意識，是幫助道德意識道德生命之開拓。道德教育也應使學生（當然在適當階段）有這

---

❺　故唐先生也說過：「你不必處處將你所認識的真理，以教訓的態度來告人。你處處對人持教訓的態度時，你與人間已有了界限，真理不能經過兩個有界限的心間之距離。」（《唐君毅全集》，卷一之一，頁46。）

方面的體驗。

6. 罪惡之根源與返歸本來清淨之德育

人若求去除人世間之艱難痛苦以求建立理想的世界，其中一個問題必須思考的，是如何去除人世間的罪惡。因為顯然的，人可以行惡，人之罪惡是構成人間世界的艱難痛苦的一個重要原因。若每個人能減少或盡力避免於罪惡，則自可以大大減少人世間的艱難痛苦。

因此，儒家之道德教育，一方固重在開發人之不忍之心以求生發道德理想之心，一方亦重在反求諸己，先求自己之克己復禮，努力免於過失，而不重在先要求他人，責難他人，要有諸己然後責諸人，由此而德育老師重身教多於言教。

欲去除人間罪惡，我們亦可問：罪惡之本質是什麼？人為什麼會行惡？了解這些問題，是有助於對治人世間的罪惡，故世界各大宗教皆對罪惡之問題有所反省。基督教以罪惡根源於人背離上帝的意旨，人的原始父母亞當夏娃就是因背離上帝耶和華的意旨吃了伊甸園之禁果而犯罪（當然吃禁果只是一象徵意義），使後代子孫都背負了「原罪」。佛教以人的罪惡根源於人之無明，由無明而有業力，而墮輪迴中而有苦。因此在佛家而言，人生的苦與罪惡是同一本質同一根源的無明。

儒家對罪惡本質之看法，亦有相近於佛家者。孟子即曾說人的罪惡是源自人陷溺其心而來。❺此「陷溺其心」固亦近佛教所言由

---

❺　《孟子·告子上》。

無明而來的執著。唐君毅先生順孟子說而有更進一步的論析說明，本文作者以前亦有文論及㊸，此處不贅，只扼要述說其旨。

在唐先生看來，人存在的本質與天無異，人根柢上原具無限性超越性㊹，只是此無限性超越性通過具體的有限的人而呈現。當然這便牽涉到儒家的形而上學或終極信仰。在儒家看來，天之理既是超越的，但同時也落在於人而為人之本性，故同時是內在於人。故在人，天理是既超越而又內在。此內在的天理即通過人之道德行為或合於普遍之理之行為而呈現。

因此，人的本心，或人由本心初現（或可曰初心，未經各種雜染的簡單純粹之心）的不忍之仁，正正是合於天理，正正是要去除艱難痛苦罪惡的道德的心，也就是本要超越現實的不完滿。面對不完滿有所要求的心，唐先生這種基本信念不離儒家。而唐先生進一步解釋，人的罪惡，尤其最常見顯現於現實世間俗情世間的由好財貨、好名、好色、好權而來的種種罪惡，是人之原來的超越的本性在現實表現上陷溺於現實有限存在的對象上，而求對有限的對象的無限擁有，因此是人本性的顛倒的表現。如果我們反省一切好財貨、好名、好色、好權之心，在初起時，是本來清淨的，一切罪惡是由此心之陷溺而產生。唐君毅先生論析得透徹：財貨是有價值的，人有欲求更多的財貨之心，是心原有超越現實已有的價值而追求更多價

㊸　劉國強（2001）：《儒學的現代意義》（臺北：鵝湖出版社，2001），頁28-32。

㊹　「無限性」不能是一種固定性質，因一固定，無論如何多，也成定限，故「無限」或無限性之意義只能是對一切現實有限者的超越，故「無限性」也即「超越性」。

值而來之故。名譽亦是一種價值，好名亦是人追求自我之存在之價值受到更多人的肯定而來。美色亦是一種價值，好色初亦緣自人之愛美求美之價值之增加而來。權力是緣自人求更多其他人跟從或肯定自己認為對或有價值的行為或看法而來。這些好財、好名、好色、好權的心，在初起時，是本來清淨的（即從人本性初起，未涉具體世界的剎那說，或孤立地說，不在現實的關係和限制中看，本來亦無所謂罪惡的）。但價值可以是多種多樣的，當人陷溺於財貨之價值，或名譽之價值，或美色之價值，或權力之價值，而要求各種有限的價值無限伸展時，便會抹殺其他的價值，使其他價值不能實現，因而產生惡。如只求財貨的價值，而忘記生命、親情友情之價值，以至殺人放火，便成財迷心竅因財失親失義而變成大罪惡。或只求我個人意志、個人想法之無限伸展，而完全抹殺其他人的意志、其他人的想法之表達與實現，而扼殺他人自主存在和他人的獨立意志的霸權之惡。

儒家之「義」就是合乎道德。如孔子說：「無適也，無莫也，義之與比。」❺義者，宜也。道德的意義，就是讓一切在不同時空分位中恰當的價值得以實現。去除罪惡，就是返歸本來清淨之心，不陷溺於外在有限之對象，讓心靈回復本來的超越性，不受外物或過去有限價值之陷溺偏執所蔽，而時時刻刻，發揮心靈鮮活之作用，以得其宜，得其義，使心常能「中節」。這亦是《中庸》所教的至理。故唐先生說：

---

❺　《論語·里仁》。

> 在不同的價值理想間，各方面的生活與興趣間，有時會免不
> 了衝突同矛盾，這將如何解決？唯一的解決辦法，是反省當
> 下的時間空間中，所容許你實現的最好的理想，可滿足的最
> 好的生活興趣。**⑤⑤**

唐君毅先生此處所謂「最好的」，也就是最適宜，最合於義的意
思。常能得其宜，得其義，常能「中節」是不容易，故《中庸》也
說：「及其至也，聖人有所不能」。但至少我們必須看透罪惡世界
是第二義的，並非最根本真實，它是依於價值世界才能存在。唐先
生強調：

> 所以你必須自現實的存在中，去發現價值，在產生一切罪惡
> 的事物中，去發現價值，猶如在污池中去看中宵的明月。因
> 為一切產生罪惡的事物，其所以能存在之最原始的一點，仍
> 依於一種價值。**⑤⑥**

因此，從儒家義理了解人之罪惡之根源而來的道德教育，也是一種
返本開新，重在先回歸於本心本性本來清淨之教。

　　返本開新之教，落實到具體教學上，當然也須培養理性的能
力、分析的能力，及判斷的能力，但不同於功用主義道德觀下的理
智計算，其進路更重視道德心的培養，即傳統的修心養性的本心本

---

⑤⑤　《唐君毅全集》，卷一之一，頁67。
⑤⑥　《唐君毅全集》，卷一之一，頁74。

性的培養，是重心的涵養與省察，使心常能開發價值世界，開發道德意義。而功用主義的理智計算心，往往使人的價值意義收縮，道德世界消失。在全球化的時代，正正須要涵養本來清淨之心，破除執障陷溺，才能使人肯定多元價值，欣賞不同文化與價值觀的人。能肯定能欣賞，才能包容以成就互相融通的真正全球化世界。

由儒家聖賢典範看教師人格
——以孔子、唐君毅先生為例

「師者，所以傳道、授業、解惑也」。這是韓愈的名言，為大家所熟知。在儒家傳統看來，教者傳道最為重要，是教育的核心。授業與解惑，固然也是教師的要務，但不及傳道之重要。經師人師，經師易得，人師難求。人師者，是能傳道之師也。

我們今日科學時代，人心趨慕分析思辨實證以求實，容易以「道」為虛玄不實，認為一人一道，十人十道，道為主觀的不科學的。在今日多元世界中，基督教之道、伊斯蘭教之道、佛教之道、西方人之道、東方人之道等等，不同文化，不同信仰，皆有不同說法，因此說教師最重要在傳道，對今天一般人來說，便易引來迂腐和與世界脫節之譏。

能瞭解與體會儒家所言之道，儒家言天道性命相貫通，天人合一之義，對儒家所要傳之道的真實性，自會有所肯定。這樣說，也都是對入乎其內而有所體驗悟會者說，對未進入而在外者，也只好從人們具體切近的經驗來討論，即孔子所說的下學上達之路。其中一方式，也可以從體道傳道之聖賢的生命人格，來瞭解。聖賢的生命人格正是道的顯現，是「人能弘道」。

　　在儒家的傳統看來，最能弘道，體道的是聖人。聖人是天德流行，即天道天德時刻在具體個人之聖人身上呈現實現，故教師之人格的最高典範者在聖人。孔子被尊稱為聖人，為萬世師表。現實存在的人都是有限的存在，無人敢說自己是聖人，以至孔子亦自言「聖與仁，吾豈敢」（《論語·述而》），亦言「聖人吾不得見之矣，得見君子者斯可也」（《論語·述而》）。唐君毅先生在《中國文化之精神價值》一書中，談到中國之人格世界，最後談到聖賢時，亦曾言：

> 吾以上論中國之人格世界之人格型幾盡，及論中國式之聖賢而遲疑。聖賢之人格，非吾之學養之能論也。宋明儒者，恆教學者體聖賢氣象。氣象者，心領神會而後可旦暮遇之，亦非吾之所得而論也。❶

　　道不可說，聖人體道，一義上聖人亦不可說。因言說必有固定，有固定便有限制，有限制便有執滯，便不能「圓而神」以應萬物。若從科學實證的角度看，究竟有否道？是否有聖人？道之內容是什麼？聖人的內容是什麼？也可以爭論不休。以至懷疑說道與聖人皆儒者的想像與虛設，迂遠而不切實際。百多年來，西方文化對儒家文化的挑戰，亦正是西方文化「方以智」的科技文明挾其實證態度與實效主義橫掃一切。另方面，西方的宗教之信仰超越之神，

---

❶　唐君毅：《唐君毅全集》卷四之一（臺北：臺灣學生書局，1991），頁428。

說超越之神如何圓滿，如何超越人之的智慧與言說，則似乎更易被
瞭解與接受，因神是超越的。說有血有肉渺小的人如何人能弘道，
天人合一，更似是人的傲慢與欺世之言。❷因此，教師之最高人格
之聖人人格亦不易說，亦非筆者所能說，聖人固可說有聖人之格，
以至孟子說有偏至型之聖人，如伯夷為聖之清，伊尹為聖之任，柳
下惠為聖之和，只有孔子是聖之時也。（《孟子·萬章下》）聖之時
也正是莊子所謂能居其環中，在道樞，才能應無窮。所以聖人也可
以超越於固定之格。本文是走下學上達之路，是就具體聖賢大儒所
實際表現與所說，來反映理想教師的一些人格特質，而非直接說聖
者人格之如何完滿。

1. 仁愛博施、己立立人

在儒家看來，作為一位教師，尤其是人師，必然心存仁愛；心
存仁愛者，必不只求獨善其身，必求推而廣之，兼善天下。故仁者
之懷，內而自我感通，克己修身，然後推己及人，以安人與立人。
故孔子以「修己以敬」、「修己以安人」、「修己以安百姓」答學
生子路問君子（《論語·憲問》），並教另一學生子貢說：「夫仁
者，己欲立而立人，己欲達而達人」（《論語·雍也》）。己立立
人，己達達人，是仁愛心懷之表現。故朱子注此句便說：「以己及
人，仁者之心也」（朱子：《四書集註》）。所以，教師之人格，包含

---

❷ 但大部分人卻沒有特別注意到上帝也要以其子的位格道成肉身化為有血有肉
的耶穌以救贖世人，以顯揚上帝之道，上帝之仁愛。也表示上帝不能永遠只
是超越的在那裏。

了仁者之心，仁愛之懷。仁者心懷，才能「有教無類」（《論語·述而》）。故孔子對任何人意願從學於他的，都不會拒絕。也是孔子自己所說的：「有教無類」（《論語·衛靈公》）、「自行束修以上，吾未嘗無誨焉」（《論語·述而》即凡以十束乾肉來拜師學習的，我都願教導）。以至對於風俗惡劣而「難與言」的互鄉地方之童子，前來向孔子請益，孔子亦予以同情，因為既前來請益，便是有潔身自愛的心，孔子亦肯定此潔身自愛求長進之心而對童子表示關懷與鼓勵。（《論語·述而》）

再看當今大儒唐君毅先生，一生教學著述不輟。從唐先生 1932 年 32 歲畢業於南京中央大學哲學系後即任助教算起，❸在 1978 年 2 月逝世前仍教學不輟❹，前後 46 年。唐先生 15 歲時即有希聖希賢之志❺。唐先生一生的學問是發自生命性情之不容已之情，他對學生的關愛、期盼成才、對後學的提攜，以至在講課時的忘我投入，皆可見其仁者情懷的自然流露。

新亞書院早年的學生，多是 1949 年後自大陸流亡來港的青年，大部分都是孤身在外，唐先生在節日，尤其是每年農曆除夕，便邀請他們到家中吃團年飯，使他們在節日也多少有家的溫暖。新

---

❸ 1929 年，唐君毅先生仍就讀於南京中央大學，同年暑假，唐先生回成都休學一年，當時蒙文通任四川大學中國文學院教務長，聘唐先生在川大教授西洋哲學史，每週兩小時課，唐先生執教了半年。若由此算起，唐先生執教鞭便更早。

❹ 筆者在唐先生逝世前的一學期，仍上唐先生在新亞研究所講授「禮記」和「中國哲學問題」兩課。

❺ 可參考《唐君毅全集》卷二十五：《致廷光書》，頁 145。及卷二十九之一《年譜》，頁 11。

亞書院的學生增多後,便只好輪番每年邀請不同系的學生。❻對於外來的留學生如日本留學生❼,唐先生每年總有一、兩次在自己家裏招待他們。日本留學生高木桂藏在東京悼念唐先生時,說出自己的感受謂:「唐先生為人非常溫厚,予我真正的照料。」❽唐先生對出外留學的學生,每年都會寄予賀年咭,並加以勉勵。在唐先生逝世前,接近農曆新年,唐先生寄出的勉勵是:「努力崇明德,時時愛景光」,唐先生總希望年青人也能努力修德,不要浪費時間。

　　唐先生對他人的來信,總有信必覆;對學生,對仰慕他的青年讀者的來信,也不例外,且必加以鼓勵。我在新亞哲學系的一位同班同學梁燕城在入大學前便寫信與唐先生,並收到唐先生的回信與鼓勵。能夠幫助學生成才的,唐先生都會盡力幫助。例如新亞學生雷金好和鄒慧玲,因所住新亞臨時女生宿舍喧鬧嘈吵,便興起到郊外隱靜的慈航淨苑暫住讀書的念頭,請唐先生幫忙,結果唐先生不單止幫了忙,而且還一家人連同程兆熊、李國鈞二位先生一起送他們到慈航淨苑,並逗留至黃昏才離去,以示鼓勵,兩位同學整個暑期亦得以在寧靜的環境中看書、誦詩渡過。❾在文革時曾當紅衛兵的翟志成,1973 年領了新亞研究所的獎學金在所中攻讀,到了1974 年,由於香港的物價飛漲,僅夠吃飯的獎學金已變得不足夠了。當時徐復觀先生提出唐先生親自決定批准免去了他 74/75 年度

---

❻　《唐君毅全集》卷二十九之一,頁 109;卷三十:《紀念集》,頁 471。

❼　在早年,新亞研究所的外地來的留學生中,日本學生不少。所以唐先生過世後,日本的學生及友人在東京為唐先生舉行追悼會。

❽　《唐君毅全集》卷三十:《紀念集》,頁 101。

❾　《唐君毅全集》卷三十:《紀念集》,頁 455-456。

的全年學費，而那時候，正是因中文大學改制，新亞研究所退出中文大學，研究所經濟最困難的時候。**❿**

學生畢業後，只要能力許可，唐先生都盡力支援協助學生取得適當的工作崗位，使學生在生活上得以安頓，能專心做學問和教學。比如學生李武功，畢業後閒賦在家，那時中文大學初成立，唐先生是首任哲學講座教授，大學要派一位文員保管文書和打字，唐先生卻不要文員，要求校方准聘李同學替此職位，並為他抄寫文稿。**⓫**另一學生林秉權，因由英文系轉哲社系，只兩年便考畢業試，唐先生恐他程度不夠，會成績不好，也影響了新亞參加中文大學第一屆學位試哲學考生的水準，所以請他不要急於考畢業試，在校多留一兩年，以進修學問。林當時以為唐先生只顧學校聲譽而犧牲了他畢業的利益，出言不遜，也著實使唐先生生氣。後他還是考了試畢了業，一天遇到唐先生，唐先生仍是對他畢業後的打算垂詢甚詳。林同學當時告知唐先生準備在出洋留學前找工作，賺點生活費和路費。當時唐先生便會同唐師母，隨即陪他到當時設在彌敦道恒生銀行大廈的中文大學辦事處，見當時的中大教務長，為他覓得一份在新亞哲社系辦公的文職。**⓬**可見唐先生仁者心懷，對學生與晚輩，都加以鼓勵和扶掖，希望他們都能卓然自立。以上只是其中一些例子。

---

❿　《唐君毅全集》卷三十，頁 509。

⓫　《唐君毅全集》卷三十，頁 471。

⓬　《唐君毅全集》卷三十，頁 463-465。

2. 好學不厭、知識廣博

　　從儒家的人性哲學看，所有人都有根源於天的本性，如《中庸》一開始所說的「天命之謂性」，此「天命之性」❸或「本性」，即人心的靈明，或人心之仁。然而人除了天命之性，尚有構成物理生理存在的「氣質之性」❹。依儒家看，人與人之不同，不在天命之性，而是在氣質之性，氣質之性有精粗、清濁不同，所稟氣質之性較清純，對天命之性之表現呈現的阻礙便較少；所稟氣質較粗濁，便對人之天命之性之表現呈現阻滯較多。人除了先天氣質稟賦影響人之人格形成外，後天的遭遇與主觀的努力皆會影響人的氣質的變化與性格的形成。用今天生物學上的遺傳學語言來說，就是人從父母祖宗遺傳下來的基因決定人的氣質之性的稟賦，後天的學習與努力，也可變化氣質之性，故對朱子來說，教育便是「變化氣質」的過程。

　　作為教師，一方面固可因遺傳氣稟之優良，或因教師個人後天受教育或自我的努力，以達至一定變化氣質的成就，使天命之性（本性之仁）常能自生命中溢出，而有生生不息，自強不息的精神，由此而求知求感通之心強而好學不厭。由好學不厭而知識廣博。所以教師人格，在儒家看來必須經過努力與修養，化掉粗濁之氣質，使靈性或靈明感通於外之要求與感通於外之能力較強。

---

❸　北宋大儒張載用「天地之性」一詞，南宋集北宋大成之朱熹用「天命之性」一詞，實是指謂人之本性。

❹　張載、朱子皆以「氣質之性」指構成人的物理生理存在的氣性部分，以別於天命之性的部分。

孔子天縱之聖，加以後天困頓的磨練❶，一生好學不斷。孔子雖謙遜，但卻肯定地說自己好學。如謂：

> 十室之邑，必有忠信如丘者焉，不如丘之好學也。（《論語·公冶長》）

> 學如不及，唯恐失之。（《論語·泰伯》）

> 默而識之，學而不厭，誨人不倦，何有於我哉？❶（《論語·述而》）

而且，孔子學無常師（《論語·子張》），主張：

> 三人行必有我師焉，擇其善者而從之。其不善而改之。（《論語·述而》）

孔子更強調對人言、人事要「多聞」、「多見」（《論語·為政、述而》）。孔子三十多歲時，也曾問禮於老聃。孔子顯然是知識廣博，因此當時的達巷黨人便讚賞孔子說：「大哉孔子，博學而無所

---

❶ 孔子自謂「吾少也賤，故多能鄙事。」（《論語·子罕》）

❶ 此處朱子以為是孔子的謙辭（見朱熹《論語集註》）。錢穆先生認為並非謙辭，以此章所舉三事，盡人皆可自勉，孔子亦常以自居。故猶言有何難，乃承當之辭。錢穆：《論語新解》（香港：新亞研究所，民 52[1963]），頁220。

成名。」（《論語·子罕》）

　　孔子也強調自己「我非生而知之者，好古，敏以求之者也。」
（《論語·述而》），和強調「溫故而知新」才「可以為師」（《論
語·為政》），須「敏而好學，不恥下問」才算得上是「文」。孔子
更對學生子路說六言六蔽，指出好學的重要，若不好學，六種美德
──仁、智、信、直、勇、剛，亦可變成六種弊端──愚、蕩、
賊、絞、亂、狂。（《論語·陽貨》）

　　當今大儒唐君毅先生，出生氣質稟賦優秀，自幼聰穎過人，未
及兩歲即學識字，母親陳太夫人以火柴拼字及沙上寫字教他，兩歲
時已認識二百字。唐先生的外祖父亦常對親戚讚唐先生較其他孫聰
明。陳太夫人卻常告誡唐先生以防其生驕。陳太夫人家教嚴謹，時
佛學大師歐陽竟無曾以陳太夫人比之孟母。唐先生父親迪風公為清
末秀才，性情剛正不阿，民國成立，為《國民公報》主筆，主持正
論，在蜀中從事中學、大學教育十五年。因此唐先生除稟賦較佳，
加以家庭中父母的教導與影響，更重要是其一生中自覺的努力，對
大時代變遷，西方文化的挑戰，儒家的權威受到徹底批判，西方來
的各種思想觀念的衝擊，唯物論、新實在論、實證主義、社會主
義、共產主義、自由主義、無政府主義以及來自其性情中的真切感
受，產生不少內心的矛盾與衝突，以至他到北平（北京）念書時，
甚至有「遍體傷痕忍自看」，煩惱痛苦重重，而有不欲居人世之
念。**⓱**

　　唐君毅先生年輕時受各種思潮衝擊，思想的矛盾與衝突，但他

⓱　《唐君毅全集》卷二十九之一：《年譜》，頁22。

是要更進一步,以自己的心作為各種思想的戰場,也驅使他更廣泛學習,不甘心限於一宗一派或一家之言。在二十歲那年生日,唐先生曾作一詞,其中有謂:

但志多思廣,心存萬家,重新文化,舍我其誰?⑱

從詞中即可見唐先生的胸懷,由此也可瞭解為什麼在 1940 年,二十三歲的時候,一次在江津拜訪歐陽竟無先生的時候,歐陽竟無大師要收唐君毅為入室弟子,願供給一切並給予其首座弟子呂澂同等待遇,要唐先生不必在大學教書。當時唐先生卻拒絕了。⑲就是因為唐先生要廣學更多的知識,不願限於一宗一派。唐先生後來寫信給戀人謝廷光女士（即後來的唐夫人）的信中說:「其他學問我一樣的愛,我不能專愛他的學問。」⑳可見唐君毅先生好學不厭之心來自其仁心之不忍見文化思想之矛盾衝突,由此他建立大理想,要重新綜合中西文化,求中西文化的融通,此理想亦是源自仁心。唐先生的好學,亦使他的知識廣博,最後在其《生命存在與心靈境界》中建立一大系統,以期融合中西印各種思想,使各各歸其應有之位置,從中可見唐先生學問之博大精深。

　　杜維明教授憶述,日本哲學界祭酒西谷啟治教授,曾親對他說唐先生的學養洞識是當今絕無僅有的文化現象。㉑杜維明教授記

---

⑱　《唐君毅全集》卷二十五:《致廷光書》,頁 144。
⑲　《唐君毅全集》卷九:《中華人文與當今世界補編》（上）,頁 382。
⑳　《唐君毅全集》卷二十五,頁 73。
㉑　《唐君毅全集》卷三十:《紀念集》,頁 296。

得，他曾陪伴唐君毅先生從米蘭乘火車前往佛羅倫斯觀光，唐先生「一路論學，幾乎沒有片刻休息的念頭。談到西方哲學，他的淵博和洞識竟泉源活水般地湧現出來。」❷❷當唐先生面對米蘭基羅的石雕，闡述西方人文精神的時候，杜維明教授只覺沉醉其中，意味無窮。❷❸

3. 誨人不倦、循循善誘

孔門第一高弟，聞一知十，孔子自嘆不如的顏淵（《論語·公冶長》），曾贊嘆：「夫子循循善誘人，博我以文，約我以禮。」（《論語·子罕》）癸諸《論語》的記載，孔子誨人不倦，循循善誘的例子著實不少。如當子貢問夫子「貧而無諂，富而無驕，何如？」夫子便說：「可也，未若貧而樂，富而好禮者也。」（《論語·學而》）貧窮但不諂媚，富有而不驕傲，也是不容易，但孔子更指出了進一步的修養是雖貧窮仍感到快樂，這種快樂不來自物質的東西，是來自內在的德性。富有了，不單止不驕傲，而且對人有禮，表示這個富人的修養已超越了金錢的價值。這是引導子貢精益求精，是一種循循善誘，子貢能領略，引詩以喻夫子之教「如切如磋，如琢如磨」。孔子也教弟子「知之者，不如好知者，好知者不如樂之者」（《論語·雍也》）錢穆先生解釋孔子之意甚佳。錢先生謂：

---

❷❷ 同上，頁 297。
❷❸ 同上，頁 297。

心好之，未能確有得，則不覺其可樂，而所好亦不深，……
孔子教人，循循善誘，期人能達於自強不息欲罷不能之境，
夫然後學之與道與我，渾然而為一，乃為可樂也。❷❹

又如孔子因不同弟子問仁，而有不同之答，學生樊遲就有三次問
仁，夫子亦所答不同。（《論語·雍也、顏淵、子路》）足見孔子誨人
不倦，盡心盡力，各因其材施教不同。《論語·先進》篇記述孔子
學生子路和冉求兩人問孔子相同之問題：「是否聽到了就該做
呢？」（聞斯行諸？）孔子卻給予不同的答案，對子路答以「有父兄
在，怎可以不問問父兄，聽到了便做呢？！」而答冉求則是「聽到
了便該去做。」另一學生公西華，聽了孔子給二人同一問題的答案
不同，便感到疑惑而問孔子原因。孔子便告訴公西華，因為冉求性
格畏縮，故給予他鼓勵；子路則過勇，便須抑制他要他多問父兄才
行事。這是孔子循循善誘，因材施教的很好例子。又如弟子侍坐，
夫子也有引導他們「各言其志。」（《論語·公冶長、先進》）以使他
們興起心志。

再看當今大儒唐君毅先生，他誨人不倦，循循善誘，充分顯示
儒門傳統。如上文所說，唐先生一生教學近五十年。1949 年前在
國內任教；1949 年後流亡香港，與錢穆先生等創辦新亞書院，便
一直在香港任教。唐先生早年學生劉雨濤回憶唐先生的教學說：

唐先生講課不是單純宣讀講義，而是把他的論點論據，全神

---

❷❹　錢穆：《論語新解》（香港：新亞研究所，1963），上冊，頁 204-205。

貫注地，熱情洋溢地向學生們闡述出來，並加以適當的解釋和評論，啟發學生領會所講內容，從而誘導學生思考問題。㉕

在 1978 年二月三日，唐君毅先生逝世翌日的新亞書院第 179 次月會上，金耀基教授悼念唐先生說：

> 唐先生對新亞書院來說，更是一位極可尊敬的，為學不厭，誨人不倦的教師。㉖

筆者對劉、金兩位先生對唐先生的描述完全認同。筆者有幸親炙師嚴，對唐先生的誨人不倦，循循善誘，亦印象深刻。1971 年 9 月筆者入讀香港中文大學新亞書院哲學系，學期開始，當時新亞書院在九龍農圃道的舊址，筆者選修了唐先生教授的「倫理學」，三、四十人的課室每次都坐得滿滿的，筆者很多時候坐在最前面。一次，唐先生教到「共相」時，指著桌上的書和茶杯，問同學書和茶杯有何共相。筆者想了一會便答都在桌子上，「在桌子上」是它們的共相，唐先生表示讚賞。隔了一年唐先生再次開講倫理學，不是以問題中心的進路而是以倫理思想家哲學家為中心的進路來講，筆者多聽了一學年。記得唐先生說過，他是自覺地對重復開講的課，都會以不同中心進路來講。唐先生講課十分投入，雖然問同學不很多，但間中也有提出關鍵問題。唐先生講課常忘記時間，身邊

㉕　《唐君毅全集》卷三十：《紀念集》，頁 199。
㉖　《唐君毅全集》卷三十，頁 232。

的的事情也忘記，如燃點香煙，燃點了一直沒有吸，只拿在手裏，或火柴燃著了，沒有點香煙，一直拿著，直至火燒近手指才醒覺。這也顯示唐先生在教學誨人時的投入與忘我。唐先生逝世前，發現肺癌在臺北醫治時，他還對他的最後鉅著《生命存在與心靈境界》作第二校，也是最後一校。大概唐先生也意識到自己的病不一定能醫好，故要完成需要做好的事。

從臺回港，配合中西醫醫療，病情略有起色，即繼續講學。仍在研究所開兩門課，一門「禮記導讀」，一門「中國哲學問題」，筆者兩門都有聽課。唐先生不願放棄教課，總想著把自己的學問和做人道理讓學生知道和明白。講課時仍然十分投入，除了間中幾聲咳嗽，講起課來便像沒有病似的。唐先生講課或著書，都常由淺入深，層層轉進，引領學者明白。筆者在〈唐君毅的哲學方法〉一文中，即指出唐先生所運用的哲學方法，其中之一便是層層轉進法。此法在教學上更見其循循善誘的苦心。事實上唐先生對此種方法對成學成教的意義亦有所自覺，如唐先生以熊十力先生之言人高，學者難入，而認為：「哲學應循序次第論，方可成學而成教。」❷⁷

正如新亞研究所早年一位學長陳修武說：「我們都知道唐先生無論到那裏都是喜歡接近年青人的。」❷⁸ 1960 年代新亞書院成立國樂會時，唐先生都十分支持，作顧問，還請唐師母參加，每次開會，只要時間許可，唐先生必來參加❷⁹，以鼓勵年青人對國樂的學

---

❷⁷　《唐君毅全集》卷二十四：《生命存在與心靈境界》（下），頁480。

❷⁸　《唐君毅全集》卷三十，頁302。

❷⁹　《唐君毅全集》卷二十九：《年譜》，頁132。

習與愛好。唐先生《青年與學問》一書裏的文章為青年求學問上進，及《愛情的福音》中借婆羅門教之聖者論說正確的愛情觀，都反映了唐先生對青年的諄諄教誨。

4. 心胸開闊，海納百川

為師之道，需要有一個很重要的條件，是心胸要廣闊，也就是說優秀的教師須有心胸開闊，海納百川的人格。

孔子強調自己有一以貫之道，曾子解釋夫子一貫之道即忠恕之道。（《論語‧里仁》）又《論語》記載周公教導他的兒子魯國國君，要「無求備於一人」❸⓪（《論語‧微子》）。忠恕之道與不求全責備，正所以使人寬容與厚德，容得人下，正是心胸開闊所必要有的條件。所以孔子雖然不同意道家隱逸者的人生態度，所謂「鳥獸不可以同群，吾非斯人之徒與而誰與」（《論語‧微子》），即孔子認為人只可以與人同群，不能與鳥獸同群，不贊同像道家人物離群獨居，與鳥獸同群。然而孔子還是欣賞隱逸之士的❸①。也因為孔子的胸襟，見得別人也有優勝處或可以引以為法者，便都可以使自己有所得益，因而說：「三人行必有我師焉，擇其善者而從之，其不善者而去之。」（《論語‧述而》）

也因為心胸開闊，當他人指出孔子的錯誤時，孔子不止不發怒，而且也欣然接受。就是有一次陳國當司敗官職的人問孔子，魯

---

❸⓪　孔子推崇周公，要恢復周公所建立的周禮。大概此章為孔子提到周公的話，為弟子記述下來，亦為孔子所贊同的。

❸①　《論語》及《史記‧孔子世家》記載隱逸之士，如荷蓧丈人、楚狂接輿譏諷孔子，孔子還是欲與相見，只是這些隱者一下子就離去不知所蹤了。

昭公是否知禮，孔子便答道「知禮」。孔子離去後，陳司敗便問孔子的一位弟子巫馬期：「我聽聞說君子沒有偏私，莫非君子也會偏私嗎？」魯國國君娶吳國女子，吳本與魯國同宗，都同姓姬，魯君便違反了「同姓不婚」之周禮，這怎可以算是知禮呢？巫馬期於是把陳司敗的話轉告孔子。孔子知道自己是錯了，沒有辯解，承認自己的錯誤，還說自己真幸運，若有錯誤，別人必定知道。❸❷事實上，孔子也教學生「過則勿憚改。」（《論語·學而》）。從孔子的態度與行為，自可領略孔子心胸開闊，無所偏執，「毋意、毋必、毋固、毋我」，處處怡然自得。

當今大儒唐君毅先生，如前所言，少懷大志，希聖希賢，欲融合中西，重新文化。少懷大志，本是好事，但也易生狂妄自大，若不用功目空一切便有空疏之弊，到頭來也可以一無所成。唐君毅也有過年少氣盛的時候，十三歲時，讀於重慶聯合中學，唐先生是同班年齡中最少，各科成績皆優異，對當時講時事的劉泗英先生，便常起立問難，使劉為之語塞。❸❸十七歲到北平讀書後，學習了西方哲學，便以中國先哲所言義理不夠嚴密，回鄉省親，與父親迪風公論學，持義相反，爭論之間，便無人子狀。❸❹然而可以看到，唐先生的性情，不安於事物矛盾對立，與及常能有超越的反省，使他把一切可以包融的都吸收進來。三十多歲時，寫成了《人生之體驗》

---

❸❷　「子曰：丘也幸，苟有過，人必知之。」（《論語·述而》）

❸❸　《唐君毅全集》卷二十九之一，頁9。

❸❹　《唐君毅全集》卷二十九之一，頁 21。可見唐先生最初也是以西方哲學否定中國傳統的。

一書，已確立了他的基本思想信念。**㉟**在唐先生的生命發展途程中，像已經過了少懷大志時期的攀高峰，登絕嶺的峻峭，而復歸於平原的平坦與開闊。《人生之體驗》中之第三部「自我生長之途程」正是他自我心靈發展的寫照。唐先生由少年氣盛歸到廣大出胸襟，自己亦有所自覺：

> 吾二十七八時少年氣盛，嘗自謂於宇宙人生根本真理，已洞見無遺，足開拓萬古之心胸，不免狂妄自大。然吾後忽生一問題：即此宇宙人生之真理應為普遍永恆，亦應為人人所能見，則何以必待我而後見？此不應理。後又更知凡人之思想，無不能超出於其所知者所思者之上，則人無不可自覺其思想之超越於其所知所思之古往來今一切思想家之上，亦無人不可有此狂妄自大。……吾於是轉而求見此我之所思所知者，與古今之哲人所言及者，其相契合之處何在為主。……吾後來之讀書及與人談論，乃多求見人之所是之處何在，與前之處處見他人所言者之非之態度，大異其趣。**㊱**

歸於寬平而包涵一切價值的心胸，才能致廣大，才能贊天地之化育，才能潤物無聲，像天之道。也使唐先生看到一切觀點一義上皆可相通無礙。唐先生說：

㉟　《唐君毅全集》卷二十三：《生命存在與心靈境界》（上），頁3。
㊱　《唐君毅全集》卷二十四：《生命存在與心靈境界》（下），頁477-478。

> ……世間除無意義之文字之集結；與自相矛盾之語，及說經
> 驗事實而顯違事實之語之外，一切說不同義理之語，無不可
> 在一觀點之下成立，若分其言之種類層位，而次序對學者之
> 問題，而當機說之，無不可使人得益，而亦皆無不可說為最
> 勝。由此而吾乃有會於中國佛家之判教之論，於佛經之一一
> 說為最勝之義，而似相異相反之言，莫不可會而通之，以見
> 其義之未嘗相礙。㉟

由此，唐先生能善聽善解，唐先生哲學講論的風格，總對他家思想
所思所見，先作同情的瞭解與闡述，有所肯定，然後再論其不足。
唐先生對人，總是先看其優點，而予以肯定與鼓勵；對於學生，也
不會因他們學養俱淺而應付打發，反而平易近人，答覆學生之問，
也常自淺處談起，層層轉進，以引導學生，對於學生常提撕其理
想，常予重視及寄望，不因他們當前學識與地位的低微而忽視。

唐先生的心胸廣闊與包容，尤見其對宗教之看法。他視現存世
界的大宗教各有勝義而可並存於世，如回教顯特重正義理想之實
現，基督教則最重罪惡意識，佛教則凸顯苦與拔苦之道，道教重在
凸顯自然生命之超化，各宗教皆各有地位，不能相代。㊳儒家則重
在人之安身立命與一切宗教皆可共融。

在唐先生的思想中，求相通求包涵而不相礙的精神，隨處可
見。唐先生於 1965 年 2 月 11 日的日記中便寫道：

㉟　《唐君毅全集》卷二十四：《生命存在與心靈境界》（下），頁 481。
㊳　《唐君毅全集》卷六：《人文精神之發展》，頁 345-359。

念吾一生之寫作，所嚮往者，可以二得概之：「大其心以涵萬物，升其志以降神明」。❸❾

由此可知唐先生的理性與包容精神。所以唐先生最終能成就包容廣大的心靈三向九境的哲學體系。

5. 常自覺反省，常反求諸己

求學問與做人，如「逆水行舟，不進則退。」孔子自謂：「我非生而知之者，好古，敏以求之。」（《論語·述而》）孔子老來反省自己的生命，自知有階段有進境。孔子說：

> 吾十有五而志於學，三十而立，四十而不惑，五十而知天命，六十而耳順，七十而從心所欲不踰矩。（《論語·為政》）

這些話顯示孔子一生都在努力，生命才有不斷進步進境，以至達於「從心所欲不踰矩」的境界，於此境界孔子任何生心動念都自然中道，達於聖人境界。

換言之，人不應以為一日為師，便是到了求道頂峰，可以不須再努力求進步與進境。以為做了老師便不需再努力是錯誤的，也不足以為師。因此教師的人格，是時常能反省自己的不足，常思改進。所以教者同時也是一學者，是在教中學，是教學相長（《禮

---

❸❾　《唐君毅全集》卷二十八：《日記》，頁 50。

記‧學記》）。

　　求進步及進境，固然要像孔子般「敏以求之」、「學如不及，猶恐失之」、「學而時習之」，總之是「學而不厭」。但學而能有所得，有所進步，必須有一種時刻反省的精神貫注其中。反省是一種思慮，能思慮，才能瞭解事物之道理，把事物關係貫穿起來。所以孔子強調學思並重：「學而不思則罔，思而不學則殆」（《論語‧學而》）。說自己最願學孔子的孟子也說過：「思則得之，不思則不得也」（《孟子‧告子上》）。孟子固是求對本心本性的知而言；求對本心本性的知，也就是在求道❹。求道也就是儒家求學的宗旨，所以「思」在求道求學中十分重要與必要。反省固是一種思，「反省」不單是一般的思，因「反省」不止於一種直線的思考方式；反省雖是思，但更標舉有超越的涵蓋的思，或不一往於對象上思考，也反過來對能思者自己作自我檢討，以至超臨於整個教育活動或程式與目的作檢討。教師在教學生時，是須常反省自己的教育目的、教育內容與方法是否恰當，如何改進，使教育更具效果，如何針對不同學生因材施教等等。所以教師需要常具反省思考的精神。今天的教師教育也強調要培養能具反省力的教師（reflective teacher）。

　　無可否認，孔子是以仁教為本，但仁教並不與智對立，孔子弟子亦視孔子是仁且智。智源於學，故孔子嘗謂「好仁不好學，其蔽也愚」。智亦生於常自覺與反省，孔子教弟子要「見賢思齊焉，見

---

❹　如孟子言：「盡其心者，知其性也；知其性，則知天矣。」（《孟子‧盡心上》）此即意涵心性通於天道。

不賢而內自省」（《論語·里仁》）、「君子求諸己」（《論語·衛靈公》），也嘗嘆息謂：「已矣乎！吾未見能見其過而內自訟者也。」（《論語·公冶長》）此正表示孔子對自我反省與反求諸己的重視。孔子說自己「多聞，擇其善者而從之」（《論語·述而》）多聞，是求知；擇其善者而從之，是經反省思慮而有所選擇之事。孔子瞭解學生的性格，知道子路魯莽，子路性格勇猛而不夠謹慎和深慮。子路自認為有行軍之長，故問孔子若行軍當與那個弟子一起，子路顯然是暗示當與自己一起而無疑。孔子卻間接地對子路的魯莽性格批評，便說：「暴虎憑河，死而無悔者，吾不與也。必也臨事而懼，好謀而成也。」（《論語·述而》）這說明孔子不贊成不作深思的匹夫之勇，更可貴的是反省與思慮。對於行禮時帶麻織之禮帽還是絲織的禮帽，或者見君主時應先拜於堂下，還是像當時很多人一樣，在堂上才拜。孔子不是胡亂的跟從大眾的做法，或是違背大眾的做法，而是經過一番反省思慮。麻織之帽雖然是古制之禮，但絲織的帽更易織更省力（因禮帽在織時規定用一定數目的麻或絲，麻粗更難織更花力氣），故孔子跟從大眾用絲織的禮帽；而拜於堂上是表現傲慢，故孔子不跟從當時大眾拜於堂上的做法，而主張先拜於堂下。（《論語·子罕》）這表明孔子一往通過反省思慮，以理性以合理為依歸。再如孔子說過：「回也，非助我者也，於吾言無所不說（悅也）。」（《論語·述而》）這顯示孔子自省能力之高，不一味喜歡人家讚同自己，而知道人家反對自己往往可使自己反省，而更得以進步。常反求諸己，因此孔子再三強調「人不知而不慍」（《論語·學而》）、「不患人之不己知」（《論語·學而》）。做到反求諸己，教師便不會孜孜於名利，而能自主與自信，像孔子所說的：

> 不患無位，患所以立。不患莫己知，求為可知也。（《論
> 語·里仁》）

也就是說不去憂慮職位地位的高低，重要是有沒有足以建立職位地
位的真材實學；不去憂慮人家不知道你，重要是你有沒有足可讓人
知道的真材實學。也即為人之道、為師之道，重在反求諸己。

　　當今大儒唐君毅先生，亦是有高度自覺，常能作超越反省，常
反求諸己作自我要求。唐先生常能作超越的反省，一方是來自他自
己的性情的，如十七歲往北平升學，父親送行，在船上共宿一宵，
早上船要開行，父親要離船，父子別離，唐先生當時便有一種離別
之情，很悲哀，但忽然有一種超越的反省，念及古往今來無數人間
之父子兄弟夫婦，皆同有此離別之情，而生大感動。又如到北平唸
書後，一夜至大學廣場中，觀看一關於孫中山先生未逝世前的電
影，由電影引發想到人世間像孫中山先生的志士仁人所為，在宇宙
中，像滄海一粟。但為什麼志士仁人，必鞠躬盡瘁以為之。唐先生
不單止反省到時代與困難，更反省到人間一切志士仁人的仁心，究
竟在宇宙中有什麼意義。這一類的超越反省超越情懷，更能使唐先
生趨於對普遍的道的瞭解與體會。

　　唐先生常有的超越反省超越情懷，亦所以使他由高峻歸於寬
平，而產生真正的大平等的心胸與精神。正如在上節所引述的，唐
先生超越青少年時期的狂妄，因為悟到「即此宇宙人生之真理應為
普遍永恆，亦應為人人所能見，則何以必待我而後見？此不應
理。」宇宙中普遍之真理，原則上人人皆可以發現，為師之道，自
須具此大平等之精神，而望「青取於藍而勝於藍」、「弟子不必不

賢於師」。這是由自我反省，並且超越自我的限制而來的胸襟。

在中國是文人相輕，在西方是哲學的真理在我，亞里士多德（Aristotle）以「吾愛吾師，吾更愛真理」，他反對他的老師柏拉圖（Plato）的理型論。上世紀二、三十年代邏輯實證論者（Logical Positivist）宣稱由他們開始，一切真的哲學問題都可以得到解決**❹**。黑格爾（Hegel）在早一個世紀多已宣稱他的精神現象學是精神辨證發展到最高最後的哲學。唐君毅先生更能自覺人存在的歷史性與及超越自我感通於哲學在未來發展之需要與可能，他說自己「生命存在與心靈境界」的哲學是道路是橋樑，讓人通過，以建立新的哲學。**❹**人通過後他自己的哲學亦宛若不存在。此亦可見唐先生超越反省與廣潤境界於一班。

作為教師，因很多時候需要教知識，但更重要的是教人以德，教人以智。培養人常作超越的反省，便是培養智慧之道。唐君毅先生在《人生之體驗》一書中，便說：

> 人生的智慧是不待外求的，因他不離你生命之自身。……只沿著生命之流游泳，去追逐著前頭的浪花，你是看不見水上的漣漪的。你要見水上的漣漪，除非你能映放你心靈的光輝，在生命之流上回光映照。這是說，你當發展一個「自覺

---

❹ 石里克（M. Schlick，1930），〈哲學的轉變〉（The Turning Point of Philosophy）。見洪謙主編：《邏輯經驗主義》（上卷）（北京：商務印書館，1982），頁 5-12；A.J. Ayer (1936, 1990). *Language, Truth and Logic.* London: Penguin.

❹ 《唐君毅全集》卷廿三，頁 34-35。

生命自身的心靈」，如是你將有人生之智慧。你當映放心靈
的光輝，來求自覺你之生命，反省你之生活。**㊸**

可見在唐先生看來，人能自覺與反省自己的生命與生活，才能產生
智慧。

另方面，我們也看到唐先生亦反省與自覺到自己的性格與才情
的限制，自己所長在思想，不是從政做事的人才，故自覺地以教育
與文化的工作為自己貢獻於社會國家以至世界的途徑。**㊹**唐先生自
知自己性情過於仁柔，不宜行政。唐先生在 1948 年 6 月 19 日的日
記中即嘗記曰：

近來頗感處人辦事之不易，必須處處能沉著氣，見侮不辱，
並出語斬截方能有力。我為人過於仁柔，處處苦口婆心，用
之於教育則宜，用之於辦事則太囉唆，他人不得要領，則無
所適從也。**㊺**

他亦自覺和強調人之貢獻於社會國家以至世界是可以有不同的方
式。**㊻**總言之，唐先生是具有高度自覺、時刻反省，與常反求諸己
的人格。

㊸ 《唐君毅全集》卷一之一：《人生之體驗》，頁 42。

㊹ 《唐君毅全集》卷二十五：《致廷光書》，頁 159。

㊺ 《唐君毅全集》卷二十七：《日記》（上），頁 5。

㊻ 《唐君毅全集》卷二十六：《書簡》，頁 17。

6. 嚴師為難，即之也溫

　　師者，既所以傳道也。因此為師者，不能對道無所體驗，無所信。故師者，也有一個學道、知道、信道、踐道之歷程，才足以言傳道。而學、知、信、踐，也不是一個直線發展的過程，而是辯證地深入的過程。然不論教師對知道、信道、踐道的辯證發展到何階段、何深淺，其心中誠有所信，才可以為師。作為教師後，正如本文前面所說，教師還須努力求進步求進境，通過勤奮好學，通過自覺反省，常反求諸己，為師者亦不斷進步與進境，對真理的把握，對道的瞭解，亦可日新又日新，而自淺入深，同時亦見道之博大，不會執一而廢百，或不會以為真理盡在我，竊竊然而以為知，反而是謙以待人，虛以涵物。因此若教師對所教虛應故事，純以教職為糊口之途，以教師不過一份職業，不能真有所信，便不能有師道尊嚴，如何能使學生敬其所學。《禮記·學記》所言：「師嚴然後道尊，道尊然後民知敬學。」確是至理名言。現在全球化發展，教育改革此起彼落，然都朝市場度向，實效度向轉變；朝表現度向、量化度向轉變。學生成了教師的顧客（client），以至是僱主，教師要取悅學生，教師最多只能是傳授知識與技能，如何能傳道，如何能師嚴而道尊。孔子說：「君子不重則不威，學則不固。」（《論語·學而》）無所信者，便失其厚重；不厚重，便失其威嚴。便如浮萍之無根，便無論所學所教皆不穩固。孔子信道其篤，所以他說「篤信好學，守死善道」（《論語·泰伯》），朱子亦解釋為「不篤信，則不能好學」（朱熹《論語集注》）。故孔子一生恓恓遑遑，纍纍若喪家狗，卻知其不可而為之（《史記·孔子世家》），孔子學生子

夏曾說：

> 君子有三變，望之儼然，即之也溫，聽其言也厲。（《論語·子張》）

子夏應該是在描述孔子。朱子《論語集註》註此章便引用程子（程頤）的話：「他人儼然則不溫，溫則不厲，惟孔子全之。」也就是說，較遠地望孔子，夫子容貌莊重威嚴，接近孔子時，又感到孔子的溫和可親，待聽到孔子說話，又感到夫子很有決斷與定見，像斬釘截鐵般厲害。《論語·述而》也有相近的記述：

> 子溫而厲，威而不猛，恭而安。

錢穆先生的解說是：「先生極溫和，而嚴厲。極有威，但不猛。極恭敬，但安舒。」 ❹這是孔子內心修養而顯於容貌。朱子和錢穆先生都以孔子修中和之德而顯於氣貌之間。孔子心中信道修道，心得厚重安穩，故氣貌顯為威嚴莊重。而儒道為仁道善道，為忠恕之道、中和之道，故溫煦而包涵，故即之則溫。此種老師的人格，正是學生樂於親近而又易受其潛移默化的教師人格。

　　當今大儒唐君毅先生，如前所指出，三十多歲思想方向已定，篤信儒道，終其一生，念茲在茲，以發揚中國文化儒家人文精神為職志。唐先生處事待人接物，莊重認真，為所有接觸過唐先生的人

---

❹　錢穆：《論語新解》，頁 260。

所公認。一次作者與柳存仁先生共席坐在鄰位，柳先生對作者說：
「唐先生是很認真的。」1964 年，唐先生 56 歲，唐先生母親陳太
夫人病逝蘇州，唐先生在沙田慈航淨苑設靈堂致祭悼念。當時新亞
書院趙冰、錢穆、沈燕謀、趙鶴琴諸老先生，皆年在七十左右，唐
先生誼屬後輩，各先生致輓聯花圈，竟以伯母稱陳太夫人，反映唐
先生德高望重，為人所尊敬。1975 年，美國哥倫比亞大學
（Columbia University）的狄百瑞（Wm. T. deBary）教授曾把一次由美國
學術團體理事會（American Council of Learned Societies）所資助的國際明
代儒學研討會的論文集，獻給也參加了會議提交了論文的唐君毅先
生。❹據杜維明先生說，當時會上還有日本的崎闇齋學派傳人岡田
武彥和日本漢學界元老吉川幸次郎，但是唐先生在大家心目中還是
眾望所歸的長者。❹可見唐先生德高望重，為人所敬重，堪足為嚴
師。

　　唐先生的學問雖然廣博而深邃，與唐先生接觸過的人都會同
意，唐先生很平易近人，和藹可親，完全沒有大師高高在上使人畏
懼的感覺。1978 年 7 月，日本學者在東京追悼唐先生，日本漢學
家安岡正篤便憶述說，當他與唐先生見面或分別時，總使他想起易
經的謙卦，並說以謙始而常毅的就是唐先生。❺「謙」也正使唐先
生易於接近。「毅」是表示唐先生有所信而意志堅定。說唐先生
「望之儼然，即之也溫」，也完全恰當。

---

❹　見 Wm. Theodore de Bary edited (1975). *The Unfolding of Neo-Confucianism.*
　　New York & London: Columbia University Press. Front page.

❹　《唐君毅全集》卷三十：《紀念集》，頁 297。

❺　《唐君毅全集》卷三十，頁 94。

7. 結語

　　以上本文作者從儒家觀點，並以孔子及唐君毅先生為例，說明優秀教師人格應有的六種品質：⑴仁愛博施、己立立人；⑵好學不厭、知識廣博；⑶誨人不倦、循循善誘；⑷心胸開闊、海納百川；⑸自覺反省、常求諸己；⑹嚴師為難、即之也溫。此六種品質雖不必涵蓋儒家教師人格的所有優越特質，但此六種肯定是教師人格的核心部分，而且相互間有本質的和內在的關連。要充分做到，亦不容易。我們為師者，雖未達，而心嚮往之。

全球化時代普世倫理之尋求
與道德哲學的更高綜合試探
——儒家道德哲學的資源

　　二十世紀最後的幾年，電子傳訊的發展，互聯網的出現，使後工業化全球化的時代提早出現。❶全球化使全球經濟趨向一體化，地球成了真正的地球村，不同種類、不同文化及價值觀的人與人間、群體與群體間、國與國間的接觸，以至利益往來，也更見頻繁。但由於價值觀、道德觀的不同，亦易引致相互不信任以至矛盾衝突；因此如何在國際間建立普世的共同道德標準便成為當務之急。正如萬俊人教授指出：「現代全球性道德問題的存在確實已經成為一個不爭的嚴重事實。」❷ 1993 年，著名的基督教神學家孔漢思（Hans Kung）起草〈世界倫理宣言〉，在芝加哥舉行的世界宗

---

❶　Daniel Bell (1974), The Coming of Post-Iindustrial Society – A Venture in Social Forecasting, Heinemann, 'Preface'.

❷　萬俊人：《尋求普世倫理》（北京：商務印書館，2001），頁 18。

教會獲得通過。❸ 1997 年聯合國教科文組織（UNESCO）成立一普遍倫理計劃（Universal Ethics Project），為期三年，但終未能達成協議。❹德國前總理施密特（Helmut Schmit）在 1997 年 9 月 1 日連同24 國前總理或前總統一起簽署了一份〈世界人類義務宣言〉（Universal Declaration of Human Responsibilities），呈交給聯合國秘書長安南，以此重申並強調《世界人權宣言》所包含的義務。❺

1. 本文的目的

本文之目的是嘗試指出在全球化趨勢下，要建立人類共同價值觀或普世倫理觀不能只求排拼撮合，簡單的列出一些原則，而是須從理論或哲學的高度比較不同倫理系統的得失，以求融合不同之系統，建立高度涵蓋性解釋力的具連貫性、一致性的道德原則。

的確，在全球化趨勢下普世倫理的要求急不容緩。從一意義上說，普世倫理的要求，就是要尋求人類世界的共同價值觀，也就是建立道德的客觀普遍標準的基礎。要求建立道德或倫理的客觀普遍標準，不自今日始，西方從蘇格拉底開始，與青年人辯證的討論，就是要打破當時的詭辯學派（Sophists）的相對主義，而希望尋求共同接受的美德如公正（Justice）、愛（Love）、虔誠（Pious）等的意義。

---

❸ 劉述先：〈自序〉，《全球倫理與宗教對話》（臺北：立緒文化公司，2001），頁 4。

❹ 同上，頁 3，及頁 40-54「起草《世界倫理宣言》的波折」。

❺ 施密特（Helmut Schmidt）著，柴方國譯：《全球化與道德重建》（北京：社會科學文獻出版社，2001），頁 263-269。

　　所以，道德或倫理❻是主觀的還是客觀的？是相對的還是普遍的？歷來哲學家，倫理學家對這些問題爭論不休，不同思想家都可以有不同的觀點，形成不同的道德哲學、倫理理論，無法有一套真放諸四海而皆準，所有人都一致接受的道德原則或標準。歷史上，不乏哲學家、思想家嘗試尋求一鎚定音，希望建立一套從此可以停止一切道德爭議的思想。比如休謨（D. Hume）的《人性論》（*A Treatise of Human Nature*），實際是希望從人性科學的尋求以建立道德的科學；康德（I. Kant）的實踐理性批判哲學（Critique of Practical Reason），是要為自由的律則建立普遍的定然律令（Categorical Imperative）；以至二十世紀二、三十年代的邏輯實證論者（Logical Positivists），把道德判斷視為無事實或認知意義（cognitive meaning），而只有情感意義（emotive meaning），把道德排除於事實（fact）之外，把道德限制於個人情感與主觀領域，說明一切道德爭論為無意義，求達到息爭的地步❼。然而，道德倫理的爭論仍未見停止。正如萬俊人所說：「自七世紀以來，西方倫理學界就一直在為現代社會尋求合理有效的倫理學理論解釋和道德辯護，先後產生過形形色色的道德理論……。問題是，無論是哪一種倫理學或道德學說，都無法徹底解釋（更不用說解決）現代西方社會的道德問題，當然也就

---

❻　「道德」（moral）與「倫理」（ethic）兩詞時常通用，嚴格亦有分別。在本文中取其相等與通用義。

❼　石里克（M. Schlick, 1930）：〈哲學的轉變〉（The Turning Point of Philosophy），見洪謙主編：《邏輯經驗主義》（上卷）（北京：商務印書館，1982），頁 5-12。

難以成為現代人類道德的普遍合理解釋了。」❽

要建立普世倫理，要建立普遍為大家都願意接受的道德標準並不容易，因為當我們要作後設倫理學（Meta-ethical）的考察而對「道德」本身的意義作出反省時，我們會發現：「道德」的意義是甚麼，往往會因不同的基本的哲學觀點或理論觀點不同而顯得不同。比如說根據功用主義者（Utilitarianists）如邊沁（J. Bentham）與穆勒（J.S. Mill）等的看法，道德的本質可以就是引起快樂（pleasure）和避免痛苦（pain），此外便沒有所謂道德的意義。又如對情感主義者如艾爾（A.J. Ayer）或史蒂文森（Stevenson）而言，以至之前的休謨（David Hume），道德便只不過是人的主觀情感而已。對於康德（I. Kant）而言，道德必須是自由意志自命無條件的遵從義務而行。對於基督教徒而言，道德便是上帝的命令。對於摩爾（G.E. Moore）而言，道德是獨立的單純的一種性質。對於社會學家涂爾幹（Emile Durkheim）而言，道德就是社會產生的功能。對於儒家而言，道德便是人生而為人的本性的流露或實現。

因此，可見建基於不同的哲學的或基本的假設，便產生對甚麼是倫理或道德有不同的看法。因此要建立普世倫理，便要克服由不同倫理基本假設而來的不同以至對立。如果道德是依於上帝的命令，不同的宗教如來自「阿拉」和來自「耶和華」的命令不同時，如何協調。純粹計算行為結果的快樂如何真誠地只遵守義務而行。如果只視道德為一種個人主觀情緒表現的相對主義，如何真誠地願意接受客觀普遍的普世價值。

---

❽ 萬俊人：《尋求普世倫理》（北京：商務印書館，2001），頁35。

所以，對於嚴格持守（即真誠相信）各自不同的倫理理論立場的人來說，要建立共同接受的普遍道德原則並不容易。幸好，一方面對於一般人而言，他們信仰道德原則時並非像哲學家理論家般嚴格和系統性一致性，但多少總有善惡的底線。另一方面在倫理思想發展過程中，一些倫理理論亦因受不住不斷出現的嚴格批判而顯得千瘡百孔站不住腳。

2. 考察倫理理論的兩個原則

倫理的理論雖然眾說紛紜，仍然是可以經過嚴格考察，汰弱留強。本文作者認為，篩選根據兩個基本原則：一是一個能站得住的理論，必須首先要理論內部具一致性。但單理論內部一致還不夠，所以第二個原則便要求一理論越能涵蓋解釋我們人生一切內外經驗並構成一致的整體的，便越具說服力越站得住腳，而越是較真的理論❾。

據此兩原則，我們便對一些重要的倫理理論作出考察，本文是要批判一些倫理理論後，再回來看儒家倫理理論的解釋力所在，以見出其對普世倫理可以有所貢獻之所在。

3. 一般社會大眾不自覺遵從的道德標準之缺陋

正如上文所說，對一般人而言，所根據的道德標準並不是時常

---

❾ 此意可見懷海德（Whitehead）。可參見 Whitehead. (1929). *Process and Reality*. David R. Griffin and Donald W. Sherburne edited (1978). New York: Free Press. P.3; Whitehead (1958, 1961) *Adventure of Idea*. New York: Free Press. p.222.

嚴格和有系統，人們可以以個人之好惡為標準，以個人好惡去判定好人壞人，自己喜歡的便是好人，不喜歡的就是壞人。人們通常會因個人之利害與偏見，或親疏遠近，或相同或別異，而生不同的喜惡。這顯然不能成為道德的普遍標準。有時人也會以大多數的人之意見為標準，大多數人都說「對」，所以便是對了，大多數人說「錯」，便是錯了。但大多數人的意見很多時也會錯，少數人的意見也可以是對，反潮流的往往是少數，社會改革家往往是少數。孟子也說過：「自反而縮，雖千萬人吾往矣。」（《孟子·公孫丑上》）因此人數多寡不能作為善惡對錯的標準。有時人亦會以社會習俗與規範為道德標準，但習俗僵化了，規範僵化了，也可以成為陋習陋俗。

還有的是，人們容易相信權威，接受權威的意見，但同樣的，權威也可以有錯誤，而當不同的權威持相對反意見時，我們如何判斷，因此這些社會上一般人自覺或不自覺遵守之標準很多時都並不嚴謹和並非沒有缺失。❿

4. 建基於宗教或上帝命令的道德理論之理論困難

若把道德建基於宗教上，很明顯的缺點是容易使道德變得依於權威主義或信仰。人們也會在改變宗教信仰時把建基於該宗教上的道德也一併拋棄，而非依於對該種道德之理性反省，因此不少情況是像倒洗澡水同時把嬰兒也拋棄了（the baby goes down the drain with the

---

❿ 以上談一般人不嚴謹的看法，可參考唐君毅：《唐君毅全集》卷廿一，《哲學概論》上冊，頁 615-618。

bath water）**⓫** 。

　　像基督教傳統把道德建基於上帝的命令也面對一種理論困難，即：究竟是因為上帝的命令而變得道德，還是因為是道德的，所以上帝才去命令。兩種情況都帶來理論困難**⓬**，前者是上帝的命令變成任意的命令，也可以是違背我們一般視為合符道德理性的情況，像舊約聖經《創世紀》裏耶和華（上帝）命令亞伯拉罕（Abraham）把獨子帶上山上，殺了來奉獻給祂自己一樣，是違背常識道德理性。但亞伯拉罕對上帝的信仰使他毫不猶豫地跟從上帝的命令而行。當然，最後耶和華還是阻止他殺兒子，因為耶和華只是想試探亞伯拉罕對上帝的信仰。

　　但無論如何，上帝的命令變得是任意的（arbitrary）。雖然像存在主義哲學家祈克果（Kierkegaard）會說：信仰是超越於一般世俗理性，信仰是一種躍升（leap）。但說是一種躍升，仍然是基於信仰的。沒有信仰時，可以看成是一種非理性的滑落。

　　後一種情況是如果上帝只根據道德原則而發命令，則上帝不是至高無上的，上帝也必須遵照道德法則，這顯然是違背猶太──基督教傳統（Judia-Christian tradition）的宗教信仰，以上帝為至高無上的。

⓫　Meriel Downey & A.V. Kelly (1978). *Moral Education: Theory & Practice.* Harper & Row. p.3.

⓬　Messerly, J.G. (1995). *An Introduction to Ethical Theories.* N.Y.: University Press of America Inc.. pp.33-34.

5. 功用主義倫理觀的缺點

　　而具有相當理論嚴謹性而又影響廣大的功用主義倫理理論
（Utilitarian Ethical Theory），是正如上文所指出，是以行為的結果產生
的快樂與避免痛苦來決定是道德與否。功用主義是一種結果論，是
心理的快樂論。無論是希臘伊壁鳩魯（Epicurus, 342-270B.C.）的個人
主 義 快 樂 論（Egoistic Hedonism）或 是 十 八、九 世 紀 邊 沁（J.
Bentham）、穆 勒（J.S. Mill）的 普 遍 主 義 快 樂 論（Universalistic
Hedonism），都是以「心理的快樂與痛苦」這些自然性質來取代了
道德，是把道德的意義歸約到自然心理事實的意義。故嚴格說是取
消了道德的獨立存在意義。若其理論真的能解釋一切，也只好接
受，奈何其理論內部也困難重重。邊沁的以七原則❸對快樂痛苦的
加減純作量化的計算，以決定是否合符「最大多數人最大幸福」
（'the greatest happiness for the greatest numbers'）的標準。然而是否在實際
上可以實行他的「快樂計算」（hedonic calculus）不無疑問，譬如秦
始皇因萬世一系的統治私心建萬里長城當時引起了百姓的痛苦與及
日後歷代中國人因長城的建築而感到驕傲的滿足，究竟計算到那一
個年代，也無從決定，將來肯定還有中國人因長城而感驕傲，這麼
一計算，秦始皇的此行為便肯定是道德的了。這與我們普遍人的道
德判斷相違。

---

❸　即：1.intensity, 2.duration, 3.certainty or uncertainty, 4.propinquity or remoteness,
　　5. fecundity, 6.purity, 7.extent. (J. Bentham, *An Introduction to the Principles of
　　Morals and Legislation,* [1789], Oxford: Clarendon Press, 1996, c1832., Ch. IV
　　"Value of a lot of pleasure and pain, how to be measured")

　　當穆勒（J.S. Mill）修訂邊沁的計算法，把純粹量化的計算加上質（quality）的計算，說人是會選擇高尚之快樂，人是「寧願作痛苦的蘇格拉底（Socrates）也不願作一快樂的豬」，穆勒指出當人經驗過高尚與低下的兩種快樂時，人根據人的本性便自然會選擇高尚的快樂。穆勒的這種修訂已使他偏離了快樂論的功用主義的原則，違背了快樂與痛苦是唯一的道德標準，而引入人性本質論的成分。所以雖然後來二十世紀的功用主義者如斯麥特（J.J. Smart）的「行為功用主義」（Act-Utilitarianism）與班特（R.B. Brandt）的「規則功用主義」（Rule-Utilitarianism）來修補功用主義的理論。但功用主義者倫理觀的基本困難是一方取消了倫理道德之性質而歸約到快樂與痛苦的自然性質，實際是取消了道德，這是一切自然主義道德觀的毛病。摩爾（G.E. Moore）批評功用主義倫理觀犯了「自然主義的謬誤」（Naturalistic Fallacy）。更重要的是一要計算質的快樂便引入人性論的假設，此無疑是在一義上是理論的自我否定，也就是說純粹只以追求快樂與避免痛苦的自然事實並未能充分說明道德現象。

　　雖然無可否認，功用主義作為一種倫理理論有其重大不足處，然而現實上，一般社會與法律等之運作，與及人們行動取向，確大部分時候受著功用價值的取向所決定。當今的時代，受到科技文明工商業文明的影響，功用價值是主宰著這個時代普遍人的價值意識，而功用主義倫理觀，更在根本義上取消了道德作為一種獨立價值的意義，一方使當今宣稱多元價值的世界卻趨向單元價值——功用主義下的「功用」價值。

6. 情感主義倫理觀的不足

由休謨（Hume）經驗主義（Empiricism）與實證主義下來的維也納學派（Vienna Circle），其中堅分子艾爾（A.J. Ayer）與史蒂雲生（Charles L. Stevenson），是情感主義倫理觀的主要代表。他們接受休謨把知識與道德、事實與價值作嚴格區分，認為道德的語言道德的判斷並沒有增加描述任何事實，因此道德的語言沒有真假值（true / false value）的認知意義。艾爾直說道德判斷或命題是無意義的（meaningless），只反映說話者內心主觀情感上對道德語言所指之對象不認同或認同而已。除了說者的主觀情感外，別無更多其他事實的存在。❶

艾爾認為當對同一對象產生不同道德判斷而無法同一時，道德的討論便只好在這裏停止，道德判斷除了反映主觀情感外，既不反映事實，無認知意義，因此一切爭論皆徒然而不必要。

史蒂文森（Stevenson）基本觀點與艾爾無異，但採取一個較溫和的立場，認為道德判斷雖無認知意義，但也有其重要性。他關心的主要是對道德語言的分析。在他的一篇重要文章〈道德辭彙的情感意義〉（"The Emotive Meaning of Ethical Terms"）❶中，反省到道德討論有三種特性：

　　1.必涵同意與不同意，

　　2.道德名詞有一種吸引力，

---

❶　Ayer, A.J. *Language, Truth and Logic*. ch.6, London: Penguin Books, 1946, 1976.

❶　原刊於 *Mind*，46 期，1937。引自 Wilfrid Sellars and John Hospers edited, *Readings in Ethical Theory,* p.415-429.

3.科學的、實證的方法對於倫理的了解是不足夠的。

因此史氏認為道德判斷有一定重要性，在於其能產生影響。而道德討論可包括兩方面的意義：描述的與情感的。當在道德討論產生爭論時，雙方仍可以首先就討論牽涉的描述部分先尋求一致，這部分是可以有客觀事實作決定的，然後雙方根據客觀事實認知正確的調整後，情感便會因事實之了解而修正，但如何一切事實雙方都有相同的正確認識，而道德情感卻不同，在這時便只有各自表達，並無標準判斷孰是孰非。更多的道德語言，其作用也是要改變他人的情感而已。

無論是艾爾或是史蒂文森，他們的情感主義倫理觀，站在尋求普世的普遍倫理觀立場來說，顯得乏力。情感主義倫理觀是一種相對主義，對於道德不同的判斷，最終只能建議停止爭論，各自表達道德情感而已。

7. 康德道德哲學的洞見

當代新儒家牟宗三先生認為中西哲學的融通只有通過康德（Kant 1724-1804）。牟先生這個觀點對於有所涉獵當代儒學的學者而言並不會陌生。筆者認為牟宗三先生的這一看法是有其洞見的。康德的道德哲學，較上述之數家言，是更有深度，而在多方面與儒家是有其共見之處。

在康德的哲學系統中，道德哲學佔更重要的位置。經過對知識的批判，康德指出人類知識有其範圍與限制，人類知識只能及於現象而無法達於本體，因人無法直接認識「物之在其自己」（thing-in-itself），因人類必須通過感性的形式（forms）——時間與空間，及知

性中之範疇（categories）——如「本體」與「屬性」、「是」與「不是」、「一」與「多」等的範疇——以安排經驗所把握的「雜多」（manifolds），由此而形成現象的知識，因此知識只能把握現象，無法直接知識「本體界」。而時間空間之感性形式與知性範疇都是屬於認知主體而非屬於客觀世界的。康德自視其知識的理論為哥白尼革命（Copernican Revolution），意指他把過去視人的知識純由客觀對象所給予的觀點作出革命性的更正，指出知識是必須經過人主觀的結構的參與而確立。康德是有洞見的。

舉一比喻以明之。若人自出生即戴了而無法脫掉的粉紅色（或什麼色）的眼鏡，人任何時候只要張眼看世界，世界便是粉紅色的，粉紅色的世界便是人所把握的現象，現象者即加入了個人主觀的建構成分，人無法直接經驗沒有粉紅色的眼鏡下（即沒有感性形式與知識範疇）的世界本身是怎樣的——人永無法知道「物自身」或「本體界」。只有上帝是有「智的直覺」（intellectual intuition），才可直接把握本體界。

然而，康德認為人通過道德實踐郤可以直接把握本體界。康德認為上帝存在、靈魂不滅、意志自由，都是屬於本體界的存在。因此通過知性永無法證明這三者的存在。人郤在道德實踐，道德抉擇中直接體驗意志自由，直接體驗本體界。道德實踐是本於實踐理性（Practical Reason），由此可見道德實踐或實踐理性在康德哲學系統中的重要性。

康德指出，人的自覺行為是受著兩種律令所支配，或則受「假然律令」（Hypothetical Imperatives），或則受「定然律令」（Categorical Imperatives）所支配。假然律令是指為達到行為以外之目的而行為，

定然律令即指因行為本身是一種義務（duty），因其為義務而成為必然，當人出自義務而行為時，這便是受定然律令支配，便有道德的意義，是道德的行為。康德舉了一售貨商人的例子，指出這售貨商人對一切顧客以同一價格出售商品，對孩童也一樣，不抬高價格，欺負他們❶。用中國人的話來說是童叟無欺。如果商人的童叟無欺是因為經過考慮計算這樣做會結果帶來更好生意，賺錢更多，這便是達到行為以外的目的的行為，是遵照假然律令的行為，這樣便沒有道德的意義。但如果售貨商人實行童叟無欺，是因為他認為這是應該的、是他的責任（duty）──是應該公平對待所有顧客，無論是否因而賺錢，都是應該做的，那麼他便是根據定然律令而行，是有道德的意義，是道德的行為❶。所以對康德而言，行為只是合乎道德法則（accords with moral laws）並是不足以稱為道德行為，道德行為之為道德行為必須是因為出於道德法則（from moral laws）。因為沒有半點道德動機的人也可以在偶然的情況下其行為合乎道德法則。因此，可見在康德而言，動機很重要，「只有善意（good will）可被稱為無條件的善❶」，「善意之為善不是因其帶出的結果或任何目的，而是其本身即是善的。」❶

總括言之，在康德看來一切根源於性向（inclinations）或癖好與

---

❶ Kant (1785), *Foundations of The Metaphysics of Morals*, Translated, with an Introduction by Lewis White Beck, The Bobbs-Merrill Company, Inc., New York: 1959, p.13.

❶ 同上，頁 13、14。

❶ 同上，頁 9。

❶ 同上，頁 10。

及行為的結果或行為外之目的而來的行為，皆沒有道德價值，皆不是道德行為。理智計算的行為並不帶來道德價值。只有自命地（即自律或自決地）合乎責任❷，才合乎道德法則，或合乎定然律令才是道德行為。

於此，我們乃可問，人如何知道甚麼是責任，甚麼是道德法則。康德列舉了定然律令的三種形式：

i) 「〔你〕只能根據那些可以同時成為一普遍法則的設準（maxim）而行為。」❷

ii) 「〔你的〕行為必須同時是把人類——不管對自己或其他人，皆時刻視之為目的，永不能視為只是一工具。」❷

iii) 「所有理性存有〔本文作者按：人在其中，但不限於人〕的意志皆是建立普遍法則的意志。」❷

以上三種形式的表達是相涵的。康德對道德的意義帶出了一先驗的基礎，包括意志之自由與自律與及意志或動機在道德衡量中的重要性，道德法則須具普遍性，與及必須把一切人的存在視為目的才可言道德。康德這些道德的基礎的肯定，在筆者看來，更能恰當及有效地說明人類的道德的現象。雖然康德也面對不少如形式主義、定然律令過於抽象、對人的實際生活中的道德抉擇幫助不大等等的批

---

❷ 對康德言，「責任就是一行為必須出於對法則之尊重而來。」同上，頁16。

❷ 同上，頁39。

❷ 同上，頁47。

❷ 同上，頁50。

評。然在中西道德哲學的綜合上，康德的思想確有其重要性。

8. 儒家倫理觀及對普世普遍道德原則尋求的可能貢獻

　　以上所述評的西方幾派重要的倫理思想，當然不是西方全部的倫理派別，但無可否認是影響甚大的重要派別。在中國，倫理思想沒有西方般派別紛陳林立，而是以儒家為最主要。

　　儒家思想的中心便是其成德之教。所以儒學在一個意義上說便是一種倫理學。倫理理論是儒學的最重要組成部分。

　　孔子在《論語》中所表達的思想，表面看似零散而不見系統，《孟子》中表現較多的論辯，只因孟子是要拒楊朱墨翟，不得不然[24]，但孟子也並不刻意在建構系統。然而孔孟開發的儒學傳統，在倫理的思想上是有一個相當一致的理論系統。儒家倫理系統往往不是儒者精心思辨，籌劃建構，而是因發源於本心，只要生命體驗本於真誠，不礙東說西說也自然地貫通一致形成系統，而且儒學之系統是開放的系統，像樹木生長，一根而發，有個方向，但樹幹枝葉，還可以不斷生長，長出新的翠綠。

　　儒家倫理，雖對人倫關係，社會改造之道德最為關心，但下學而上達，上達所是性命天道的超越部分，這部分往往由實踐體驗所悟，而非純粹思辨邏輯推理而得的知見。或以儒學是源自小農經濟，封建社會，只顧及人與人的安和關係，並不重視超越或宗教或永恒層面。事實不然，倫理道德之實踐如不能通至超越的永恒和宗

---

[24]　故孟子亦自言：「予豈好辯哉，予不得已也。」（《孟子·滕文公下》）

教意義，人生百年而終，一切現世間之德行，如一滅永滅，人心仍感不安，既是一滅永滅，人可問為甚麼要道德，聰明的人不道德而自利有甚麼不好。所以孔子推行仁道，恓恓惶惶，道之不行也，而有乘桴浮於海，有知我者其天乎之嘆。所以孔子是有甚深的超越情懷、宗教情懷，求安身立命的永恆意義的。

因此，儒家倫理是建基於天道下貫於人，而為人之本性，在主觀面了解，即為本心的道德的本質，就正如上文所說，道德是盡心盡性，人能弘道，贊天地之化育而已，亦即天道通過這個個體生命而顯現、朗現，而有所實現，所以是天人合一。

因此儒家是肯定有一普遍的道德標準，這標準不在外在的上帝或外在的功用，或感覺經驗的快樂與痛苦，或不同的情感情緒，也不在社會的功能，而在最內在的本心本性，本心本性即天道，故標準亦在天道。天道是盡心盡性時人之不容已之所感所行。上帝命令、社會功用、情緒情感、以至感覺經驗的快樂與痛苦、相對於本心本性都是外在的❷⑤，都可以因不同宗教、不同社會、不同時期的感覺經驗、不同的情感情緒而不同。無法真建立道德的普世性。

人們或對儒家所言的本心本性有所疑慮，懷疑究竟除了我們這經驗的機能身體的存在，一切所謂心，不過是心理之活動，是神經系統的作用，和功能的表現，人的機體死亡，便沒有心理精神活動，何來超越意義的本心本性。若從科學的角度看確是如此，因科

---

❷⑤ 感覺經驗之快樂與痛苦相對於本心本性仍是外在的，是外在於本心本性的一種生物本能結構、遺傳基因、心理條件反應等各種因素決定，是後天而可變化者。

學的角度是外觀的,從外觀永無法觀察到任何超越的本心本性意義。但科學外觀到的領域並不等如全部的存在或真實的領域,也即是說科學外觀所觀察到的領域是有遺漏的,至少當向外觀察時永遠遺漏了觀察時的察觀主體本身。

當然本心本性既為超越的,自然不能在經驗世界實證的證明其存在。的確,本心之呈現需要生物機體的條件,但這些條件不完全等於心靈自體。甚至如果我們把心理活動情感等化約為大腦某部分腦細胞脈衝的電子能量的放射,則心理情感的事實亦可變得無意義。為什麼不可以把心理情感的事實只看成是細胞脈衝的電子能量放射,說什麼心理、情感也是多餘。心靈科學(Science of Mind)近年的重大發展至今也無法說明為甚麼細胞中原子電子的脈衝發射會產生內在如此這般的感覺的現象。電子脈衝能量發射與內在感覺經驗有甚麼關連?

心理情感經驗事實多於細胞電子能量的發放,心理情感經驗事實不等於細胞電子能量的發放。但心理事實也不就等於本心。心理學研究的心理現象是在一外來對象影響而有的反應之規律。但本心是超越這些規律,本心就是覺,覺是虛靈,心覺任何事物即超越之,而在所覺的條件之外。所以本心是自由的,筆者自己是信儒學,當然可以受中國人背景條件的影響及限制,但我的本心可以使我超越中國人的立場,去了解與同情其他國家、其他宗教的人的真切感受,及他們的條件限制。這能超越能自覺的心,是主體,永遠不是認知的直接對象,即不能完全客觀化,我們向外搜尋觀察的世界,永遠遺漏了與之相對的主體,一回頭要找主體,主體便被化為對象,真正的主體又退隱而超越成為「找尋主體」的主體,所以禪

宗有騎驢覓驢的比喻，亦十分貼切。

　　因為儒家以道德倫理的實踐與標準在本心本性，故以上亦畧說本心本性成立的思辨方向。事實上，儒者對本心本性之確立，並非純由思辨而得，而是從下學而上達，由不斷的道德實踐中體証與反省而得，當然此中也有用思與思慮，正如孟子所說「思則得之，不思則不得也。」（《孟子‧盡心上》）此思慮及反省，正是心之用，心之特性，但不是西方所說的思辨（speculation）。故嚴格說，儒家對本心本性的確立，一方是由道德實踐而來的體悟，一方是反省思慮而使所體悟所見更明確，是《中庸》所說的「誠則明矣」。

　　此本心本性的特質，可以說是仁，是覺，是誠。以體用的範疇去看，本心本性是體，仁、覺、誠是用；若以仁、覺、誠，是體，由此產生的作用是感通，是合一，是明，是人的真實存在。仁者以「感通為性，以潤物為用」，「仁者與天地萬物為一」。

　　儒家倫理的理倫系統，是本心本性或仁於人生各種關係中的貫徹表現❷，而產生各種美德：孝、弟、忠、信‧勤、儉、敬、惠、慈等，而仁、義、禮、智、信五常則常應滲透於各種關係或美德中。

　　筆者嘗說儒家倫理系統包含三個層面，最基本的是本心本生或仁心。各種美德如孝、弟、忠、信等則在中間一層，是本心仁心在不同關係中的表現。第三層也是最表面的一層是根據各種美德而要建立的社會規範及禮制形式，如古代六佾、八佾之制，冠、婚、

---

❷　可參考拙文〈儒家倫理美德系統的詮釋及其與中國現代化之關係〉，劉國強：《儒學的現代意義》（臺北：鵝湖出版社，2001），頁 94-96。

喪、祭各種之禮——嚴格說是禮儀。**㉗**五四新文化運動要打倒的往往是這一表層已形成的一種僵化了之規範與禮制。

因各種社會規範禮儀是有其社會功用，有其達到人們生活安和快樂之用，所以這一層面一方可因時因地制宜而時常改革更新，一方亦可將這一層移花接木，建立於不同的基礎，如建基於社會功能，或功用或快樂的基礎上，因此，不同的哲學宗教基礎，不同文化不同社會，都可以有某些相同的道德規則與行為規範。在日常政治經濟社會生活中，在這層面的行為規則只要不牽涉到其理論或哲學的基礎，很多時可以為不同社會共同接受，比如任何社會都會有道德規範防止損害大多數人的利益，縱然所根據的理據基礎可以不同。

儒家倫理道德的基礎正如上述是在人的本心本性、在天道，本心本性也是王陽明所說的良知，雖然明朝這位大儒曾說：「知善知惡是良知」，人們仍會疑問，縱使有仁、義、禮、智、孝、悌、忠信這些美德之教，縱使我們相信有良知，但在現實生活上，在具體情況中，我們也發現人們時常面對不同的道德判斷，在中國社會中，不同的人宣稱他們自己本良知而認為自己的行為正確，自己沒有錯。因此，似乎不要說在不同文化不同道德哲學基礎下，可以有道德標準不同的爭論，就是同在儒家文化下，本儒家道德之教，似乎也有公說公有理·婆說婆有理之問題，儒家的道德理論如何面對這一問題。儒家如何為人們建立道德判斷的共同標準，而非在傳統社會裏，不少時候是訴諸於權威呢？

㉗ 同上，頁 98-99。

　　要答覆以上這一問題，我們可以說，在人類現實社會一方面是無法去除一切的道德善惡與是非之爭論，人類現實處境千變萬化，每個人都不能時常體察別人的處境，而往往以自己的角度對人與事物作判斷。這樣說已是從人的沒有私心而都懷著真誠地求真的角度說。另一方面，從現實社會上說，俗情世間大部分的善惡是非之爭，都是因利益，意氣，偏見，私心而來。對這些人，很難語上，儒家傳統的語言只是他們利用以爭勝與滿足欲望之工具而已。故不能以俗情世間這些事實以否定儒家倫理的價值。

　　儒家言性善，性善者，也即是說本心本性是善，但這並不等於說人現實上已善，已完滿實現善。孟子明言：「乃若其情，則可以為善矣，乃所謂善也。」（《孟子·告子上》）孟子的意思是人有了本心本性的基礎，故可以為善，這是他說性善的意思。要充分實現人之本性之善，必須後天的努力，以「大體」的心主宰「小體」的眼耳口鼻之欲。

　　孟子（也包括《大學》、《中庸》、《論語》）及後儒，尤其是宋明儒者的發揮，於是本心本性是須經過每個人修心養性的工夫，才能使心性時常保持其誠明。（如《大學》所言格物、致知、誠意、正心；朱子言涵養、省察；王陽明所言的致良知等。）於是了解誠明之心，得以時刻保存，當人在具體生命具體情境中須作道德的判斷道德的抉擇時，誠明之心既無利害欲望癖好習氣所礙，便能發揮其清明本性，恰當合宜地回應，便可得其宜，得其義。

　　故「義」在儒家道德思想中佔十分重要位置，也可以說義就是道德標準。孔子說過：

> 君子之於天下。無適也，無莫也，義之與比。（《論語·里仁》）

> 君子義以為上。（《論語·陽貨》）

孟子繼承孔子，更多時以「仁義」合說。即仁須合於義而表現，故說：「義，人之正路也」（《孟子·離婁上》），「義，人路也」（《孟子·盡心上》），以至言：「大人者，言不必信，行不必果。惟義所在。」（《孟子·離婁下》）

　　從以上所引孔孟之言，即可見孔孟以行為之標準在義。然而人們仍可批評，像批評康德般，「義」只給與人們一形式的和抽象的標準，在具體情況中人們如何知道如何作具體的抉擇呢？

　　筆者認為，對此一問題之解答，正顯示儒家道德的標準一方容許對具體情況的考慮，而不作僵化教條式的規限，一方仍有一共通之標準。此標準即在清明的本心，在發自於至誠的心。若在盡心盡性至誠的抉擇中，即是普遍的抉擇。這顯示儒家像康德一樣肯定人在自由與自律中作道德的抉擇，離開人之自由與自主便無道德意義。自主自由亦由本心而發。

　　真能建立普世倫理，在筆者看來，還是須在尋求一共通基礎上措思，此共通基礎在人之本心本性，有了這一共通基礎，即了解人之為人的本質，並不礙於信仰不同的宗教，或追求實現不同層面，不同意義的價值，而心皆能包涵之。

道德教育須情智雙彰
——從美國當代道德教育反思

　　今天從事教育的人，都會同意，全人的教育應包括情與智的教育。「德、智、體」或「德、智、體、美」或「德、智、體、群、美」的三育、四育或五育的教育目標❶，德育與美育便包括有情的培育。本文所欲申論的，就是德育本身，也是要情與智的培養並重，兩者如車之兩輪，缺一不可，否則德育之車亦難於前進。揆諸中西方德育之發展，對情智之培育亦各有偏至，故今天要在德育上強調情智並重，亦是要融通中西，取長補短，使德育更好發揮效能，更有助於人民與國家之發展。中華民族，以龍為象徵，龍是綜合各種動物之優點而成，鷹的爪，鹿的角，蛇的身，魚的鱗，羊的鬚等等。故中華民族重要的是一方不要喪失自己的優良傳統，一方要實事求是，不論中外，無論古今，只要好的，優良的便吸收融合，這將更有利於國家民族的發展。

---

❶　大陸不同時期強調三育或四育，臺灣香港強調五育。

1. 從儒道二家說起

在孔孟等大儒的道德教育思想，是情智並重的。孔子強調「好仁不好學，其蔽也愚」（《論語·陽貨》）孔子被學生推崇為仁且智。孔子弟子子夏也說：「博學而篤志，切問而近思，仁在其中矣。」（《論語·子張》）《中庸》亦謂：「唯天下至聖，為聰明睿智。」也就是說，在儒家看來，有道德的人，既有仁之性情，也須有知識與智慧，故須學以養智，學以養仁。

儒家的道德理想是「極高明而道中庸」，即一方有極高的境界與要求，《中庸》所謂「及其至也，雖聖人亦有所不能」，但儒家的道理也是由一些日常生活中極平常的道理開始，是「造端乎夫婦」（《中庸》），即由一男一女成為夫婦而形成的家庭裏開始，所以開始也不是什麼深奧的大道理，就是在生活中的真情實感中體現，道德就從生活的真情實感中產生。

然而，開始時本來清淨的真情實感，當需要被固定下來，成為人們行為的標準和規範時，也同時是流弊產生的開始。這看來是人生世界的吊詭，但這確是如此。道德當只成為外在的規條、概念和知識來被了解時，便離開了真實的存在，離開了真情實感，離開了情與智，而成了僵化和抽象的東西。在這裏正可以了解道家老子智慧之所在，「天下皆知美之為美，斯惡矣。天下皆知善之為善，斯不善矣。」（《老子》第二章）於是可以是為美名善名而行道德，在老子看來，是人為造作離開自然物我相忘的境界。

畢竟有老子的智慧與境界的人是甚少數，大部分人還是生活在人類社會的群體中，正如孔子雖一方能欣賞隱逸的道家人物，但同

時卻指出「鳥獸不可以同群，吾非斯人之徒與而誰與！」（《論語·微子》）也就是說作為人，是群體動物，只能在人類群體中生活，不能長期單獨地與鳥獸一起生活。因此在人類社會裏，為了社會的秩序與共同利益，及共同的生活，對於社會的新一代進行道德教育是必須的。而道德教育的其中一環也須包括道德概念，道德原則，道德規範的教育。

以上述說儒道兩家的精神，用意也是要帶出一個基本觀點：就是道德教育固然可以教以道德概念、道德規則或道德知識，但不能只限於這種教學，而是必須有情與智的培養，情是不忍之心不容已之情的流露，智是運用已有之道德概念或道德知識，在具體情境中作出恰當的道德判斷，才能成就道德教育的盡善盡美。

2. 略說中西的偏至

中國起源於農業文明，農業人民最重求安穩，正如梁漱溟先生所說，中國文化以「安民」為最重要，甚至過分地把保民、養民都作安民的問題來解決。❷只要民安，社會便不至於亂，農耕便不致荒廢。要安民，則須教民以人倫，故中國很早已重道德教育，《尚書·舜典》便記述舜帝以五教❸，五教即：父義、母慈、兄友、弟恭、子孝。周之正規教育已具規模，分「國學」與「鄉學」。國學為天子及諸侯貴族子弟而設，因年齡及程度分「大學」與「小學」

---

❷ 梁漱溟：《中國文化要義》（臺北：正中書局，1949），頁238。
❸ 《尚書·舜典》：「帝曰：契，百姓不親，五口不遜，汝作司徒，敬敷五教，在寬。」

兩級。鄉學則是地方學校。❹周鄉學課程據《周禮．地官》所說：是教以六德、六行與六藝。六德是：知、仁、聖、義、忠、和；六行是：孝、友、睦、婣、任、恤；六藝是：禮、樂、射、御、書、數。六德、六行皆是道德教育，六藝中之禮、樂，亦與人之品行相關。此足以見周朝對道德教育之重視。

孔子以前之西周，是學在王官。孔子生於春秋之末（公元前 551 年）。孔子首開平民教育之風，打破教育為貴族所壟斷。《論語》記載孔子以四教：文、行、忠、信。（《論語．述而》）行、忠、信皆與行為道德直接相關。文是經典，如詩、書、禮、春秋等，與人之心志與待人處事亦處處相關。孔子之教學，是以道德教育為中心。《論語》中最多見之概念為「仁」，共 105 次。孔子正是教人處處「仁以為己任」。「仁」者即發自人心中不忍之情。

孔子創立儒家，孟荀繼其志，至漢武帝納董仲舒建議，「罷絀百家，獨尊儒家」，然後儒家思想成為中國文化的主流，形成了中國教育重德育的傳統。漢武帝接納董仲舒尊儒建議後，便設立五經博士，五經即詩、書、易、禮、春秋。最初只設博士七人，至東漢時，博士數目續有增加。博士是為教官，教授之學生，稱為博士弟子。博士弟子或太學生，學有專經。在漢朝《論語》、《孝經》為共通必讀之書。魏晉時戰亂較多，學制較亂，且玄學興盛，與儒學分庭抗禮。唐代立國開闊，學科較多，科舉項目亦多，然《論語》、《孝經》亦同為士子共通必讀之書。宋重文輕武，儒學復

---

❹ 毛禮銳、沈灌群主編：《中國教育通史》第一卷（濟南：山東教育出版社，1985），頁 71-77。

盛，私人講學與書院盛行，皆以講論聖賢之學標榜，儒家道德之教為教育核心。宋明清蒙學盛行，各種蒙學讀本，如《三字經》、《百家姓》、《千字文》、《朱伯廬治家格言》、《幼學瓊林》，皆滲入了儒家倫理道德之教。朱子初推崇《孝經》，後仔細審視，以《孝經》不盡同孔子之教，於是取《禮記》中之《大學》、《中庸》，合《論語》、《孟子》，編注成四書。公元 1313 年，元朝仁宗規定「舉人宜以德行為首，試藝則以經書為先，詞章次之」，並以朱子《四書集註》為學子應科舉必讀之書。於是《四書》為學子自童蒙開始便必須誦讀之經典，直至公元 1905 年 9 月 2 日清廷正式下詔廢科舉為止，前後近六百年，可以想像《四書》對中國學子士人影響之深。傳統的誦經讀經對培養傳統社會讀書人的道德感、正義感亦有實效。

　　儒家思想、儒家理想及其精神，固通過學校教育而成中國學術文化的主流。但也因與現實社會政治利益牽連，產生了僵固、偏至，而與孔孟及歷代大儒之精神不盡相符者。如源自《白虎通義》的三綱思想，本為法家思想，以「君為臣綱，父為子綱，夫為妻綱」的單向關係，成為了帝王與社會推重的原則，對中國古代社會產生普遍的影響。《孝經》疑為偽書，流行於漢初，托名於曾子所作，雖內含孔子孟子的思想，亦有為鞏固皇朝移孝作忠，與儒家根本精神不一致之處，而《孝經》卻是對漢唐之世以至日本影響廣泛的經典。明清科舉中的「八股」科，亦使辭章之學，酸腐之文，取代了儒家經綸天下，救世救民的胸懷。整體而言，在過去農業社會，在變化緩慢的節奏中，儒學成德之教對成就知識，尤以民主、

科學的開發是有所不足，此當代的新儒家亦坦然承認者。❺對於大儒者而言，過去成德之教，並不礙其生命精神的仁智雙彰、情理兼備。然對一般學人，一般儒士，也雖有篤實之行，樸素之情，但也不免缺乏開闊眼界，與通達之智，在處事對人又常大而化之，不及西方人在學術與法規上之系統與架構，及思慮之精細。迂腐之儒，又睥睨一切，涯岸自高，不食人間煙火，說好的，也只是有情而無智，未能承儒家成德之教情智雙彰的盡善盡美。

當代新儒家在反省中西文化之不同及其特質時，即指出中國文化是重德文化，西方文化是重智重科學之文化。❻中國的孔子曾強調：「當仁不讓於師。」西方大哲亞里士多德（Aristotle）強調的是：「吾愛吾師，吾更愛真理。」從中西文化兩位大哲的說話，已可以看到中西方在重仁與重智上的不同側重之消息。西方哲學尤其是英美哲學的傳統，在近代科學理智精神的影響下，更重理智。現代工商業文明與當前的後工業社會資訊時代，都是基於科學技術，背後的精神就是一種理智的實證的精神在貫注。

當前商業世界追求最大利潤——不僅是合理利潤，是冷冰冰的對效益計算，是理智主義工具理性的極度發展的結果。以仁者心懷與商業理智心相抗衡，在短期而言，往往是仁者敗北，徒然落寞慨

---

❺ 1958 年唐君毅、牟宗三、徐復觀、張君勱四位新儒家所發表的《中國文化與世界》宣言，即明白的承認過去儒學的不足。唐君毅（1958）：《唐君毅全集》卷四之二（臺北：臺灣學生書局，1991）。唐君毅、牟宗三、徐復觀、張君勱：《中國文化與世界》。

❻ 唐君毅（1955）：《唐君毅全集》卷五：《人文精神之重建》（臺北：臺灣學生書局，1991），頁 89-110。

嘆。因為世上聰明人太多，懂得利益計算的人太多。但長遠而言，商業的理智功利心發展到一定階段便會自我敗壞，自我崩裂。此中道理要說還可以說很多，這裡暫可不表。

我們的教育雖然仍以德、智、體、群、美，五育並舉的平衡的全人教育為目標，並看似以德育為先。然而當整個社會的價值取向是利潤掛帥、功利先行，真要推行全人教育，德育為先，也是困難重重，事倍功半，學校教育時常會被社會的影響所抵消。

現今道德教育的困難是：我們簡單的列舉一些道德的教條，以權威的態度灌輸給青少年，往往會帶來青少年排拒的反效果。若我們採取過分的自由主義，過分的以青少年為中心，完全價值中立，不教以任何道德原則價值取向，只讓他們自己尋找，也會使青少年人只顧自我中心任意妄為，缺乏道德意識。只要我們對美國當代道德教育略作考察，也可以看到教條主義、權威主義及從教條權威鐘擺到另一邊的放任過度自由主義的兩種情況所出現的弊端。從一意義上看，也是在情智兩端鐘擺而有的弊端。

本文正是要從考察和借鑑美國當代的道德教育的發展趨勢，以見情與智的培養在道德教育中不可或缺。

3. 美國早期道德教育之基於宗教信仰與情感

美國在獨立以前，在英屬的十三個殖民地的清教徒移民中，已有推行道德教育，是一種與基督教文化相結合，一種反復教誨和灌輸方式的品德教育或品性教育。這種道德教育，基本沒有大的變化，一直維持到二十世紀初，這種與宗教結合的道德教育模式，對「教甚麼」及「如何教」兩個問題所給予的是一種簡單直接的答

覆：所教的是根據上帝的旨意或基督教聖經的啟示真理，道德教育在這種傳統宗教信仰模式下看來並沒有多大困難，亦常與宗教信仰的情感連繫在一起。在家庭中，由父母帶領，每天早禱，父母唱聖經，孩子到能唱之年齡便一同唱。父母也教孩子讀和抄寫聖經，要求孩子遵守紀律。用問答法來教孩子對宗教信條的認識，如問：「甚麼是人的主要目的？」孩子便被教導答：「人的主要目的是光榮上帝，在祂中得到永恆快樂。」❼十九世紀末二十世紀初，盧梭（Rousseau），杜威（J. Dewey）等的進步主義教育思想（Progressivism）流行，對傳統的以教師為中心，權威主義的教育提出嚴厲批評。1928-1930 年間哈桑（Hugh Hartshorne）與梅（Mark A. May）進行的大型實證研究，結果顯示了當時學校中的品德教育課，以及參加主日學（Sunday School）和童子軍會議，對孩童在實際生活中的誠實和利他主義水平的提高及內化並無明顯效果。❽這一出版了三巨冊的研究實證成果，無疑是宣佈了一直以來與宗教結合的品德教育的死亡。

　　由十九世紀下半葉至二十世紀初，實證主義（Positivism）日見興盛，1920-30 年代，由承接實證主義觀點發展的邏輯實證論（Logical Positivism），帶出了道德並非事實（fact）的論點，由此引申

---

❼　McClellan, B.E. (1999). *Moral Education in America*. Columbia University: Teacher College. Ch.1 & 2.

❽　Hartshorne, Hugh & May, M.A. (1928, 1929, 1930). *Studies in the nature of character*. Vol.1. *Studies in deceit*: Vol.2. *Studies in service and self-control*: Vol.3. *Studies in organization of character*. New York: Macmillan; Kohlberg. L. & Turiel. E. (1971). Moral development and Moral Education. In Lesser, S.G. (Ed.). *Psychology and Educational Practice*, pp.410-465.

的情感主義的道德觀（Emotive Theory of Morality）❾，便把道德判斷價
值判斷看成是純粹個人主觀的情感的反映而已，並非對事實的判
斷，道德便只有相對意義，而不能說有客觀的道德原則道德標準。
實證主義、邏輯實證論、情感主義及由邏輯實證論發展的分析哲學
（Analytic Philosophy）、語言分析（Linguistic Analysis）都是西方的尚智
或主知❿的傳統的進一步表現。事實上，西方尚智主義的傳統可以
追溯到古代希臘哲學的傳統。而在西方，哲學與宗教常處於對立的
位置。哲學重理智，宗教重信仰。

　　由實證主義，邏輯實證論下來的尚智主義哲學，在二十世紀
三、四十年代成為英美哲學界的顯學。⓫到了二十世紀四、五十年
代，美國學校的道德教育除了因進步主義教育思潮的衝擊及尚智主
義的哲學時代背景影響外，還有其他具體因素的影響，如科學技術
之發展，知識爆炸帶來學校教育中知識教育越見強調，社會上的成
功往往依于知識技能的學習，道德教育品性教育便越被看成為不切

---

❾　以 A.J. Ayer 與 Stevenson 為主要代表。可參考 A.J. Ayer, *Language, Truth and
Logic*, ch.6, [A.J. Ayer (1936). *Language, Truth and Logic*. London: Pengium
(1990). Ch.6.], 及 Stevenson "Emotive Meaning of Ethical terms" [Wilfried
Sellars and John Hospers, edited (1970). *Readings in Ethical Theory*. Prentice-Hall.
pp.415-429.], 與及可參考拙作〈普世倫理之尋求與道德哲學的更高綜合試探
——儒家倫理哲學的資源〉（見本文集）。
❿　「尚智」、「主知」兩詞在本文中意義共通。要說其分別，「主知」一詞指
實證論，邏輯實證論、分析哲學而說，而「尚智」則指道德教育上的價值澄
清法，道德認知理論更貼切。
⓫　以至到二十世紀七十年代，英美絕大部分大學的哲學系，都是重分析哲學
的。香港大學哲學系，也以分析哲學為主。

實際的。其次也因應美蘇兩大陣營的對壘加劇，美國要在經濟軍事上壓倒蘇聯，故更重視教育知識技能。如 1958 年美國《國防教育法》的頒布，便主要以數學，自然科學，和外國語為改革重點，強調科學教育。且二次大戰後，自由主義盛行，美國人越來越把公私領域分離，公眾領域受法律規範，宗教及道德取向視為私人的生活、私人的喜好，只要法律容許，其他人便毋容置喙。學校教育也避免宗教信仰與道德價值灌輸，往往以知識技能的教學為限，認為道德教育屬於家庭和教會的事。⓬所以到了六十年代，美國學校中的道德教育已到喪失的地步，六十年代青年人之嬉皮士潮流，一方是對科技工業化社會之不滿，一方亦顯示了他們價值之失落。

然而也在這時侯，有識之士亦意識到美國社會問題的嚴重及道德教育之重要。由上世紀六、七十年代到踏入二十一世紀，並時或先後產生了四種主要的道德教育模式。這四種模式，以時序言之（當然有重疊同時並進的情形）是：價值澄清法模式（Approach of Value Clarification）、道德認知發展理論模式（Approach of Cognitive Developmental Theory of Moralization）、女性主義的關懷模式（Feminist Approach of Care）、品性教育模式（Character Education Approach）。這四種相繼及並時出現之道德教育模式，顯示了當代美國道德教育由建基於宗教權威、宗教情感向偏重理智的尚智主義擺，再由尚智主義的忽視道德情感培養到重新重視道德情感培養的過程。

⓬　同注❼，頁 73-78。

4. 尚智主義傳統下的道德教育
——價值澄清法與道德認知發展理論

　　首先要論述的上世紀六十年代出現的價值澄清法與柯爾伯格的道德認知發展理論。這兩種道德教育理論模式的共通性都是以道德由理智的分析與判斷而來，道德是依於知識或理智，是依於當時盛行之尚智哲學背景而有的基本假設。他們的缺點也就正正因這背後假設的限制而來。

4.1. 價值澄清法

　　美國當代的道德教育，價值澄清法出現最早，在上世紀六十年代中出現，在六十年代末及差不多整個七十年代十分流行，影響廣泛。坊間出版了不知多少以此模式引發出來的教學方法書籍。一直至七十年代末在受到不少批評後失去支持而漸見消沉。此派的代表人物包括雷斯（Louis E. Raths）、哈敏（Merrill Harmin）、西蒙（Sidney B. Simon）、祈慎邦（Howard Kirschenbaum）。這一派的最重要理論著作是 Raths, Harmin & Simon 在 1966 年出版的《價值與教學》一書。❸

　　根據這一派學者的看法，認為現代工業化社會多元化社會中，社會複雜多變，充滿競爭性的和混亂的價值觀點，導致青少年一方面在日常生活中時常要面對價值判斷與選擇，另方面也較以往任何時代和社會中作抉擇都更困難。而傳統的價值教育品德教育，往往導致道德認知與行為實踐的脫節。因此，價值澄清法的建構，就是

---

❸　Raths, Harmin, & Simon (1966, 1978). *Values and Teaching.* Columbus, Ohio: Charles E. Merrill Publishing Co..

幫助青少年在日常生活中作價值選擇時，能清楚反省和了解所選擇價值是自覺的和自定的。

　　價值澄清法是重視價值選擇的過程，至於所選擇價值之內容，是完全個人的、自主的，這種方法並不對價值內容作可否的評價。因為這派反對任何外在力量如宗教、社會、傳統等對個人價值選擇之主宰。這一派是取以上所說邏輯實證論及其下來分析哲學（Analytical philosophy）的基本哲學假設，及由此衍生的對價值的態度，認為價值內容是個人的，主觀的，沒法所有人完全一致。所以在這一派看來，是沒有公認的結論性的確定不疑的道德原則。

　　雷斯（Raths）是這一派最主要的人物，他們為價值澄清法定了最早（1966）的一個方程式——是三部分七步驟的程式，如下：

　　㈠選擇（choosing）

　　　1.自由地選擇

　　　2.有不同的選擇的可能

　　　3.對每一可能選擇的後果作三思

　　㈡珍視（Prizing）

　　　4.對所選擇感到快樂及珍惜此選擇〔按：即不感後悔〕

　　　5.公開地對其他人肯定自己的選擇

　　㈢行動

　　　6.據所選擇而行動

　　　7.會重覆不斷地把選擇付諸行動❹

---

❹　Chazan, Barry (1985). *Contemporary Approach to Moral Education – Analyzing Alternative Theories*. Columbia University: Teacher College Press. Ch.4.

這一個七步驟是教導人能清楚明確知道和肯定自己所選擇的價值。由於受到批評，指出這程式中的個人像是在真空中的個人，而沒有考慮到個人往往存在於社會的脈絡中，因此，另一重要人物祈慎邦（Kirschenbaum）於 1975 年修訂為五部分，增加了「思慮」（Thinking）及「溝通」（Communicating）兩部分。「思慮」包括了(1)在不同層面上的思考，(2)批判思考，(3)在高層面的道德推理，及(4)創意思考。「溝通」則包括(1)有清楚表達的能力，(2)同情共感以聽取他人之意見及立場，(3)解決矛盾。**⑮**

在此一德育模式中，教師像是一個園丁或是技術員，只是照顧或幫助學生本身反省分析技能的發展，教師在價值內容上須時刻保持中立，就算學生的一個選擇在一般看來是違反道德，但只要學生是通過價值澄清之程序而最後在了解結果情況下仍作如此選擇，教師也不應批評，教師只幫助學生建立他們自己的評價能力。這一模式尤其反對灌輸及權威主義。

在實際的教學方法上，教師可以通過與學生對話（dialogue），尤其是問答方式進行。也可以通過學生小組討論的方式進行。還可以讓學生書寫或填寫價值表（values sheet）作價值排序（value ranking）、價值投票（values voting）、等級排序（rank order），與及面談（interview）等不一而足。以澄清學生的價值取向。祈慎邦（Kirschenbaum）於 1994 年歸納了各種價值澄清法模式的教學方法，

---

⑮ Chazan, Barry (1985). *Contemporary Approach to Moral Education – Analyzing Alternative Theories*. Ch.4.

寫成了《提高學校中青少年的道德與價值的一百種方法》一書。**⓰**

　　價值澄清法的優點是教師容易學習運用，教師無須有很多的哲學、心理學或社會學等等的知識來支持這一種技巧的運用。某程度上這一模式的確可以幫助青少年作自我分析，反省其價值選擇時的理由。這一模式也打破僵化了的教條主義與權威主義。

　　價值澄清法，不單止限於道德價值，而是一切選擇而生的價值而言。因此一學童選擇吃冰琪琳而不喝汽水，也可以成為一個用此程式來考察之事例，因此這一模式受到其中一個嚴重的批評是它把道德的價值與瑣碎的選擇事情混在一起，減低了道德的意義。而且另一最大弱點，是一種相對主義，家長的嚴厲批評是，這種道德教育並不能根據一些道德原則而給與青少年人以任何道德的指示。

4.2. 柯爾伯格的道德認知發展理論

　　當代西方道德教育的泰斗，是柯爾伯格**⓱**（Lawrence Kohlberg）莫屬。他是哈佛大學的心理學教授，他的博士論文是研究在道德兩難中兒童推理的不同表現。他吸收了瑞士心理學家皮亞傑（J. Piaget）的認知發展理論，於上世紀六十年代中開始發展他的道德認知理論，到七十年代初備受注意。他於八十年代初先後出版了兩部主要著作。**⓲**他於 1987 年逝世。他的理論在七、八十年代廣泛影響美

⓰　Howard Kirschenbaum (1995). *100 Ways to Enhance Values and Morality in Schools and Youth Settings*. Allyn and Bacon.

⓱　在臺灣學界常譯作郭爾保，大陸則譯作科爾伯格或柯爾伯格。

⓲　即：i) L. Kohlberg (1981). *The Philosophy of Moral Development.*, San Francisco: Harper & Row. ii) L. Kohlberg (1984). *The Psychology of Moral Development.*, San Francisco: Harper & Row.

國而成為道德教育界及學校的德育討論的中心點。九十年代影響漸走下坡。然而由於他的理論內涵之豐富，較價值澄清法更具持久的影響，在今天對道德教育的實踐的影響仍有一定的參照價值，嚴肅的道德教育的思想與理論均無法繞過他，忽略他。

柯氏深受心理學家皮亞傑及美國哲學家杜威（Dewey）之影響，他吸收了心理學實證研究的成果與及哲學邏輯與概念的思辨。他的道德認知發展論一方具有概念上的整體性與一致性，一方也運用心理學的實證研究使其概念具有經驗科學的基礎。

柯爾伯格一方面冀圖解決相對主義的困局，他從心理學的研究指出孩童的道德認知發展有一定的序階，這些序階（stages）是普遍於不同文化的人。另一方面他嘗試打破獨斷主義而認為青少年在不同序階中確實有不同的道德判斷，這些判斷的客觀性在於他們所處的序階中道德認知能力的邏輯結構。所以他認為每一個兒童都是天生的哲學家[19]，成年人往往是從成年人的角度或序階來要求兒童，是因為成年人不了解兒童所處的不同序階的事實。他把人的道德認知發展分為如下的三層次六序階[20]：

I 成規前期（Pre-conventional level）

   i) 懲罰與服從導向（The punishment and obedience orientation）

   ii) 工具性利益關係導向（The instrumental relativist orientation）

II 成規期（Conventional level）

---

[19] Kohlberg. L. & Turiel. E. (1971). Moral development and Moral Education. In Lesser, S. G. (Ed.). *Psychology and Educational Practice*, pp.410-465.

[20] Kohlberg (1981). *The Philosophy of Moral Development*., San Francisco: Harper & Row. pp.409-412.

iii) 人際和諧或好男孩與好女孩導向（The interpersonal concordance or 'good boy – nice girl' orientation）

iv) 法律和秩序導向（The 'law and order' orientation）

III 成規後期（Post-conventional level）

v) 社會契約合法導向（The social – contract legalistic orientation）

vi) 普遍性倫理原則導向（The universal ethical principle orientation）

他認為這些序階的劃分是有超文化的普遍性的，是基於他長期的心理實證研究，譬如他曾長期的對土耳其、臺灣、烏干達、洪都拉斯、印度、美國、加拿大、英國、以色列的孩童作跟進研究，每三年透過問卷測驗以上不同地區兒童的道德認知能力的發展，也曾對芝加哥 50 個低下層的孩童作長期跟進研究，他發現相近年齡的兒童都有近似的道德認知發展階段。所以他認為他的理論不是憑空思辨的概念，而是有科學實證的根據。

在他看來，序階是有一邏輯結構性意義的，不同的序階是隱含有道德思考方式上質的差異。每一序階是構成有一邏輯結構的整體。序階的發展是有一次序井然的而不變的順序。在一個人的一生中，不一定能發展到最高序階，但他的發展，只能按序階順次發展，不能跨越序階。

在他這種道德認知發展理論下，道德教育就是幫助學童逐步向更高層次序階發展。而這種能向更高序階發展之可能，在固定序階下的思維模式是很難達至的，而往往是當兒童面對著道德兩難時，他原來的思維模式受到衝擊，無形中迫使他向更高認知序階發展。柯氏的一個有名的道德兩難例子，便是偷藥故事（Heinz case）。故事如下：

在歐洲，一個婦人患了一種特別的癌症瀕臨死亡，醫生們認為只有一種藥能救她。一位居在同一鎮上的醫生發現了這種由鐳提煉的藥。要提煉這種藥是費用昂貴的。這位醫生是一個貪財的人，他把用 200 元成本提煉的藥要賣 2,000 元。患病婦人的丈夫漢斯（Heinz），為救妻子，四出借錢，只籌措了一千元，他懇求醫生一千元賣藥給他，但醫生一定要二千元，就算以後還給他，他也不肯。在無計可施而又急於救妻的情況下，漢斯夜裏爬進醫生的住所，把藥偷了。㉑

根據這故事，教師便可向青少年人問一連串的問題。例如：漢斯應否偷藥？漢斯偷了藥應否受到法律制裁？如果患病的人不是他的太太，他應否偷藥救她？等等一連串的問題，有時可以多至幾十條一百條。再從青少年的答案中，分析青少年人的道德判斷背後所持的理由，以見出其所在的序階。

因此，教師在道德教育的角色，就是時常向學童提出道德兩難問題──事實上的和假設性的，以引導學童道德認知向更高一序階發展。能達到此一地步之前，教師必須透過各種方式──尤其是問答的方式，了解學童在實際上所處的序階，然後以恰當的道德兩難問題引導其道德認知的升進。㉒所以在柯爾伯格看來，道德老師必須瞭解道德認知發展理論的內涵。教師在與學生討論道德問題時，

㉑　Kohlberg, L (1984). *The Psychology of Moral Development.*, San Francisco: Harper & Row. p.186.

㉒　同注⑱。

要常常表示接納學生的態度，表現了傾聽和溝通的技巧，在課室中培養親切的氣氛，鼓勵學生彼此討論，聆聽與溝通。並培養學生對各種道德衝突有敏銳的覺察力。

因此，可以看到，根據柯爾伯格的理論，道德教育也是重在引導學童的認知能力（顯然是「道德的」認知能力）發展，而不重在教道德的標準、原則或內容。

柯氏理論之優點正如查慎（Barry Chazan）所說，他的理論統整了哲學、心理學、社會學與教育學而形成一系統。❷❸他在相當程度上避免了相對主義（Relativism）、一般社會規範論（以道德就只是遵從社會中的社會規範），以及獨斷主義（Dogmatism），使各種道德判斷在不同序階中有一定的意義。他的理論重視發展（development）的意義是繼承杜威（Dewey）而來，也是合乎教育的本義。

但柯氏理論受到最大的批評是來自他的同事姬莉芹（Carol Gilligan）的批判，以他所強調的道德原則如公平與正直是有性別的偏見，是男性偏向，忽視了女性更多時表現的「關懷」，關懷的重要性在柯氏的系統中沒有地位。❷❹柯氏仍是西方尚智的傳統，道德的教育基本上是一種判斷力或認知能力之培育。使人感到他的系統像冷冰冰的感覺，他忽視了情感在道德實踐中的重要性（雖然他後來也承認情感的作用，但仍然是次要的作用）。而且他實驗中所用的兩難問

---

❷❸　Chazan, Barry (1985). *Contemporary Approach to Moral Education – Analyzing Alternative Theories*. Columbia University: Teacher College Press. p.68.

❷❹　王雅各譯：《不同的語音——心理學理論與女性的發展》（Gilligan, Carl (1982). *In a Different Voice-Psychological Theory and Women's Development*）（臺北：遠流出版公司，1998），頁 35-83。

題也多是假設想像而非真實的例子。

5. 轉向重感情及人與人實際關係
──女性主義的關懷模式

　　女性主義的關懷模式，可以說是由一些女性主義者在 1980 年代對柯爾伯格的批評而發展起來的，其中最主要和最尖銳的批評者，是柯爾伯格的同事姬莉芹（Carol Gilligan）。在 1990 年代，姬莉芹加上駱婷詩（Nel Noddings）和馬田珍（Jane Roland Martin）形成了一種道德教育之新理論與新模式，雖然相較於本文述及之其他三種模式而言，其實際影響學校德育的實踐而言，到目前階段，仍是相當有限的，此派仍在發展中。這一派之產生正由於女性對切身感情的體驗而來。此中透露了由純依理知向重情感轉向。

　　姬莉芹在批評柯爾伯格時，指出女性的道德發展與男性不完全相同，女性更注意一個行為對關係構成的影響，她們更關注於作道德決定時之脈絡，關心實際情況多於假設性情況，並受同情與仁慈等感情左右其道德判斷。㉕姬莉芹把女性的道德發展分成三個階段。第一階段是只對自己關懷，第二階段是產生責任（responsibility）的觀念，第三階段是在關係中自然產生的關懷。㉖

㉕　Gilligan, Carl (1982). *In a Different Voice – Psychological Theory and Women's Development*. Harvard University Press. Chap. 1; McClellan, B.E. (1999). *Moral Education in America*. Columbia University: Teacher College. p.89. 確實，柯爾伯格最初作實驗的 72 名兒童都是男性。

㉖　Gilligan, Carl (1982). *In a Different Voice – Psychological Theory and Women's Development*. pp.73-74.

駱婷詩在其著作《關懷：女性進路的倫理學與道德教育》❷
中，最先有系統地嘗試承認關懷在倫理學與道德教育中的重要性。
她指出「關懷倫理」（care ethics）並不等於「女性倫理」（feminine
ethics），只是發自女性的經驗；也不等於取消正義倫理（ethics of
justice）。她認為關懷倫理是以人的關係為中心。正如她所說：

> 一個關心行為的道德的人，就是要努力保存和把一個既定的
> 關係改變為關懷的關係。❷

> 關懷是人處於關係之中的一種存在，而不是一套具體的行為
> 方式。❷

駱婷詩指出，關懷倫理有四個主要組成部分，分別是：榜樣
（modeling）、對話（dialogue）、實踐（practice）、與肯定
（confirmation）。❸榜樣是關懷的關鍵因素，一方是教師作為關心者
的身分對學生的需求作出反應，這是源於教師內在的道德感；也向
學生展示了自己作為關懷者如何關懷，所以道德教育是展現應有的

❷　Noddings (1984), *Caring: A Feminine Approach to Ethics & Moral Education*.
　　University of California Press.

❷　Noddings (1988). *An Ethics of Caring and Its Implications for Instructional
　　Arrangement*. Center for Educational Research at Stanford. School of Education,
　　Stanford University.

❷　Noddings (1992). *The Challenge to Care in School – An Alternative Approach to
　　Education*. Teacher College Press. p.17.

❸　同上，pp.22-26。

關懷而非試圖教學生記著一些道德原則。**❸**

「對話」是「開放性的,也就是說:真正的對話開始是無固定結論或決定的。……對話是雙方共同追求了解,同情和欣賞的過程。」**❷**對話應該是雙方一起的真正的探索,對話把人聯繫一起,建立一種充滿關懷的人際關係。

「實踐」（關懷）是傳統女性生活所經歷的,因女性常較男性更多被賦予照顧孩子、病人,和老人的責任。這種關懷的實踐經驗是全面發展的人性所不可缺少的。**❸**因此道德教育需要設計和準備讓學生實踐關懷,卻不能將這些實踐打分數作評估,引出競爭。

「肯定」是要求人在每一個遇到的人身上發現可取可讚美的優點,這是對他人的確認與鼓勵。但這不應是一種功利主義的策略,而是建立在深刻的關愛的行動上。**❸**

這四方面對道德教育都十分重要。而關懷倫理是發展情感的倫理。由此她們認為在班房中培養關懷的關係是道德教育的核心。學校可以透過課題（project）使年長學生幫助年幼學生,以培養關懷,進而成為社會義工。**❸**

駱婷詩也指出,從關懷倫理的角度出發看,道德教育不是一個

---

❸ 　同上,頁 22。

❷ 　同上,頁 23。

❸ 　同上,頁 24。

❸ 　同上,頁 24。

❸ 　Noddings (1995). "A Morally Defensible Mission for Schools in the 21st Century", Phi Delta Kappan 76 (Jan. 1995), p.365-368.

學習各種原理的課程，而是引導每一學生過道德的生活。❸❻她主張推行道德教育須圍繞著關懷而重新建構，由關懷自己，關懷親愛的他人，到陌生人，到地球上的其他人；由自然世界和非人之生物，到人做物，到觀念。❸❼駱婷詩批評我們的社會重視與男性相關的職業而忽視與女性相關的職業與活動，她強調所提倡的新教育模式是高度讚美傳統的女性職業。❸❽而傳統的女性職業與活動如護士、褓姆，最需要實踐關懷。

學校推行道德教育，從關懷模式的角度看，師生關係成為最重要的因素。教師是關懷者（carer），學生是「被關懷者」（cared-for）。「被關懷者」也有他的份事，同時被培養成為關懷者。

6. 品性教育的重建
——從尚智轉向美德內化於性情的教育

如前所說，美國在二次大戰前的道德教育基本是品性教育（Character Education），是建基於宗教權威、宗教信仰與感情的一種品性教育。在經過三、四十年代權威研究對品性教育的否定，五、六十年代道德教育的低沉，及後新的道德教育模式彼落此起之際，

❸❻ Noddings (1988). *An Ethics of Caring and Its Implications for Instructional Arrangement.* Center for Educational Research at Stanford. School of Education, Stanford University.

❸❼ Noddings (1995). "Teaching Themes of Care" *Phi Delta Kappan* 76. (5): pp.675-679.

❸❽ Noddings (1992). *The Challenge to Care in School – An Alternative Approach to Education.* Teacher College Press. p.51.

品性教育重視美德培育的傳統再次以新的形式興起。品性教育在過去二十年是美國學校最廣泛採取的道德教育模式之一，直至現在品性教育仍在不斷發展中，是當前美國道德教育最大勢頭的模式。主要代表人物有班奈（William J. Bennett）、李安（Kevin Ryan）、李克納（Thomas Lickona）。

　　品性教育強調教育兒童美德，培養他們有良好的行為。與前三種模式比較，品性教育雖然並非不關心道德推理與評價的過程，他們更重視道德教育的內容，把重要美德內化為人的性情，他們認為是可以有一些重要和普遍的美德，是人類社會所不可缺少的美德。前三種模式基本上是進步主義教育思想的，而品性教育則屬於以美德為中心的教育。這一派的德育思想在上世紀八、九十年代復興，一方也因為這一派的重要人物班奈曾做過美國國家人文學科基金（National Endowment for the Humanities）的主席，也做過教育部長，在他作教育部長期間亦大力支持品性教育。所以品性教育在學校教育中是具相當廣泛影響。

　　李克納（Thomas Lickona）是這一派最重要的理論家，他明白的說美德教育是民主的基石。在面對社會道德日趨敗壞的情況下，李克納認為學校一定要做一些事情教給孩子們正確的道德價值。在他的《品性教育》❸一書的第三章中，李克納指出學校應該培養學生兩項偉大的道德價值：尊重（respect）與責任（responsibility）❹，其他

---

❸　Lickona, Thomas (1991), *Educating for Character,* Bantam Books.亦有譯作《美式課堂》。如劉冰、董曉航等譯：《美式課堂：品質教育學校方略》（海口：海南出版社，2001）。

❹　Lickona, Thomas (1991). *Educating for Character.* p.21.

優良的道德素質如誠實（honest）、公平（fairness）、容忍（tolerance）、仁慈（compassion）、慎思（prudence）、合作（cooperation）等，都從此兩項美德中引申、衍生。❹優良品格，根據李克納的說法，應包括知善、欲善、行善，所以是要養成心智的習慣（habits of mind）、心情的習慣（habits of heart），與行動的習慣（habits of action）。心情的習慣，就是道德情感的培養。此三者對形成道德生活是很重要的；也就是道德的知、情、意三方面皆須培養。三方面引申有下列的內容：❷

道德知識包括：道德醒覺（moral awareness）

道德價值之知（knowing moral values）

採取觀點（perspective-taking）

道德推理（moral reasoning）

抉擇（decision-making）

自我認識（self-knowledge）

道德情感包括：良知（conscience）

自尊（self-esteem）

同情（empathy）

好善（loving the good）

自制（self-control）

謙卑（humility）

道德行為包括：能力（competence）

---

❹　同上，頁 40-45。

❷　同上，頁 51。

意志（will）

習慣（habit）

換言之，李克納（Lickona）認為要養成良好品性，便須培養好上列各種品性與能力。現時在美國宣稱推行品性教育的團體不少，甚至有些是商業的謀利團體。各個團體所列舉教授的美德多少不一，有多至列舉三十種美德的，也有只列舉三數個基本的。如約瑟遜倫理機構（Josephson Institute of Ethics）❸，也是一個美國全國性推動品性教育的團體，他們提出了品性的六支柱（Six Pillars of Characters）；就是：

i) 誠信（Trustworthiness）

ii) 尊重（Respect）

iii) 責任（Responsibility）

iv) 公平（Fairness）

v) 關懷（Caring）

vi) 公民性（Citizenship）

這時期的品性教育有別於以前的品性教育，在於強調一些超越於宗教、政治、種族、風俗的共通價值。當前品性教育仍在發展中，成為繼道德認知發展理論後的最具影響的德育模式。

這一派在實際教學方法上也善用寓有道德意義的寓言與故事的講述，這些故事都有明確的是非觀念，往往以幼童為對象。班奈

---

❸ 該會於 1987 年成立，擁有美國全國五百個團體會員。網址是：www.josephso ninstitute.org。

（Bennett）更編寫了一整本寓道德教訓的故事書。❹故事是多關於人生的經驗遭遇，而非像以前多關於宗教或上帝的。對兒童的道德教育，也重視反復的訓練以使他們形成良好的情感與習慣。正如李克納在其所著的《品性教育》中所提到的教學方式，在學校裏，老師應作為施愛者、道德楷模，對學生作出針對性指導，幫助學生正確認識作弊的錯誤，應重視學生的道德紀律，培養學生合作的精神，鼓勵學生進行道德思考。校園及教室應被建設成一個道德的社區。學校、家長與社區應共同協作。

這種新復興的品性教育，尚在積極發展中，這一輪的新的品性教育，至少衝破了宗教的狹隘與限制，為學生帶出明確的道德內容。梅菲（Madonna M. Murphy）在她的《美國藍帶學校的品性教育》（*Character Education in American's Blue Ribbon Schools – Best Practices for Meeting the Challenge*）❺中，把美國最好的中小學——「藍帶學校」（Blue Ribbon Schools）的品性教育的開展情況作多次考察，提出報告，發現他們取得一定的進展與成果。然而，到目前為止尚未有實證研究足以證明這一輪的品性教育的道德教育效果之確定無疑。

7. 美國當代道德教育發展趨勢的啓示 ——情智雙彰

從上述的四種德育模式，可以看出，道德教育從偏重於理智的

---

❹　Bennett, William (1995). *The Moral Compass*. Linda Micheals Ltd.

❺　見周玲、張學文譯：《美國「藍帶學校」的品性教育——應對挑戰的最佳實踐》（北京：中國輕工業出版社，2002）。

尚智主義趨向於重視關懷的道德情感與性情培育的發展。在道德教育上，把智與情二分對立的做法是值得懷疑的。價值澄清法與道德認知發展理論明顯的是排除了道德情感的重要性。道德理智和道德情感是同樣重要，兩者不必相對立。任何道德教育理論與模式，都必須給予理智與情感應有的位置，才能充分說明人類道德的實踐。在上述介紹的德育模式當中，女性主義關懷理論的道德教育與品性教育在強調關懷情感與形成內在品性的重要性的同時，相對地能超越情與智的二分與對立，也明確肯定理智作用的重要（下文再及）。

　　價值澄清法既承接了上世紀三十年代以來英美的顯學邏輯實證論與分析哲學的基本假設，像艾爾（A.J. Ayer）和史蒂文森（Stevenson）的情感主義道德論（Emotive Theory of Morality）一樣，認為價值與道德之判斷只反映了個人心中的喜惡之情感，因此純粹是個人的和主觀的。❹價值澄清法既不認為可以有客觀或絕對的價值標準，故是價值相對主義的立場，因此道德教育並不是要教導學生一套客觀的價值與道德標準，其根本目的是要使學生在複雜社會環境中，培養一種分析能力，以自覺了解自己的價值選擇而無悔。價值澄清法是提供一套公式或步驟，幫助學童對自己的價值選擇作出分析。這種只重評價過程與分析能力的德育或價值教育，究其實，是不折不扣的尚智主義下只重認知能力與技巧的培養，忽視情感教育在道德教育中的重要性。表面看來，價值澄清法像很重視個人的珍

---

❹　劉國強：〈普世倫理之尋求與道德哲學的更高綜合試探——儒家倫理哲學的資源〉，見國際儒學聯會編：《儒學與當代文明——紀念孔子誕生 2555 周年國際學術研討會論文集》（北京：九州出版社，2005），卷四，頁 1803-1818。已選輯於本文集中。

視（prizing）感情，故當 1966 年雷斯（Raths）等人發表價值澄清法後，曾被批評其理論減弱了倫理學一向所強調的理智作用，而把價值判斷歸約為只是個人情感的表達。當然，這只是一個誤解，價值澄清法所重視的珍視，只是理智分析所考慮的條件，卻並非要考察情感是否適當或應有，以及要如何培養學生的情感或普遍情感。對價值澄清法的推行者而言，只要一個人在理智分析後，自覺無悔的作出一抉擇，珍視這一抉擇，道德教育在這裏止步，不能再做任何事情。一個學童經多次思考分析後仍無悔於不告發自己的要好同學在考試時作弊，或甚至無悔於協助他作弊，因為他太珍視雙方的友好關係，主張價值澄清法的也只好尊重，對這學童亦無可如何，也不能指責。故不少家長埋怨價值澄清法根本沒有讓孩子知道什麼是對錯。正因為這種德育理論無法建立義憤之普遍情感在德育中的重要性，不了解道德情感或普遍情感❹的培養的必須。

柯爾伯格的道德認知發展理論，一方固然要擺脫價值相對主義與獨斷主義的窠臼，既解釋人們在不同的道德認知序階而有不同的道德標準的事實，也指出了道德認知序階的升進以至於最高序階所肯定之普遍道德原則（如公正 Justice）的共通性，因人的道德認知發展有共同的結構性，越高序階中所肯定的道德原則之越具普遍性與客觀性。

柯爾伯格冀圖解決相對主義的困難，無可否認是針對價值澄清

---

❹　普遍情感，意指眾人皆應有的情感，如仁愛、孝敬、義憤等。

法的❹，但實際上柯爾伯格的道德認知發展理論，並非與價值澄清法完全相對立。兩者共同的是把道德價值的決定看成是理智優位認知優位的，情感在他們的理論系統中差不多是沒有甚麼位置。明顯的，在柯爾伯格看來，道德的提高，在於學童的認知能力的提高，所以據他的理論而設計的道德教材與方法，都是圍繞著如何促進兒童的認知能力發展著眼——由低序階向高序階升進。柯爾伯格解釋他的理論稱為「道德認知發展理論」的原因時說：

> 這種觀點之所以被稱為認知的，是由於它認識到：道德教育猶如理智教育，是以刺激兒童就道德問題和道德決策從事積極的思維為基礎的；它之所以是發展的，是因為它認識到，道德教育的目的就是促進各個階段的發展。❹

認知的與情感的分別，其中最重要的一點，是一切知識都是抽象

---

❹ 柯爾伯格曾強烈批評價值澄清法。他指出，價值澄清法的合理性只能以「一切價值都是相對的」和「一切價值都是個人的」為前提條件，如果將道德教育「嚴格地局限於價值澄清還會陷入一種主張『倫理相對性是真的』的實際教學之中。」見 Kohlberg, L. & Turiel, E. (1971), Moral development and Moral Education. In Lesser, S.G. (Ed.). *Psychology and Educational Practice,* pp.410-465. 中譯轉引自郭本禹：《道德認知發展與道德教育——科爾伯格的理論與實踐》（福州：福建教育出版社，1999），頁 182-183。

❹ 郭本禹：《道德認知發展與道德教育——科爾伯格的理論與實踐》（福州：福建教育出版社，1999），頁 183。Kohlberg, L (1980), 'High School Democracy and Educating for a Just Society', in R. Mosher (eds.), *Moral Education: A First Generation of Research and Development.* pp.20-57, 20.

的、共相的、概念的，而情感則是具體的。情感是具體的，也就是說情感是在具體中存在。離開了具體，也沒有情感可說。道德的完成，也必須在具體的存在中完成。如何由道德知識、道德判斷進而產生道德實踐、道德行為——即道德的真實存在，這便須有情感的作用，而這正正是柯爾伯格道德認知發展理論所忽視而備受批評的。雖然在備受批評後柯爾伯格也承認情感也是道德的組成部分，但實際上情感也仍然是次要的，正如郭本禹對柯氏的批評說：

> 科爾伯格〔按：即柯爾伯格〕的道德認知發展理論從根本上說，還是過於強調道德判斷的認知成分，輕視道德判斷的情感成分。即使他後來堅持情感是道德判斷的一個組成部分，但他還是用認知的觀點來解釋情感的，這樣等於沒有情感……他沒有闡述清楚道德認知與道德情感的關係以及道德情感究竟在道德發展中起甚麼作用的問題，他沒有把道德中的知情有機地結合起來。❺⓪

柯氏的主張使道德變成純然是一種思考的程序，道德教育就純粹是一種道德認知與道德判斷能力的發展。但道德的知不必然產生道德行為或道德實踐，這差不多是一種常識的共許。

女性主義關懷倫理正正能把握柯爾伯格所忽視之處，了解道德具體地存在於關係與關懷中，道德的體驗、道德的實踐，除了是知外，也是一種情，是知與情的融合。所以駱婷詩說：

---

❺⓪　同上，郭本禹（1999），頁 227。

　　將基本實體視為關係，是假設有一種基本感情伴隨著我們對
關係的認知。❺

姬莉芹與駱婷詩能夠從柯爾伯格所忽視而為傳統女性較多體驗的關
懷情感中，看到了解道德與引發道德實踐的關鍵：就是在實際關係
中的關懷情感。駱婷詩指出：

　　關懷是人處於關係中的一種存有狀態。而不是一套具體的行
為方式。❺

所以駱婷詩也強調關懷是「生命的最終真實」。❺雖然，對女性主
義關懷倫理的理論家們，道德教育並不只是教學生一套行為方式
──不管如何具體和完備的規則與方式，而是他們在關係中的真情
實感──關懷，也就是在關係中的真實存在，因此離開真實的關
懷、真實的道德情感，亦無道德可言。雖然如此，駱婷詩顯然自覺
到她們的理論並不是擺向鐘擺的另一端，要否定認知能力或理智的
重要，或要建立一種情感主義。駱婷詩明白的說：

---

❺　Noddings (1984). *Caring: A Feminine Approach to Ethics & Moral Education*. University of California Press. p.133；方志華：《關懷倫理學與教育》（臺北：洪葉文化公司，2004），頁 28。

❺　Noddings, Nel (1992). *The Challenge to Care in School – An Alternative Approach to Education*. Teacher College Press. p.17.

❺　Noddings (1984). *Caring: A Feminine Approach to Ethics & Moral Education*. p.23.

以關懷為基始的教育進路，並不反對理智。❺

情感主義者，我不接受這樣的稱號。雖然倫理及道德教育都
建基於感情關係。……任何人不能取消道德行為中的思想與
推理，我並沒有企圖這樣做。❺❺

可見駱婷詩在建立具體關係與關懷情感對道德教育與教育的重要的
同時，她並沒有把情感與理智對立起來。

　　另方面，大多數品性教育的教育家們，對價值澄清法與柯爾伯
格的道德認知發展兩難推理進路皆持否定態度。❺❻指這兩種進路猶
如打不破的鐵甲，導致 1960 及 1970 年代間道德教育所以失敗。兩
種偏重分析與推理的模式雖有不同，在品性教育家們心中，都同樣
引致道德混亂與及把不良行為合理化。❺❼在列出道德教育應有的假
設時，李安（Ryan）與李克納（Lickona）顯然是針對價值澄清法與柯
爾伯格的道德兩難推理，指出「道德行為不僅是源自理性與認知因

---

❺　同上，頁 19。

❺❺　Noddings (1984). *Caring: A Feminine Approach to Ethics & Moral Education.* University of California Press. p.171.

❺❻　Lockwood, Anne T. (1997). *Character Education: Controversy and Consensus.* California: Corwin Press, Inc. p.7.; Ryan, Kevin & Lickona Thomas edited (1992). *Character Development in Schools and Beyond.* The Council for Research in Values and Philosophy. 2nd Edition. p.10.

❺❼　Lockwood, Anne T. (1997). *Character Education: Controversy and Consensus.* California: Corwin Press, Inc.. p.9.

素，而是同時源自道德人格中情感素質與認知歷程」⑱他們強調：
「我們認為情感因素是構成道德知識與道德行為的主要橋樑。」⑲
品性教育肯定情感因素的重要，也輕而易舉地解決柯爾伯格的道德
認知發展理論所面對的嚴峻批評：如何解決從認知到實踐的困難。
李克納（Lickona）回歸到亞里士多德（Aristotle）的傳統，主張道德生
活牽涉到知、情、意三方面，故道德教育在三方面都須有所培養。
跟從李克納學習品性教育 26 年的史密韓生（Phyllis Smith-Hansen），
也是李克納創立的品性教育中心的董事，積累了從事中學教育 20
多年的經驗，她看到了現時的鐘擺正擺向品性教育。⑳從關懷倫理
模式到品性教育模式，的確展現了重回重視道德情感的鐘擺。然
而，無論關懷倫理模式或品性教育模式，都沒有否定理智的重要。

今日在美國推行品性教育的團體，也良莠不齊。品性教育也是
一種美德教育的模式。這一輪的品性教育，是相當自覺地避免權威
主義的灌輸模式，而且也吸收到價值澄清法的討論與道德認知發展
理論的兩難的推理，做到了情智並重。上文所引李克納（Lickona）
關於青少年心智習慣之內容，即明顯的看出當前的品性教育模式並
沒有忽視理智的重要性。

---

⑱　Ryan, Kevin & Lickona Thomas edited (1992). *Character Development in Schools and Beyond.* The Council for Research in Values and Philosophy. 2nd Edition. p.14.

⑲　同上，頁 19。

⑳　Smith-Hansen, P. (1997). Character Education in the Classroom. In A. T. Lockwood (ed.). *Character Education: Controversy and Consensus.* Thousand Oaks, CA: Corwin Press. pp.38-47.

8. 總結

在回顧美國道德教育歷史及上世紀六十年代美國道德教育的衰敗與開始復興，和出現了的各種新的德育模式，整體而言，我們不能以為美國有識之士不重視道德教育。二次大戰後，道德教育的衰敗有其各種科技、經濟、政治、社會、哲學發展變化的客觀因素。雖然並非刻意的揚棄道德教育，正如品性教育家所指出的，是偏向的尚智主義加速美國道德教育的衰敗，這也顯然為美國帶來了惡果，青少年行為失控與道德滑坡、「道德盲」的情況每況愈下。

這對於中國應該是有警惕作用的。若有意無意間以為是新時代新世紀道德教育不需要了，道德情感的培養不重要了，那將會步美國後塵，惡果很快便應驗於青少年人行為的敗壞上。中國十三億龐大人口，固可以是資產，如果人的道德素質敗壞，中國龐大的人口卻會加重中國的困難與禍患，只會成為更大的負資產。因此，當政者及教育者須自覺道德教育的重要。然而客觀的形勢，資訊時代全球化發展，中國人也重覆面對美國二次大戰後的一些相同的問題，比如知識技能的重要使學校教育越見偏重於知識技能的教育，越發使價值教育、道德教育（尤其道德情感與性情的教育）、以及人文教育邊緣化。全球化與資訊發展，使中國人也同樣面對多元觀點，及多元價值，使道德標準以至道德教育不易統一於共同標準與共同模式。若只採取行政手段，通過權力灌輸統一的觀點統一的道德標準，則道德教育之效果是否理想，或只流於口頭效果，像美國上世紀三十年代末哈桑（Hugh Hartshorne）與梅（Mark A. May）的研究所顯

示的那樣，在宗教權威下，道德價值未必能真正內在於人心❻。再者，中國人百多年來追求富強至今仍然是億萬中國人的心願。因此在追求經濟發展的同時，商業社會中的利益至上，冷漠、虛假，與及物質追求、官能刺激，也使社會的大環境不利於道德教育的發展。這樣說也並非要主張泛道德主義，或走另一極端回到老子所嚮往的「小國寡民，使有什伯之器而不用，使民重死而不遠徙，雖有舟車無所乘之……鄰國相望，雞犬之聲相聞，民至老死不相往來」（《老子》，第八十章）的社會，這也現實上不可能。

中國在發展，若不早為之預，將會同樣面對西方先進國家面對過的問題。香港社會較中國發展快一步。過去殖民地政府重視英文教育，向西方先進國家亦步亦趨（現在仍是），道德教育也只是口頭上重視，追求價值中立或以價值中立為藉口避免道德責任，成為「現代人」的潛台詞。香港教育當局自 1981 年發佈了《學校道德教育指引》後，一直從未再對道德教育作檢討。香港的青少年一代，雖未至發展至美國同輩的惡劣程度，但如李克納（Lickona）在其名著《品性教育》（*Education for Character*）一書開首所列出的十種「（美國）青年人令人不安的道德趨勢」，香港青少年在相當程度上都有相類的表現。該十種趨勢是：

i) 暴力與破壞行為

ii) 偷竊

---

❻ Hartshorne, Hugh & May, M.A. (1928,1929, 1930). *Studies in the Nature of Character*. Vol.1. *Studies in deceit*: Vol.2. *Studies in service and self-control: Vol.3. Studies in organization of character*. New York: Macmillan.

iii) 作弊

iv) 蔑視權威

v) 暴虐同學

vi) 執迷頑固

vii) 粗話

viii) 性早熟和性虐待

ix) 自我中心意識不斷增強，公民責任感不斷減弱

x) 自毀行為㉒

中國的青少年，會不多久像香港的，繼而像美國的青少年嗎？

知道早為之預，問題仍未解決；早為之預，可以是知道道德教育之重要。但如何教呢？選取美國當代那一個道德教育的模式呢？還是只求恢復中國自己傳統的模式呢？

這顯然不是可以簡單回答的問題。中國傳統社會的道德教育在落實上是偏重權威主義，以教師為中心。中國的道德教育可以吸取傳統的重道德情感重不容已之情的精神及內容，也宜參考吸取西方如美國當代道德教育模式中重理智的成分。比如說，如果我們不取價值澄清法的相對主義，不取其混淆道德價值和一般非道德價值的個人喜好取捨，則在道德教育上，培養青少年人自覺選擇與充分肯定個人的道德價值抉擇，這種訓練，由初中開始加強，也實在需要。此种對價值選擇的思考與澄清，其作為訓練初中及以上的學生

㉒ Lickona, Thomas (1991), *Educating for Character.* pp.13-19。中譯參考劉冰、董曉航等譯：《美式課堂：品質教育學校方略》（海口：海南出版社，2001），頁 11-17。

的道德推理道德思辨能力，也有其必要。此派的教學方法亦有足供參考者。

　　柯爾伯格提醒人們的道德是有發展序階的，使我們可以減去中國傳統讀書人常以聖人為鵠的，而不少時候忽略了階段與發展的意義，而變成迂腐。事實是，在孔子原來精神中，並非沒有發展的意義，孔子自述其道德生命的進展亦說：

> 吾十五而志於學，三十而立，四十而不惑，五十而知天命，
> 六十而耳順，七十而從心所欲不踰矩。（《論語·為政》）

本文作者在另一文中❻亦曾指出柯爾伯格道德認知發展理論是有著人性論的假設，因為道德認知發展最終達至於對普遍道德原理的認識，這可與儒家孟子性本善論比附而論。因此柯氏理論可以作為加強儒家倫理及道德教育理論的實證性有效性的支援。

　　關懷模式的發展，最重要是帶出了情感在道德與道德教育的重要性，也加強了道德在人與人關係中顯現的意義。此人際關係、人倫關係，素為儒家所重視，儒家從開始點並沒有把理智與情感對立而論。孔子的仁教，「仁」本身就是情，但也是理。對他人不忍心便是仁，不忍就是情，情確是在具體關係中出現。但仁也是理；是理，因為是普遍之情。美國人以至西方人都未能像儒家見及仁也是

---

❻　劉國強：〈道德教育及其人性論基礎〉，劉國強、李瑞全編：《道德與公民教育》（香港：香港中文大學香港教育研究所，1996），頁 41-56。已輯於本文集。

理、情可以是理。西方的傳統往往視情與理是對立的。的確，道德的實踐往往需要情的動力。由此關懷模式理論與儒家在方向上有很大共通處，而可以進一步相互發揮者。

至於品性教育，儒家歷來就是一種性情之教，是一種品性教育、人格教育；中華美德教育，就是一種品性教育，是美德內化於品性的教育。因此我們可以從美國的品性教育中得到不少啟發與資取。最重要一點值得注意的，是美國的道德教育由價值澄清法模式、柯爾伯格道德認知發展理論模式，轉到關懷模式、品性教育模式，是美國的道德教育的一個轉向，是主知或尚智主義向情與品性的轉向，在中國人的歷史文化背景下看，是美國式道德教育向儒家的性情之教匯流，雖然美國人不一定會同意。但其品性教育確較以前接近中華美德的傳統。中國的發展、強大，加強中華美德教育、中華文化教育及其改進，將會帶來人類世界的轉向。這不是妄自尊大。在我們擬推行中華美德教育時，在童蒙開始誦經、誦詩，通過故事，歷史榜樣，培養感通之情，不忍之心與自尊心，正義感的同時，我們亦必須參考資取他人的，比如說我們可以從中華傳統中選取基本的一些美德，但不要是封閉式、教條式的，或成了一種僵化的概念，初中及以上的階段宜加強像認知發展與理智批判之能力，以加強對青年道德理智的培養。但中華傳統美德也切忌變成了一些純粹抽象的原則，脫離了人生實況與實際情感。願我們共同努力！

道德教育及其人性論基礎

　　本文的目的在扼要申論在面對道德教育的困局中，仍須注重道德教育的人性論基礎，不同的人性論即衍生不同意義的道德教育。柯爾伯格（Lawrence Kohlberg）的道德認知發展理論也假設了一種能向上超越而致廣大的人性論，此可與儒家的人性論相比觀，以見出道德教育的真正意義及其完成，是在於人充分發展對普遍道德價值之自覺，道德教育必須建基於一種肯定超越性或向於普遍性作為人的本質特性的一種人性理論。

1. 中西傳統皆重視道德教育

　　任何認真看待教育的人，都會肯定道德教育的重要性。如果完全去除了道德教育的成分，教育則不成其為教育。中國教育傳統以道德教育為核心自不在話下。孔子言「吾十有五而志於學」（《論語・教政》）之「學」，即指成德之學言；孟子以學在「求其放心而已」（《孟子・告子上》，即重在尋回放失之心），學是「所以明人倫」（《孟子・滕文公上》）；荀子以學「始乎為士，終乎為聖人」（《荀子・勸學》）；《大學》篇首即以「大學之道，在明明德，在新民，在止於至善」為教；朱子推重古人為學之意，謂：「古昔聖賢所以教人為學之意，莫非講明義理，以修其身；然後推己及人，非徒欲

其務記覽為詞章，以釣聲名取利祿而已。」❶「聖賢千言萬語，只是教人明天理，滅人欲」❷；王陽明亦云：「學校之中，惟以成德為事。」❸逮至民國肇始，蔡元培提倡五育，其中的道德與公民教育被重視為「軍國民教育」及「實利主義教育」之本。❹當代新儒家唐君毅先生。繼承了重視道德教育的儒家傳統，強調教育之目的是「在成就他人人格之進步以延續文化」❺。

在西方傳統，正如杜尼與奇利（Meriel Downey & A.V. Kelly）指出，從最早期開始，道德教育即已成為教育的中心❻。希臘蘇格拉底（Socrates）、柏拉圖（Plato）即以最高之知識亦為對善之知識。亞里士多德（Aristotle）則以美德解釋幸福，教育的主要職能在於發展美德❼。中古千多年來基督教的傳統即以教育的中心工作是品格的培養。十七世紀的教育家夸美紐斯（Johann A. Comenius）強調，課程必須包括使人智慧與美善的科目。洛克（John Locke）認為美德是教育中最堅實及最有價值的部分。十八世紀德國教育家赫爾巴特（Johann F. Herbart），甚至認為教育的唯一及全部工作即在「美德」

---

❶ 朱熹：《白鹿洞書院教條》。

❷ 朱熹：《朱子語類》卷十二。〔宋〕黎靖德編（北京：中華書局，1986）。

❸ 王陽明：《傳習錄中·答顧東橋書》。

❹ 蔡元培（1912）：〈對教育方針的意見〉，陳學恂主編：《中國近代教育文選》（北京：人民出版社，1983）。

❺ 《唐君毅全集》卷二十，頁 615。

❻ Meriel Downey & A.V. Kelly(1978). *Moral Education – Theory and Practice*, Harper & Row. p.8.

❼ Brumbaugh , R.S., & Lawrence, N.M. (1963). *Philosophers on Education*. Boston: University Press of America. p.53.

的概念上❽。當今的分析派教育思想家皮德思（R.S. Peters）與赫斯
（P. Hirst）分析「教育」的概念時，即指出教育必須包涵價值之意
義❾。道德教育研究的泰斗柯爾伯格亦明言：「不論教師們喜歡與
否，他們都是道德教育者（或壞教育者），由於他們都是課室中引動
道德風氣的『隱蔽課程』（hidden curriculum）的創生者。」❿從以上
對一些中西傳統上重要教育家的觀點的陳述，足見不論中國或西
方，道德教育都是極受重視的。可是今天道德教育正面臨著極大的
困難。

2. 當前道德教育面對的困難

今天，知識爆炸，知識的傳授成為了學校課程中最重要的環
節，德育普遍受到忽視。家長、社會大眾，以及教育工作者們，多
少都有種「德育淪亡」之感。這種感覺與青少年越來越缺乏教養、
趨於暴力、吸毒、濫交、不守規則、粗言穢語、毫無禮貌、自私自
利、好逸惡勞有關。也因此無論是教育工作者、家長，或是社會大
眾，都多少意識到道德教育的重建是急不容緩。

雖然大家都知道道德教育的需要與迫切性，然而，在今天來
說，推行道德教育所面對的重重困難，卻是史無前例的。這些困難

---

❽ Good, H.G. (1960). *A History of Western Education*. New York: Macmillillan. p.256.

❾ Peters, R.S. & Hirst , P.H. (1970). *The Logic of Education*. London: Routledge & Kegan Paul. pp.17-41.

❿ Kohlberg, L. (1981). *The Philosophy of Moral Development*. San Francisco: Harper & Row. p.1.

包括：

i) 各類知識課程繁重，術科太多，使德育課程所能佔用的時間十分有限。

ii) 在現代商業社會中，物質主義、享樂主義與功利主義普遍盛行，導致社會道德意識低落。而且，商業社會金錢與利潤掛帥，傳媒內容帶來不少巨大而負面的影響，使教師在學校裏的努力事倍功半。

iii) 教育普及化，雖一則表現了社會的進步，卻也帶來師生人數比例下降，同時足堪人師更見罕貴。在大班教學中，師生關係淡薄，正如梅菲臘（Philip May）所說：「教育基本上是教師與學生間關係的事情，是一種關乎道德的事情。」❶則在師生關係淡化的情況下，倡言道德教育很多時只成了點綴式的空談。

iv) 當今道德教育所面對的一個最大的困難，是知識的發展，也帶來了道德標準有各種不同的理論與觀點，既相互衝擊，也使相對主義（relativism）流行。教師雖身負道德教育、價值教育的重任，但他們自己難於毫無疑問地抱持某種道德標準或價值觀。由蘇格拉底以來所面對的有關道德教育的一些基本問題，如：道德是否可教？教些什麼？如何教？這問題今天更顯得複雜，而沒有一個簡單的答案。現代的教師在自覺或不自覺間似乎都要避免走進任何獨斷的窠臼，也因為他們希望盡量做到中立與客觀。看來正因這樣，現今的教師在多元價值的衝擊下，對道德教育感到有心無力，鮮有像西方中古基督教教士在灌輸上帝的訓令予學生時，或中國傳統士大

---

❶　May, P. (1975). *Moral Education in School*. London: Methuen Educational. p.5.

夫在說教禮、義、廉、恥及五倫關係時，所表現的堅決與勇往直前的態度。基督教教士和中國傳統士大夫都對他們的宗教或傳統的道德規條及價值觀深信不疑，道德教育是教什麼對他們來說是清楚明白的。但「道德教育」一詞對現代教師卻是不清晰的，因為他們對道德的性質與道德標準沒有清晰的想法。

3. 道德教育與人性論密切相關

要推行道德教育，固然須接觸思考到道德標準的問題。然而要徹底地思考道德教育的問題，便無法避免地須就道德教育與人性論一併作出思考。因人性論往往與道德標準密切相關，不同的人性論會衍生對道德標準不同的看法。

不是一切的人性理論都必然肯定道德教育的意義。道德教育之有意義，必須肯定人性中具有意志自由這一前提，任何否定人性中的意志自由，皆不能建立道德。若對人性持一種決定論（determinism）或宿命論（fatalism）的觀點，均足以使道德教育以至教育變得毫無意義。

又或對人性為善為惡持有不同的觀點，即可引申到對道德教育在內容上及方法上有不同的看法。像孟子、盧梭（Rousseau）或尼爾（A.S. Neill），皆以人性為善，他們的道德教育的共同點，即重在引發受教者的本性，重自發、自然及本性的充分發展，也重視人的自由及主體能動性。相反的，像荀子，像基督教的教育傳統，或像霍布斯（T. Hobbes），或如行為主義者史堅納（B.F. Skinner），視人性基本為惡，為具原罪，或完全受外在條件之控制，則在道德教育上更重外在的規條與樊籬，重禁止、懲罰或控制的方法。總言之，對人

性有不同的看法,即會引致對「什麼是道德教育?」、「教些什麼?」及「如何教?」或「道德教育是否可能?」有不同的見解。

4. 幾種重要的人性理論及其對道德教育之含義

道德教育之一重大困難,固然是因為有不同的道德哲學,不同的道德標準,正如莊子所云:「彼亦一是非,此亦一是非。」(《莊子·齊物論》)然要反省道德教育道德標準須建基於何種人性理論時,問題也不見得簡單,因為在思想史上有各種不同的人性論,有些甚至觀點互相矛盾。以下扼要說明幾種重要的、不同形態的人性理論及其在道德教育上的不同含義。

4.1. 柏拉圖 (Plato 427-347 B.C.) 的人性論

柏拉圖的人性理論可以代表西方希臘時期的人性觀。柏拉圖以人由肉體及靈魂組成,人的靈魂由三部分——即情慾 (appetitive)、意志 (spirit) 與理性 (reason) 組成❷。情慾、意志不能完全脫離物質身體,理性則可以完全脫離物質成分,是人的最重要性質。

根據柏拉圖的人性論,道德教育的目的便是尋求人靈魂中各種成分的和諧,這種狀態便是公義 (justice) ❸。理想或公義的人便是那些在靈魂中理性能駕御意志與情慾,以達至內在的和諧的人。故可見道德教育的目的就是培養人靈魂中之理性。而靈魂中包含理性成分越多的人,將是道德教育或教育的對象。

---

❷ *Plato's Republic.* Chapter IV. See Edith Hamilton & Huntington Cairns edited (1961). *Plato – The Collected Dialogues.* pp.675-684 (Republic, 434d-441e).

❸ 同上,pp.683-687 (Republic,441c-445b).

4.2. 基督教奧古斯丁（Augustine 354-430）的人性論

　　根據基督教聖經，是上帝創造了人及宇宙萬物的。聖經《創世記》記載，上帝按照自己的形象創造人。上帝是創造者（Creator），人是被創造者（creature）。人的存在既依賴於上帝，亦以光榮上帝為最高目的。這是基督教對人的存在及人與上帝的關係的最基本立場。中古的奧古斯丁，作為一名教士及基督教神學家，繼承了基督教聖經的最基本立場，並進一步發揮，認為：「上帝既是人之至善，……顯然的，人要追求他的至善，便要過良好的生活，良好的生活就是全心、全靈、全意的愛上帝。」❹同時，奧氏認為上帝給了人意志自由，罪惡是人運用他的自由背棄了上帝。在奧氏基督教觀點下的人性論，人既有自由，故亦有道德的責任。所謂道德，就是人選擇跟從上帝，愛上帝，這樣人才能達於至善，但人最終是否成功，還須待上帝的恩寵❺。由此可見，宗教教育的核心，也同時是道德教育的核心，即在引導人們的意志歸向上帝。愛上帝成為最高的道德律，而其中亦當包括祈求上帝的恩寵。

4.3. 霍布斯（Thomas Hobbes 1588-1679）的人性論

　　霍布斯是一個徹頭徹尾的唯物論者。他批判可以有離開身體的非物質的靈魂的存在。他說：「人是一有生命的身體。」❻他認為

---

❹　Copleston, F. (1966). *A History of Philosophy* (Vol.2). London: Burns and Oates. p.82.

❺　同上，p.82。

❻　Molesworth, W.ed. English Work, Vol.3, *Leviethan*, part 4, cf. Roger Trigg (1988), *Idea of Human Nature – Historial Introduction*, Oxon: Bosil Blackwell. p.56.

人是自私自利、損人利己的。人在自然狀態（state of nature）中是處於與一切人戰爭與敵對的關係中（every man against every man）。在這狀態中，人是殘忍的、鬥爭的，因為人求自我保存是最重要的自然慾望。因此人為了停止這種戰爭的狀態，才成立國家政府組織，由強制的法律來控制。而人願意參加國家組織，受法律的管制，也是因為考慮到人自我的利益。

在霍布斯的人性觀下，要談道德教育並沒有多大意義，因為霍氏的理論就只知有法，或謂只知有由契約而來的共同權力（common power）。此共同權力寄託於一個人或一組人身上，具有威嚇作用，以指導人們的行為合於共同之利益**⑰**。如果勉強要霍布斯來一套道德教育，便是要人認識人如何為了滿足個人要求保存自我存在及自身利益去參加國家組織，遵守法律。這將是一套完全外在化、規條化、高壓和強制性的法規教育。

4.4. 馬克斯（Karl Marx 1818-1883）的人性論

馬克斯是不承認有所謂普遍共同的人性的，所以他的人性論也可以說是一種否定人性的人性論。原因是馬克斯以唯物辯證法（Dialectic Materialism）解釋宇宙的一切存在，唯物辯證法也即是宇宙最終的法則。此宇宙大法表現於人及人的社會便成唯物辯證史觀。在這種史觀下，人的一切包括他的意識均受他的物質生活條件，或即他的生產活動所決定，這是經濟決定論。在馬克斯看來，「物質生活的生產模式決定社會、政治、精神生活歷程的一般性格。不是

---

⑰ Stevenson, Leslie. F. (1981). *The Study of Human Nature*. London: Oxford University Press. pp.91-93.

人的意識決定人的存在；相反的，是人的社會存在決定人的意識」
⑱。因此沒有普遍的人性。具體個人的人性如何，必須視乎其所處
的社會、所屬的階級而定。因此馬克斯明白說：「但人之本質不是
一種內存於具體個人的抽象的東西，人的真正本性即一切社會關係
的總和。」⑲

在馬克斯經濟決定論的理論邏輯下，道德教育並沒有真正的地
位，因為一方面所謂道德或價值觀，本身也是社會經濟條件的產
物。所謂上層建築受下層建築所決定，道德標準、價值觀，完全是
相對的。二則無論人們作何種的道德教育，教些什麼，也無法改變
歷史的必然發展──邁向共產主義社會。

然而理論歸理論，馬克斯宣稱他的理論不單在了解世界，最重
要的是要改造世界，所以也特別重視實踐。馬克斯及共產主義者卻
又孜孜於教人有所實踐，進行革命，以建立共產主義的世界，故共
產主義下的道德教育又總離不開政治目的──即加速過渡到共產主
義社會的階段。道德及道德教育變成政治的「奴婢」，為政治服
務。

4.5. 弗洛伊得（Sigmund Freud 1856-1939）的人性論

在二十世紀，對人類自我形象具革命性影響的，不能不首推弗

⑱ Bottomore, T.B., & Rubel, M. (Eds.) (1963). Karl Marx: Selected Writings in Socliology and Social Philosophy. Penguin. p.83.
⑲ 同上。

洛伊得❷。他接受科學的觀點，以人是自然的產物，人的行為基本
上是受本能的支配。這種支配可以是潛在於意識層以下的，也就是
他所謂的潛意識。本能中又以性欲之本能對人的行為具最大之驅動
力。很多表面上看似無關性欲之行為，也被解釋為性本能在受壓抑
後在潛意識中繼續影響著人們的行為。

弗氏晚年把人的人格分為三個部分：即「本我」（id）、「自
我」（ego），「超我」（superego）。「本我」是人的本能存在，
「自我」代表能推理及常識的存在，「超我」則可視為人的良知，
表現出人的道德要求。「本我」、「自我」及「超我」之間產生矛
盾，人便會患上精神病。

在弗洛伊得的人性論下，如果要推行道德教育，就是一種精神
分析（psychoanalysis）的工作，把壓抑於潛意識中東西呈現在意識的
自覺中，使人感情上保持舒暢，回復心靈的和諧和精神的健康，也
即使人格內三部分達到和諧。在弗氏看來，重點不在有什麼道德上
的應該不應該，重要的是對實際的我能有在意識層面自我認識。

5. 柯爾伯格（Kohlberg, Lawrence 1927-1987）的道德認知 發展論隱含的人性觀

從以上所舉的五種人性理論可以看到，人性理論的不同，對道
德教育即有不同的含義與影響。那我們在推行道德教育時應作何取
捨呢？道德教育應建立在哪種人性的理論上呢？若一社會的道德教

---

❷　Stevenson, Leslie. F. (1987). *Seven Theories of Human Nature.* (2nd Edition). London: Oxford University Press. p.69.

育已因文化傳統或宗教傳統的因素接受了某一種人性論，像西方中古時代，這固然不會產生像今日多元社會面對多元價值、多種觀點下所產生的混亂，但獨斷的只採取某種觀點的人性論，或未能自覺到可以有其他理論的可取性，那麼，在一種單元的權威的氛圍下所推行的道德教育，是否可取則甚成疑問。然而面對各種觀點的人性理論，推行道德教育時又如何取決呢？應視人為上帝創造，抑以人為自然的物質的演變呢？應視人為根本自私好鬥的呢？人是主要受本能欲望潛意識的驅動，抑是受社會經濟的條件所決定呢？說這種或那種人性理論更正確，作為道德教育的基礎以灌輸學生，還是一律採取相對主義的態度，各有各對，也等於不能說那種更對或那種更不對呢？

事實上，這樣的兩難基本上就是柯爾伯格嘗試要解決的道德教育上的困局——教條主義（dogmatism）還是相對主義的困局。柯爾伯格認為要打破這一困局，唯一途徑便是尋求一種建基於哲學及心理學上的「道德發展」（moral development）概念❷。而他所提出的道德認知發展的六階段論也就是尋求這樣的一種道德概念的結果。

他反對把權威的遵奉視作為社會化和道德內在化；他批評二、三十年代美國的道德教育仍然是道德袋（a bag of virtues）式的，就是把一大堆所謂道德的價值觀念灌輸給學生，期待他們因此而可以建立起道德的品格。他引證 Hartshone 及 May 在 1928 至 1930 年間，及 Jones 在 1936 年所作過的實驗研究，表明了學校中的品德教育課、宗教的主日課及童子軍的會議在「對兒童在重現生活情形的實

---

❷　同注❶，Kohlberg, L. (1981). *The Philosophy of Moral Development.* p.6.

驗中的實際的誠實和利他主義水平的提高並無顯著效果」❷。

柯爾伯格從多年來對不同文化的兒童青少年作系統及縱線追蹤式的調查研究❷，結果顯示兒童的道德認知發展有共同的軌跡可尋。他通常以一些道德兩難的例子告訴不同年齡的兒童，設下多至五十甚至一百條以上的問題，讓他們選擇答案。他發現同組年齡的兒童，縱是不同文化背景，選取的答案大致相同。他由此歸結出兒童及青少年的道德認知發展程度，可分為三層次六序階，形成了他理論的核心。

本文不打算詳細討論各序階不同的道德含義，也不打算討論柯爾伯格（1981）書中卷一第四部分所論及的第七序階的可能性和意義❷，或討論其理論備受批評的一些弱點如忽略道德感情之重要，研究過分基於假設性的兩難問題，以及偏於男性導向等。本文目的不在於此，需要強調的是，柯爾伯格指出這序階的劃分是超文化的，適用於說明不同文化兒童及青少年的道德發展，也就是說這一發展的劃分模式適用於所有人。他也指出雖然在一個人一生中不一定發展至第六序階的最高階段，有些人甚至只停留於第三、四或第五的序階，而沒有發展超越而上。就序階的發展而論，每個人都必須在經歷了低的序階，才可逐步上升至較高序階，不能跳越任何序

---

❷ 同注❿, pp.7-10. 及 Kohlberg. L. & Turiel, E. (1971). Moral development and Moral Education. In Lesser, S. G. (Ed.). *Psychology and Educational Practice*, pp.410-465.

❷ 如對五十個芝加哥兒童的調查研究，及對臺灣、印度、南非等國青少年調查研究。

❷ 同注❿，pp.307-372。

階。高層次序階涵蓋低層次序階的價值及意義，相反則不然。

柯爾伯格的「道德認知發展」理論深受杜威（Dewey）與皮亞傑（Piaget）的影響，尤其採取「發展」（development）的觀點。柯爾伯格就是要從發展的角度來看道德教育，打破教條主義與相對主義的兩難局面。柯爾伯格固然反對道德是純粹內在本能（impulses）或情緒（emotions）的展現，也不同意道德是純粹外在的文化價值的內在化❷。也就是說，道德的根本原則或標準不是在於個人主觀的感覺喜好或情緒，也不在於社會或文化上的習俗與規範。

像杜威一樣，柯爾伯格也重視在教育過程中個人與環境的互動關係。正如查柏勵（Barry Chazan）指出，柯爾伯格是要申論一種具綜合性的道德概念──建基於個人與社會的交互關係的道德概念。❷但柯爾伯格卻有與杜威不同的地方，他並非徹底的互動主義者。他的道德認知發展序階理論包含了一種普遍的人性論的觀點，即表示人具有普遍共同的人性結構，能趨向於普遍的公義原則或普遍道德原則（即第六序階）而發展，杜威的互動主義（interactionism）反對有先天固定不變的人性。在杜威看來，人性是由累積而成，是不斷變化的，是由人與環境的互動而產生的，人性會隨環境變化而改變。故杜威嘗謂：

　　人性存在且活動於環境之中，所謂「於其中」者，非如銀錢

---

❷　同注❿，pp.54-55。

❷　Chazan, B. (1985). *Contemporary Approaches to Moral Education*. New York: Columbia University Press. p.70.

之置於盒中，而若物之生長於土壤與日光中也。**㉗**

因此，在杜威而言，基於他的人性無固定論，道德原則或道德標準不免是相對性的；相對於不同的人，不同的時空環境、社會環境，相對於不同的「實用」意義，道德原則即會有所不同。

柯爾伯格對杜威是推崇備至的，然而基於他道德認知發展論所蘊含的人性論，他超越了杜威道德相對主義的窠臼。柯爾伯格雖然甚少直接就人性論的問題作出討論，然而他確曾對人性中有固定的結構或秩序作出明白的肯定。比如他說：

> 第六序階中的道德原則是責成人格的上昇，這是一種永恆的自然的法則；就是說，這些法則是人性在發展中所普遍衍生的。從心理學角度看人性，我的理論並不是說人類道德法則之觀念是來自任意的內在化，或文化上相對性的社會規範的結果，反而是普遍人性在人類共同情境下發展的結果。**㉘**

明顯的，柯爾柏格主張自然有一定的規則，而人性作為自然的一部分，亦表現一普遍共同結構或規則。柯爾格伯推崇蘇格拉底及馬丁‧路德‧金（Martin Luther King）能為公義而犧牲性命，他認同支持這些聖賢固執著公義原則，固然在於他們珍視公義，也在於他們

㉗ Dewey, J. (1922). *Human Nature and Conduct*. New York: The Modern Library. p.269. 譯文根據高廣孚：《杜威教育思想》（臺北：水牛出版社，1987 再版），頁 94。

㉘ 同注 **❿**，p.319。

對於公義原則的人性論及宇宙論基礎予以肯定。柯爾伯格認同對這些宇宙論基礎的肯定。他說：

> 公義原則不單止是在公民社會中為解決矛盾的一種社會契約，而是反映著內在於人性與自然或宇宙中的秩序。㉙

基於對共同人性結構作為道德基礎的信念，柯爾伯格深信「『道德正確』的原則（"morally right" principles）或公義決定，是所有理性的道德的人都能夠共認的」㉚。柯爾伯格在他的書中多次強調，向更高序階發展即同時表示向更高價值、更高道德的發展。他這一肯定，不單是一種建基於哲學的反省（即尋求一種人性論宇宙論的基礎），同時是有心理事實的實際研究支持㉛，這更加強了柯氏對道德教育之能建立普遍共同標準的信心，也可見他的進路不只是自上而下先作宇宙論人性論的規定，更有經驗上的心理事實自下而上作歸納所支持。

6. 儒家人性論要義

從以上對柯爾伯格道德認知發展理論的人性論基礎的剖析後，如果我們再轉回來，看看儒家思想中的人性論，及儒家人性論與道德教育的密切相關，我們可以看到柯爾伯格與儒家在人性論與道德

㉙　同注❿，p.318。

㉚　同注❿，p.193。

㉛　同注❿，p.194。

教育的關係上，有足以互補長短的地方。

在儒學的傳統裏，人性論是十分重要的組成部分，儒家道德教育的核心即在於導人實現其人性。合乎人性的便合乎道德，充分實現人性便成為聖賢。但要注意的是儒家主流所肯定的人性，並非人的物質性或生物本能層面的「氣性」，而是孔子所謂的「仁」，孟子所謂的「大體」、「良知」，宋儒所強調的「天命之性」。此「仁」或「良知」或「天命之性」，即人的本心、本性。人的一切文化、道德規條，皆自人的本性發展而出。若就其所已成就的道德條目社會規範而言，如仁義禮智孝悌忠信等等，亦可至繁複；但就其所由生的人的本性言，則甚簡易，實為一不斷推己及人的感通之情。

固然於《論語》中孔子言及人性者僅一見，即「性相近也，習相遠也」（《論語·陽貨》）。若以此認為孔子沒有肯定共通之人性，則謬矣。此人之共通性即為「仁」，故孔子有言，「我欲仁，斯仁至矣。」（《論語·述而》）「為仁由己，而由人乎哉！」（《論語·顏淵》）此等說話即表明仁乃內在於我，而為一潛藏，可立刻表現於事上。表現於事上可以至繁，然能表現的根源，則至簡。孔子言仁，在《論語》中可歸納三層意思，即一德之仁、總攝諸德之仁及作為人性本質之仁。❸❷作為人性本質之仁，則後儒如朱子加以發揮而言仁者即天地生生之理。

---

❸❷　Lau, K.K.［劉國強］(1991). An interpretation of Confucian virtues and their relevance to China's modernization. In S. Krieger & R. Trauzettel (Eds.1991), *Confucianism and the Modernization of China.* Mainz, Germany: V. Hase & Koehler Verlag. p.226.

　　孟子於孔子後言人性本善，此本善之仁即一潛藏的存在。仁作為人之性，未嘗全實現，初只現為不忍或惻隱之心，為仁之端。如見孺子將入於井而生不忍，形式地說即為人的自我超越、自我擴充而有所感通。於孺子入井之例上，從內容上說，即人超越了自我站立地上的安全穩當，而感通孺子將入於井之危險。人能有所超越而感通的內容，則可因事境不同而不同，然而能超越而感通則相同。孟子所說「人之所以異於禽獸者幾希」（《孟子・離婁下》），此「幾希」即人之仁，即人之能超越自我而感通於外，而為人所獨有，為人之為人的本性。孟子也說：「乃若其情，則可以為善矣，乃所謂善也。」（《孟子・告子上》）人之本性為善，不從其已表現已實現的內容上說：已實現的內容往往相對於不同的時空環境與對象而有不同的價值，故不能建立絕對普遍性。人的本性為善，是從人能有所感，能有所覺，「可以」為善處言。此能感能覺是超越其自己而有所擴充說，直至於道德之至高境界，「親親而仁民，仁民而愛物」（《孟子・盡心上》），「萬物皆備於我矣」（《孟子・盡心上》）。就儒家之源的孔孟解說，可見由其人性論而來的道德標準，不在外在的教條社會規範，而在人性中之能感通，能自我超越以擴充處言，亦即在人性結構上的「能」發展擴充，「能」向更普遍處說。❸❸

---

❸❸　在另一拙文《儒家人性本善論今釋》（見劉國強：《儒學現代意義》，臺北：鵝湖出版社，2001）中即就當代新儒家唐君毅先生所論，闡明人性善即為人之能超越現實自我之「超越性」，可作此處的進一步參考。

7. 人性論與道德教育之完成

道德教育，如果建立在一種沒有人性論基礎的標準上，道德教育將是浮游無根的。也不能回答「道德教育是否可能？」、「教什麼？」、「如何教？」等問題，原因是無法回答更基本的問題：「什麼是道德？」、「人根底上能否道德？。」、「為什麼要遵守道德？」

道德教育如果建立在種種的人性論：如以人根本就是物質的存在、本能的存在，或人只有社會性、階級性，或人只附屬於上帝的命令，這樣，道德教育便掉進了或則是相對主義，或則是教條主義的窠臼，道德教育無法真正完成。

道德教育的真正完成，或更確切地說，道德教育的真正意義的完成（因現實上無法絕對完成一切道德教育，除非一切人已成了聖人。故嚴格說，只是從意義或道理上說其完成的可能或基礎），必須肯定人類有普遍共同的本質特性。但這種人性的普遍特質，必然不能包括太多具體內容，不能限制在僵固的形式或內容上。儒家固能見人性的真諦在感通之能，在仁之端，由不忍之心而能推己及人，以至於「己所不欲，勿施於人」、「己欲立而立人，己欲達而達人」，此即表現了公正與道德。中國傳統社會中，倫理道德教育強調禮教規範、灌輸與教條，同樣可衍生「以理殺人」、「禮教吃人」之弊。這是因人性在特定社會環境中所展現的具體道理或道德，在社會發展過程中，習俗化、固定化而成為社會的禮教與規範。這種固定化了的禮教與規範在某層面上固然也有社會上及教化上的需要與功能，然而卻都成了外在化的道德標準，凡外在化了的道德標準都可以轉回頭

來變成對人性在真實生活中發展的限制與桎梏。成了殺人之理，吃人的禮教，有違孔孟的原始精神，也非人具體存在中由人性顯發而來的真實道德。

柯爾伯格道德認知發展理論固有不少可批評處，然其高明處，一方面肯定一普遍的人性結構，一方面在於其見出此人性結構的高度形式意義與簡單性。此如柯爾伯格強調，每一序階的升進，都表示要求公義範圍的擴大，直至達到第六序階所肯定的普遍公義原則（universal principle of justice）為止，可見支配著各序階中道德價值的高下的便是簡單的公義原則：而公義原則是普遍於所有人類的，是最高的道德原則。這些最高的道德原則並非一種特殊的僵固法則，正如查柏勵所說：

> 柯爾伯格視（普遍）道德原則為最一般性的形式命題，此類命題不支配特殊行為，但卻引生一種可以轉化出特殊規約與行為的思想模式。❸

什麼樣的思想模式能表現了人性的簡單性呢？在柯爾伯格而言，也就是可逆轉性（reversibility）。支配著六序階的公義原則，其本質就是可逆轉性，所以柯爾伯格明確的說「公義就是可逆轉性」（justice as reversibiliy）❸。柯爾伯格以下的話最能說明可逆轉性的意思：

---

❸ Chazan, Barry (1985). *Contemporary Approach to Moral Education – Analyzing Alternative Theories*. Columbia University: Teacher College Press. p.76.

❸ 同注❿，p.190。

> 一個道德判斷之為道德判斷在其一定可以作出逆轉。即我們
> 一定願意遵照自己的判斷與決定在自己與他人易位的情況下
> 生活。**㊱**

這完全是儒家推己及人的原則的另一種表述方式，也是康德
（Kant）所主張的作為自我命令的普遍道德法則之能否真正「普
遍」之一種形式決定─即須反過來問一法則是否對一切人皆可行。
故康德所承認的普遍道德法則，如「公義」、「每個人皆是目的」
也自然的成為柯爾伯格第六序階中的普遍道德原則。

　　科技的轉變帶來社會的轉變及道德的轉變，現代的道德教育再
不能採取東西方傳統式的道德教育，只著重灌輸式或指示式的權威
主義進路。因為道德不再建基於蘇格拉底和柏拉圖傳統下的人性
論，以人性中理性可獲得客觀固定的道德知識，也不建基於上帝命
令中的一種萎縮了的人性論，以至中國傳統社會的僵化禮式的道德
教育。杜尼與奇利很有見地的指出，我們對道德教育看法的改變，
是基於我們對人性產生一種與過往不同的觀點。**㊲**杜威固然提出了
人性是在人與環境互動過程中不斷發展的觀點，康德與當代的存在
主義者都強調人的存在本質與人的尊嚴在每個個體的自主性
（autonomy）。道德或道德行為的本質必須假設了人的自主性及其必
然涵蘊的人的自由性。沒有了自主及自由，則道德的意義亦不能

㊱　同注**❿**，p.197。

㊲　Meriel Downey & A.V. Kelly (1978). *Moral Education – Theory and Practice*, Harper & Row. p.14.

說。因此，以人是完全受物質的本能的因素或社會環境條件所決定或支配的人性論，便使人的存在變得被動和缺乏自主性，道德的意義在此種人性論中無法確立，道德教育在此類人性論下也只能是一種灌輸式或指示式的道德教條或道德知識教學。

柯爾伯格的第五、六序階，是人的道德自主性序階，這與孔子「為仁由己」之義相通。「為仁由己」也即以道德實踐無法由他人代替或受外力壓迫下而非由己願之情況下作出。只有一種人性論，既能肯定人的道德主體的自主與自由，同時肯定其能向上超越以達於更普遍之道或理，才足以作為道德教育之基礎。儒家與柯爾伯格無疑是肯定了這樣的一種人性論。當前道德教育固然面對不少困難，若能釐清及確立一種更符合道德教育意義之人性論，將有助於困難之解決。

全球化發展與
儒家價值教育的資源

　　近年來，「全球化」（Globalization）成為學界討論的焦點，尤其是經濟、政治、社會與教育等主要領域，都關注到全球化發展所帶來的影響。本文之目的是一方面檢視分析當前全球化發展之本質，指出是資本主義工商業文明下人的主體喪失與價值失落的進一步發展，一方面指出真實而健康的全球化之發展須建基於文化與價值的融通上，故必須輔以培養年青一代文化融通價值融通的教育；進而論述儒家成德之教，作為一種價值教育，在促進真實而健康的全球化發展，肯定是其中一重要資源。

1. 「全球化」概念

　　「全球化」（'globalization'）的概念是源自西方。在英文裏，'global'一字，已有超過四百年的歷史，但'globalization', 'globalize', 'globalizing'等字最早還是在 1960 年才開始成為一般用語。❶在美國國會圖書館，在 1987 年以前，沒有一本書討論全球化的，直至

---

❶　Waters, Malcolm (2001). *Globalization*. London: Routledge. p.2.

九十年代初才出現，1994 年 2 月，也只有 34 本出版物題目包括全球化的，到了 2000 年 2 月，已增加到 284 本❷，而且不少直接以 "globalization" 為題的書，也都是近幾年才出版的。❸

　　「全球化」概念的一個晚近的前身概念，可以說是「地球村」（global village）概念。「地球村」的概念是上世紀六十年代，麥魯漢（M. McLuhan）因有鑒於資訊科技的未來發展，而特別鑄造。❹「地球村」帶出了地球是一個細小範圍的概念。

　　如上所說，雖然越來越多對「全球化」的討論，但對「全球

---

❷　同上。本文最初發表於 2002 年 12 月 20-21 日「全球化：教育變革新領域」國際研討會上。

❸　只要注意到不少以 "Globalizaton" 為題的書，都是這幾年出版的。如 Malcolm Waters, *Globalization* (Routledge 1995; 2nd edition, 2001); Robert Went, *Globalization* (Pluto Press, 2000); Boris Kagarletshy, *The Twilight of Globalization* (Pluto Press 2000); Colin Hay and Daimd Marsh, *Demystifying Globalization* (Macmilian Press 2000); J.D.Schmit and J. Hersh edited, *Globalization and Social Change* (Routledge 2000); P.K. Nardi and S.M. Shadidalech, *Globalization and the Evolving World Society (Brill,1998)*, Stephen McBride & John Wiseman edited, *Globalization and Its Discontents*, (MacMillan 2000), Mark Rupert, *Ideologies of Globalization*, (Routledge 2000); Alan Rugman, *The End of Globalization* (AMACOM 2000), Richard Langhorne, *The Coming of Globalization*, (Palgrave, 2001). 至 2005 年 1 月，在初修訂本文時，香港中文大學圖書館藏書中，以「全球化」為題的書，在 315 項中，2003 出版的已增加 35 本，2004 年出版的增加 31 本，2005 年出版在訂購中的也有 4 本。2010 年 12 月 30 日 Amazon 網上書店即有 16363 種的書以 "Globalization"（全球化）或包括 "globalization" 一詞為書題的，可見「全球化」備受關注的情況。

❹　Carpenter E. & McLuhan M. (1970) edited, *Exploration in Communication*, London: Cope. p.xi.

化」概念的了解還是未達一致的——認為「全球化」已出現或仍未
出現、究竟是禍還是福，都有不同意見❺。我們以下首先引述一些
重要學者對「全球化」之定義，以見出對「全球化」不同側重點之
了解，並嘗試從中綜合「全球化」的中心意義，作為運作定義
（operational definition），以幫助我們對全球化問題的討論。

著名社會學家吉頓斯（Anthony Giddens）早於 1990 年即對「全球
化」有如下定義：

> 全球化可……被界定為世界性的社會關係的加強，把遠隔著
> 的不同區域連繫起來，使本地發生的事情都受到遠處發生事
> 件的影響，或同樣的本地事情也可影響到遠處的事件。❻

另一英國社會學家羅伯遜（Roland Robertson）於 1992 定義「全球化」
為：

> 全球化概念是指世界縮小與及人們對世界作為一整體意識的
> 加強。❼

國際商業教授魯文（Alan Rugman）的定義為：

---

❺ Held, David and McGrew,. Anthony (2002). *Globalization and Anti-Globalization*, Bleckwell.

❻ Giddens, A. (1990). *The Consequences of Modernity*. Cambridge: Polity. p.64.

❼ Robertson, Roland (1992). *Globalization: Social Theory and Global Culture*. London: Sage. p.8.

> 全球化可以被界定為多國企業從事於外地直接投資和發展商
> 業網絡以創造在國家界限以外的價值的種種活動。❽

社會學教授帝普（Gary Teeple）在他的論文「什麼是全球化？」中定
義全球化為：

> 全球化可以定義為資本不斷擴張與國家政治社會型構間的矛
> 盾的解決的呈現。……全球化也代表著資本累積的主要渠道
> 由國家層面發展到超國家或全球的層面……全球化也可以理
> 解為「資本主義的勝利」，也就是經濟超越於政治，集團要
> 求超過公眾政策，私人利益超越公眾利益，跨國集團
> （TNC）超越民族國家。這是世界資本化（capitalization）的最
> 後階段。❾

> 全球化也可以被定義為「自我衍生的資本」（'Self-generating
> capital'）已發展到了全球的層面。❿

政治學教授蘭賀尼（Richard Langhorne）定義全球化為：

> 全球化是長期技術發展積累的最後階段，這使人類有能力在
> 世界範圍進行事務，而無須受制於民族、政府權威，與及時

---

❽ Rugman, Alan (2001). *The End of Globalization*. Amacom. p.4.

❾ Teeple, Gary (2000). What is Globalization?. McBride, Stephen & Wiseman, John edited (2000), *Globalization and Its Discontents*. MacMillan. pp.9-23.

❿ 同上，p.10。

間或空間的環境。⑪

中國學者朱景文在他的〈關於法律與全球化的幾個問題〉一文中指出：

> 全球化一詞涉及許多社會現象，從電視的衛星傳送，計算機的國際聯網，美國快餐，可口可樂征服世界，超級大國以自己的國內法為標準干涉其他國家的內政，關於人權普遍性的標準的爭論，全球的生態平衡，武器禁運，世界範圍的移民潮，打擊販毒領域的國際合作，直到不同國家經濟基於比較優勢的相互依賴，在部分地區，如歐洲聯盟和北美自由貿易區某種程度地實現經濟一體化。可見，全球化一詞既指一種文化現象、政治現象，又指一種經濟現象。⑫

英國教育家湯姆林森（John Tomlinson）在他的著作《全球化與文化》中指出：

> 全球化是指謂當前世界四處顯現的複雜連繫的一種經濟情況。全球化必須關連於現代性（modernity）來了解，同意吉頓斯（Anthony Giddens）的看法，以全球化是現代性的結果

---

⑪　Langhorne, Richard (2001). *The Coming of Globalization*. Palgrave. p.2.

⑫　朱景文：〈關於法律與全球化的幾個問題〉，見胡元梓、薛曉源編：《全球化與中國》（北京：中央編譯出版社，1998），頁 101-123。

（Consequence of modernity）。**⓭**

曾任《紐約時報》（*New York Times*）的首席白宮特派員，以及國際事務專欄作家佛德曼（Thomas L. Friedman），把他觀察全球化發展寫成的《凌志汽車與橄欖樹》（*The Lexus and Olive Tree*）一書，書中說明什麼是「全球化」時強調：

> 全球化並不是一種現象，它不僅只是某種過渡的趨勢。今天，它已成為實質規範每個國家之內政與外交，涵蓋一切的國際體系。**⓮**

我們在此無法列舉所有學者的定義，以上列舉的定義都說明了全球化表現為在經濟、政治、技術、社會關係、與意識上，人類已在步入超越地區及民族國家的範圍而走向世界化。顯然，全球化是複雜和多維的現象，可以從經濟、從政治、從科技、從資訊流通、從教育、從文化與價值觀的不同角度加以考察。總體而言，在目前階段，對全球化概念的了解與看法，爭論不少，褒貶不一。**⓯**

⓭ Tomlinson, John (1999). *Globalization and Culture.* The University of Chicago Press. p.33, 47.

⓮ 佛德曼（Friedman, T.L.）著，蔡繼光、李振昌、霍達文譯：《了解全球化——凌志汽車與橄欖樹》（臺北：聯經出版公司，2000），頁22。Thomas L. Friedman (1999). *The Lexus and Olive Tree.* (New York: Farrar, Straus & Giroux).

⓯ Robertson, Roland (1992). *Globalization: Social Theory and Global Culture.* London: Sage. p.182; Rugman, Alan (2001). *The End of Globalization.* Amacom. p.217-219; Went, Robert (2000). *Globalization: Neoliberal Challenge, Radical*

如魯珀特（Mark Rupert）在他的《全球化中的意識形態》（*Ideologies of Globalization*）一書中指出：

全球化的觀念本身就是一個爭議性的對象。**⑯**

他指出了不少學者與記者對所謂全球化現象之懷疑。**⑰**又如溫提（Robert Went）在他的著作《全球化：新自由主義挑戰、激進反應》（*Globalization: Neoliberal Challenge, Radical Responses*）中，表示同意不少論者視全球化是一個誇大，因為目前尚未有直線發展的全球化經濟，也沒有可以站得穩的全球化意識形態。**⑱**帝普（Gary Teeple）在上文所引的〈什麼是全球化？〉一文中開首即指出對於如何形成一個全球化的概念以說明當前的現象仍有不同的意見。**⑲**

當然，正如蘭賀尼（Richard Langhorne）所說的：

全球化同時意謂著一個發展中的歷程和歷程結果所顯示的當前情況。**⑳**

Responses, Translated by Peter Drucker. London: Pluto Press. p.105-127.

⑯ Rupert, Mark (2000). *Ideologies of Globalization,* Routledge. p.43.

⑰ 同上。

⑱ Went, Robert (2000). *Globalization: Neoliberal Challenge, Radical Responses,* Translated by Peter Drucker. London: Pluto Press. p.8.

⑲ Teeple, Gary (2000). "What is Globalization?". McBride, Stephen & Wiseman, John edited (2000). *Globalization and Its Discontents.* MacMillan. p.9.

⑳ Langhorne, Richard (2001). *The Coming of Globalization*, Palgrave. p.2.

因此，我們可以總結性的說，全球化的現象正在發展中，是人類由資訊科技、經濟帶動而趨向一體化的過程，這一過程表現在不同的領域如經濟、文化等多維度的現象中。而人們對全球化現象的反省與理解也在發展中。

以下筆者還進一步具體地考察全球化的一些現象、問題與對教育所產生的涵意。

2. 全球化在經濟、政治與社會生活上帶來的變化

促成全球化現象直接條件可以說是資訊技術發展所致。電腦晶片的發明，使 1980 年代初個人電腦普及化。1990 年代初，冷戰結束，美國太空星戰計劃所運用的電腦網絡科技改為商業用途，促成了 1995 年國際互聯網的出現。互聯網的出現，使地球名副其實的變成地球村，人類資訊瞬間可連接地球的大部分角落。

資訊科技帶動的除了資訊全球化，也跟著帶來了經濟的全球化。上世紀八十年代後半期，世界經濟全球化已日益明顯，國與國通過不斷的貿易談判，在互利的原則下已打破了國與國間的關稅壁壘，歐洲共同市場便是一個明顯的例子。各國商人到他國投資不斷增加，尤其是已發展的國家。比如日本的商人便不斷在美國增加投資、設廠或購買美國的企業。1989 年日本索尼公司以 34 億美元購買了好萊塢哥倫比亞影片公司，從而震動了全世界；隨後，三菱地產公司以 14 億美元收購了洛克菲勒中心 80% 的產權。1987 年至 1990 年期間，日本公司在美國購買了大約 570 億美元的地產。**㉑**

㉑ 王和興：〈全球化對世界政治、經濟的十大影響〉，見胡元梓、薛曉源編：

如美國自 1989-1992 年間對拉丁美洲的直接投資增加了 34%，對亞洲（不包括日本）增加了 56%。㉒到了九十年代，一方面由於冷戰時代的結束，一方面由於稍後國際互聯網之使用，電子傳送技術打破了空間限制與國家的壁壘，世界經濟的全球化步伐更加速發展。㉓

　　經濟全球化的體現主要是落在超越國家的跨國企業集團（Transnational Corporations）上。跨國公司超越了民族國家（Nation-states）主權的限制，也就是說民族國家在經濟的領域上的作用在減退㉔，而跨國企業成為足以影響全世界的獨立王國。這些跨國公司的數目正不斷在增長中。㉕全世界的經濟就是由幾百間跨國企業所支配㉖，最大 200 家佔全球貿易額的半數㉗。其中一些集團所擁有的資產較普通國家擁有的資產還大。而且合併或吞併也是當前的趨勢，使這些集團由此而擴大資本，有利於加強競爭，爭取市場的更大佔有率。

　　資訊技術的革命，除了帶來企業經營的改變，也推動了金融體

《全球化與中國》（北京：中央編譯出版社，1998），頁 22-36。

㉒　同上。

㉓　陶德言：〈90 年代：以全球化為特徵的國際資本流動〉，見胡元梓、薛曉源編：《全球化與中國》（北京：中央編譯出版社，1998），頁 22-36、233-241。

㉔　中國的國企似乎是要在抗衡這種限制，但也不能完全不顧經濟運作的規律。

㉕　Went, Robert (2000). *Globalization: Neoliberal Challenge, Radical Responses,* Translated by Peter Drucker. London: Pluto Press. p.18-21; Waters, Malcolm (1995, 2001). *Globalization.* London: Routledge (2001). p.47.

㉖　Rugman, Alan (2001). *The End of Globalization,* Amacom, p.3.

㉗　Went, Robert 2001, p.21.

系的變化。企業通過證券及股票發行以至債券證券化，以集合資金謀求發展以擴大市場的佔有率，集資範圍可以擴展至全世界，因此也產生了大量的金融中介機構，如證券公司、基金公司、避險基金、投資銀行之類。投資者以至投機者亦可通過對證券或股票或其他如外匯、國債證券、期貨、期權等各種金融貨品之買賣而作出。私人的資本也可以自由的投向世界上的任何資本市場。全球一體化使貿易自由化建立了基礎。

　　全球化發展，在生產與勞動上也帶來重要影響，勞動力變成世界性的，跨國公司往往把生產線轉移到勞動力成本低的發展中的國家；一件產品（如汽車、電腦）組件可以來自不同的國家或地區製造，技術轉移，國際分工亦進一步加深。

　　在全球化下，一個國家要尋求經濟發展，便要吸引投資，為人民增加工作，賺取外匯，同時可引進技術與制度。這樣一來，跨國企業的經濟實力成為影響國家權力與政府政策的一個重要因素。集權政府也無可避免地要拉攏跨國企業大集團，民主國家的政策，也不得不考慮跨國集團的投資回報利益。除了集團的投資者外，一般個人的投資者，只要他有多餘的資金，便可透過投資公司或網上投資平臺，向世界每一個角落投資。因此國家的權力便不得不考慮本國的投資環境，建立法律對投資者的保障，增加經濟運作的透明度，以吸引外資企業投資者與「電子遊牧族」的「短角牛」、「長角牛」的個人投資者。❷⓼

───────────────

❷⓼　《紐約時報》資深國際事務專欄作家佛德曼（T. Friedman），便虛稱全球投資者為「電子遊牧族」，而其中的長期投資者為「長角牛」（Long-horn

　　資訊及經濟的全球化，的確帶來了一個很不同的人類社會。全球化的發展，是資訊社會的全面化發展，資訊社會的特色也是貝爾（Daniel Bell）所說的從工業社會轉變到「後工業社會」（Post-Industrial Society）所具有的特色，就是以知識為主導的知識型社會。貝爾（Bell）歸約後工業社會具有五項特色❷：

i)　在經濟上，將由製造業變成為服務業為主
ii)　職業上將以專業技術人員為主導
iii)　以理論知識為主軸
iv)　控制技術為未來發展的取向
v)　利用新的智能技術以助決策

此五項特色均離不開對知識的重視。服務行業、專業技術人員、理論知識、控制技術、智能技術，皆離不開知識。也就是現已流行的用語：「一種知識型的經濟」。

　　經濟競爭越來越激烈急劇，服務行業佔主要地位，而服務行業中與資訊相關的又佔大部分，這些「資訊員工」（Information workers）包括不少行業，除了電腦從業員外，也包括教師、接線生、郵遞員、會計等。都或與組織，或傳遞，或接收及貯存，或創

Cattle），投機的「投資者」為「短角牛」（Short-horn Cattle）。長角牛、短角牛隱然成為一個政權的選民。「電子遊牧族每天每小時每一分鐘都在投票」。（佛德曼，2000: pp.129-135）
❷　Bell, Daniel (1973). *The Coming of Post-industrial Society: A Venture in Social Forecasting*. New York: Basic Book. p.14-33.

造資訊和知識相關。資訊成為最重要的財富,企業的決策取勝之道依賴於資訊的獲得、資訊之優先獲取。

在政治決策上,正如貝爾所說,如果過去一百年是由企業、商人、工業行政人員處於領導支配的地位,「後工業社會」中,「新的人物」會是能掌握新智能技術的科學家、工程師、技術人員,與及知識分子❸。也就是說擁有知識尤其是能創造知識的專業人員,將成為政治上決策或影響決策的領導「新人物」。

在國際政治上說,正如佛德曼(Friedman)所說:全球化是實質存在的一種全新格局,相對於 1990 年前蘇聯崩潰前的「冷戰格局」,「全球化」格局是一個完全不同的格局。❸的確,911 事件,也使人看到,恐怖主義也表現了一種全球化的趨向。

對於一般人的社會生活而言,人們越來越多的活動與工作,皆可以通過互聯網來進行,固然包括商業活動如交易、投資買賣,也可以包括教學與學習、購物、付款,了解各地新聞、娛樂、以至辦公。現在一個人在北京王府井大街的麥當勞店吃漢堡麵,和在美國洛杉機的麥當勞吃漢堡包,或者在杜拜的大商場大酒店中和在紐約的大商場大酒店中的感覺,已經沒有太多分別了。全球化最明顯地帶來了人們吃喝玩樂的一體化、同質化,也可以說是很大程度上的美國化❸。美國的跨國機構影響著世界不少吃喝玩樂的生活方式,如麥當勞、可口可樂、狄士尼樂園、荷里活電影,以至 Levis 牛仔

---

❸　同上,p.334。

❸　佛德曼(Friedman, T.L.)著,蔡繼光、李振昌、霍達文譯:《了解全球化──凌志汽車與橄欖樹》,頁 22-28。

❸　Rollin, R., *The Americanization of the Global Village*, (1989).

褲、Nike 球鞋，以及電腦上的微軟視窗。在世界任何大城市都可以看到這類文化的全球化。以至足球明星、籃球明星、電影明星也都面向世界，成了全球的偶像，這些「國際巨星」是全球化的得益者，是全球化的大贏家。

在吃喝玩樂上，也是一種文化──或說表層文化的全球化。而另方面，我們也看到教育與及人們對成就的標準，也向著一體化的方向走──以美國的標準為標準。就算是本國文化以至本國語言的研究，如果能到哈佛、耶魯，總之美國的大學一轉，便一登龍門，升價十倍。

3. 全球化帶來教育上的轉變

教育也產生了變化。現階段的全球化所呈現的金錢價值與市場導向已滲透到教育的領域，然而卻未遇到有力的抵抗。文朗（Menon）明白指出：

> 教育已被歸約到像市場上的任何一種貨品。❸

莫與顧（Mok & Currie），在反省香港的教育時，也不約而同地指出：

---

❸ M. Govid Kumar Menon (2007). Globalization and Education – an Overview. Marcels S. Sorodo, Edmond Malinvaud, Pierre Linea edited (2007). *Globalization and Education*, Walter de Gruyter Gmblt & Co. pp.24-35, 28.

> 市場已悄悄地進入大學，較一、二十年前更大地決定學者的
> 生涯。❸

事實確如此，教育的管治模式已在變化，市場的管理主義
（Managerialism）及經濟的理性主義（economic rationalism）已經支配著
大學的管理與發展。

全球化的時代的社會既是後工業化的知識型社會，培根的名
言：「知識即權力」，沒有其他時代比在當前全球化的時代顯得更
真實。越來越多國家的政府意識到教育成功對市場競爭的重要，為
適應市場競爭推行教育改革此後彼落，「追求卓越」的號角由西方
響徹到東方。而「終身學習」與「學習社會」等口號或名詞也常被
強調❸。而所謂「卓越」，似乎只側重於知識與能力的追求，而且
教育管治者的管理主義往往希望尋求共同的清楚的量化標準以量度
卓越。這對人文學科如宗教、哲學、文學、藝術等科目不單只看知
識及能力，與及不可完全量化的優越內涵，則更被邊緣化而得不到
公平的對待，使得在科學及實用主義當令的時代，人文學科的不受
普遍重視，顯得雪上加霜。在學校，尤其是大學校園裏，教與學都

---

❸ Mok, Ka-ho & Currie, Janice (2002 [莫與顧]). "Reflections on the Impact of Globalization on Educational Restructuring in Hong Kong." In Mok, Joshua Ka-ho & Chan, David Kin-keung edited (2002). *Globalization and Education*. H.K. University Press. pp.259-277.

❸ 全球化與資訊流通，使不同國家不同文化的人，增加了流動與接觸，誤解以至矛盾衝突也增加了，多元文化教育成跨文化理解的教育理應成為通識教育的一部分。

傾斜於現實社會需要，謀職出路更佳的學科如工商管理、電子工程、金融、法律、醫生等科目最吃香。但人文學科的發展，及其在大學校園和社會所形成的氛圍，對大學生的人格形成，與對社會公民的素質的提升，都有意想不到的效果，然而今天大學校長與大學的管理層都似乎並不重視這些較費時較不立竿見影的「效果」。

4. 全球化引生的問題

從好的方面看，全球化帶來了世界貿易的大幅增加，由此增加財富，也增加各地人民的相互交流與及不同貨物的流通與資源的開發利用與互補；並有利知識、科學及技術的傳播與轉移。人們的不同學科，不同興趣，也可以透過互聯網在世界各地找到同道，看似可以生活於一個更多姿多彩的世界。

然而，全球化也著實為人類帶來不少問題。資訊技術的發展，的確使人類在資訊交流溝通上有莫大方便，資訊爆炸使人們面對較工業社會時代所面對的更大知識爆炸，更顯得疲於奔命。如何鑑別資訊，形成正確知識，成為了更困難，卻是更重要的工作。存在於人類中的罪惡心，透過互聯網，使罪惡傳播得更廣泛，資訊技術固可以幫助教學，但亦可以被利用而誨淫誨盜使罪惡全球昭彰。

在經濟全球化進程中，也同時引生了不少矛盾與衝突。比如說經濟世界化自由化，即引起對民主價值的危害。因為如上文所說，跨國企業是經濟全球化的主要體現者，但跨國企業的擁有者管理者皆由小撮人所主宰所把持，這些人不是由民選產生，也不代表民眾的利益，他們既不受政府控制，也不受民眾控制，他們往往只為自己的利益及集團的利益來考慮問題，然而他們的決策卻是影響巨大

的。在互聯網的技術下，他們在有需要時，或作投機活動，只消按幾按電腦的鍵盤，便可以把以億圓計的資金轉移他處，一般民眾可以在不知不覺間受到金融危機的影響而承受所帶來的損失與困境。猶如 1994/95 年墨西哥金融危機，及 1997 年東南亞的金融風暴與及 2008 年由美國華爾街引起持續到 2010 年的金融海嘯。可見，全球化的經濟格局，使地區性的經濟危機很容易牽一髮而動全身，導致全球性的經濟衰退。

舉一個例子說，1998 年 8 月俄羅斯經濟崩潰，美國一家避險基金公司在俄羅斯的資本幾乎賠光了。該基金公司只好突然賣掉所擁有一大筆美國學生貸款債券，以應付在俄羅斯的損失，使得學生貸款債券的市場暫時一片混亂，害得一些美國人在這個市場損失，而美國這個學生貸款債券市場跟俄羅斯本來是沒有關係的，但卻也因俄羅斯經濟的問題而帶來損失。**㊱**

又俄羅斯經濟開始崩潰時，全世界莫不驚訝地發現，有這麼多的南韓銀行持有俄羅斯債券。**㊲**像不少論者所說的**㊳**全球化的資本主義可以說是較以前的資本主義更進一步發展，利潤（profit）固然是一切動力的根源，在全球化的經濟格局中，不單祇追求利潤，而是追求「最大可能的利潤」。「一切以利潤掛帥」的價值取向沒有

㊱ 同上註**⓮**，《了解全球化──凌志汽車與橄欖樹》，頁 140。

㊲ 同上註，頁 140-141。

㊳ 可參考馬爾利希‧貝克：〈沒有勞動的資本主義〉及埃倫‧米克辛斯‧伍德〈現代主義、後現代主義，還是資本主義〉兩文。收錄於張世鵬、殷敘彝編譯：《全球化時代的資本主義》（北京：中央編譯出版社，1998），頁 118-132、258-278。

改變，只是更變本加厲。2008 年由華爾街金融公司的倒閉所引起的金融海嘯就是這種最大可能的利潤的貪婪心態所引起。今天金融市場裏衍生的金融「貨品」各色各樣：股票、債券、期貨、期權、基金、避險基金、「短角牛」式的投資或投機，使得今天幾乎任何東西都可以賭，全球的金融市場都可以成為一個賭場，當然賭的動力就是利潤的憧憬，背後也可以是人類的一種貪婪。而且在全球化的資本主義中，不單止是像過去的資本主義只有資本家的份兒，現在所有人只要手上有一點錢，也可以成為散戶，成為「短角牛」，君不見那些姨媽姑爹整天坐在街角的證券公司或投資銀行大堂前看著報價電子畫面，留意價位上落，隨時放出或買入。

經濟全球化是與自由化同步的，自由化是在自由主義哲學下，所有人是有權追求個人之價值，自由主義必然包涵肯定多元價值的，但弔詭的（paradoxical）卻是，在全球化的發展中，價值卻變得單向化，利潤價值，經濟價值，成為社會上普遍的價值標準，行動取捨標準，人們尤其是年青人，普遍對經濟價值、實用價值以外的不同價值，越來越失去興趣和觸角，以至一遇到了經濟與實際利益失落時，生命亦似立刻變得失落與無意義。

不論是跨國集體，或是電子遊牧的散戶，都在這一種環境下成了一些冷血的動物，企業集團所考慮的就是不斷擴張，維持公司利潤的增長，那裏有利潤，那裏成本低就擴展到那裏，那裏有什麼風吹草動，流言四起，跨國集體便在分秒間轉移資金，「電子遊牧族」便向外四散逃竄。因此跨國集體也好，「電子遊牧族」的散戶也好，他們只作利潤的計算，都形成了「有錢便是娘」的性格，「道義」、「道德」的價值在這當今全球化經濟格局中，只佔了點

綴的位置。

經濟全球化,既帶來了經濟活動的繁榮,但也增加了產生經濟危機的風險。全球化的發展,固然是限制了民族國家主權之伸展,因為一方資訊傳輸科技已打破了空間和國界的壁壘,地域、種族已不再構成經濟活動的重要因素,一方跨國企業超越國家限制,從全球性的利潤與資本積累考慮多於一國之政治之考慮。而且,在國際貿易中的商業文化與及英文運用的世界性一體化中,亦漸漸脫落了一國自己的文化特色。民族文化的保存在利潤掛帥的經濟全球化中不被視為有意義有價值的追求。故此經濟全球化的進程往往造成民族國家政治與全球化之間的對立與矛盾,和地區特殊文化與全球同一化之間的緊張性。比如一些亞拉伯國家或極端伊斯蘭教派的國家,往往對經濟全球化產生抗拒,看成是歐美文化的侵略。而在冷戰結束後,美國與這些國家的矛盾更見呈現。911 事件,從一面看,也是這種文化衝突的尖銳表現。因此,可以說現時的全球化進程是經濟帶動,還欠缺文化上的了解與融通,所以距離真正的全球一體化、人類一體化的來臨尚遠。

真正的全球一體化,必須一方是全人類有著一些共認的文明及文化價值,一方又能容許多元化價值體系的存在——即各種地區性區域性的獨特性的存在。現時經濟全球化所帶動的商業文明,只帶來了表層生活的劃一化,如上文所說的年青一代在吃喝玩樂上的美國化。

在經濟全球化進程下,跨國企業為了尋求最大利潤及最廣大市場,一方以低廉價格掠奪落後國家的資源,卻以昂貴的價格銷售回這些落後國家,跨國公司的壟斷,落後國家的人民亦無可選擇,因

此剝削及不公平的資本主義罪惡仍然存在，貧窮落後國家亦難以翻身。在社會層面及在國際層面，貧富兩極化發展，較過去任何資本主義時代更有過之而無不及。跨國企業在落後地區的開發，設廠生產，傾倒有毒化學廢料或輻射廢料，使落後地區承受著環境污染與破壞的惡果。這也是為什麼近年來，國際組織如「世界貿易組織」（WTO）、「全球經濟論壇」（WEF）、「世界銀行」（WB），在開全球會議時，都引來數以千計以至萬計的抗議者齊集示威抗議，以至搗亂，如 2001 年 6 月在意大利所引起的動亂致使數人喪生。

5. 全球化對教育的挑戰
——中心問題仍是主體喪失價值失落

　　全球化的發展，無疑對教育帶來巨大的挑戰。早在上世紀九十年代初，教師教育學者已強調：「增加學生意識到全球是互相依賴的，是對任何地方的教育家的挑戰。」❸的確，從全球人口的不斷增加，環境保護，以至維護國際的公義與和平，與及國際上貧富懸殊等問題有待解決，打擊國際犯罪集團，以至維持衛生，防止疾病，如愛滋病之傳播，皆需要國際上的加強合作，而各國在教育上加強這種全球合作的意識便十分需要。❹

---

❸　Bruce, Michael G., Richard S. Podemski, & Carrel M. Anderson (1990), Developing a Global Perspectives: Strategies for Teacher Education Programs, *Journal of Teacher Education*, Jan, Feb, 1990, Vol.42, No.1, p.21.

❹　可參考 Carolyn Jefferson, Donna C. Lavdis, Renaldo E. Rivera, 在所著的 *Current Issues in Global Education* (The Center for Learning, U.S. 1995)，書中即舉了不少具體教學課程之例子。

　　但本文之重點不在此，而是本文作者認為，一方面全球化帶來
了像很巨大的變化，另方面，若從價值教育的角度看，如上述全球
化的問題，其基本性質仍然是西方自十八至二十世紀在科技工業文
明下，人的主體喪失與價值失落之問題。

　　科學技術的發展，使歐洲自十八世紀下半葉至二十世紀初，發
生了工業革命。❹工業革命的結果是人們的生活產生了重大的改
變：機器的運用、工廠的出現、人口的集中、大都市的產生，與及
大量生產（mass production）帶來各種物質產品的豐盛，促進了商業貿
易與經濟發展，豐富了相當部分人們的物質生活，經濟價值成為了
推動社會變化的最主要動力。

　　然而，科技工商業文明，並沒有給人類帶來一個理想的世界。
相反，它同時帶來了宗教與道德的危機，及人文價值的失落。由尼
采（Nietzsche）到馬庫賽（H. Marcuse）不少大學者思想家都看到現代
文明的危機。

　　尼采（Nietzsche）在十九世紀末，透過一個瘋子的口，宣佈了上
帝的死亡。尼采運用了像莊子式的寓言，對歐洲社會因科技發展工
業革命帶來的價值上的虛無主義作出了預警❹。他描述一個瘋子，

❹　Edward M. Burns《西洋文化史》以工業革命分為兩個階段，把 1760-1860 為
　　第一次工業革命，1860-1914 為第二次工業革命。（*Western Civilizations –
　　Their History and Their Culture*, N.Y. Norton, 1973, 8 edition 周恃天譯，臺北：
　　黎明，頁 248-249。）

❹　尼采在世正是科學技術高速發展之時，達爾文進化論把人與動物等同了，人
　　的尊嚴喪失了，人們在科技發展帶來的普遍樂觀中只追求物質的享受，物質
　　之追求取代了對上帝的崇拜。可參考 Kaufmann 的分析。（Kaufmann, Walter
　　(1963). *Nietzsche*. New York: Vintage Book.）

在一個光亮的早晨，提著燈籠，走進了市集，向著人群說：「我要尋找上帝！我要尋找上帝！」「上帝已凋謝？我告訴你，是我們把祂殺死——是你和我。」❸。

無論上帝真的死了或只是在人們心中消失了，上帝在西方文化中作為價值與道德的根源，祂的消失帶來了虛無主義（Nihilism）是何等重大的事情。

尼采自己就是這個瘋子。當差不多所有人都在享受著科技帶來不斷的突破與成果，瀰漫著一股樂觀氣氛時，就像市集中人被那五光十色的貨品吸引而興高采烈，對時代危機卻懵然不覺。尼采卻感受到時代帶來了沒有上帝的價值失落的惶恐，於是他不得不說，瘋子的出現是太早了一點。❹

事實上，工業革命資本主義興起後不用多久，馬克思（Karl Marx）已經看到，工業革命，大量生產，帶來工廠中工人階級受到削剝，以至童工所受到冷酷無情之對待，資本的集中在少數人手裏，增加了擁有生產工具的統治階級對被統治的無產階級的壓迫的罪惡。馬克思把這些罪惡歸咎於容許私有財產的經濟制度——資本主義社會，並沒有進一步反省到只重物質文明單向價值所帶來的問題。

韋伯（Max Weber）在馬克思之後，看到歐美的資本主義社會與蘇聯的共產主義社會，縱使有很大的不同，卻都是共同的為「工具

---

❸　Nietzsche, Friedrich (1887, 1974). *The Gay Science.* N.Y. Vintage Book. 1887: S125, 1974: 181-182. 尼采說「上帝已死」用意並不是要表示他是無神論者。參 Kaufmann (1963), pp.96-101。

❹　同上，1974，頁 181-182。

理性」（instrumental rationality）高度發展的產物，「工具理性」過度發展，「目的理性」不彰，使人類走向現代化所產生的各種弊端，現代社會使人類俱受困於工具理性的鐵牢中，而無法自拔。❹

科技工業文明，不止帶來價值喪失，人存在的異化（alienation），使人喪失了主體性（subjectivity），人只有對象的、客體的、被動的存在。上世紀二、三十年代，電影發明不久，英國著名諧星差利卓別靈（Charlie Chaplin）的一些電影，即在控訴當時社會中，人存在的被動、無奈與意義失落，比如在卓別靈的「殺人狂時代」中，差利飾演一名工人，在工廠的生產線上整天重複同一個動作──上鏍絲，在冗長一天工作之後，苦悶、疲累、厭倦，卻無奈。晚上工餘把僅有的時間追求娛樂以填補日間的空虛，結果還是苦悶無聊。這是當時工業城市中大部分工人生活的寫照。

存在主義哲學，透過沙特（Sartre）、卡謬（Camus）等人的小說、二次大戰後影響整個歐洲，存在主義的怖慄（dread）、空無（Nothingness）、等名詞顫動人心，因為存在主義看到在工業文明中人喪失了主體性的困境。存在主義者，不論是有神論者或無神論者，都亟亟於追求人存在的主體性與真實性的重建。

著名的俄裔美籍社會學家索羅金（P.A. Sorokin）在 1941 年發表了《我們時代的危機》（*The Crisis of Our Age*）一書。發表後，隨即被翻譯成葡萄牙文、德文、西班牙文、荷蘭文、捷克文、挪威文、芬蘭文與日本文多國文字。在書中，索羅金是根據自己對西方社會中

---

❹　Weber, Max. *The Protestant Ethic and the Spirit of Capitalism*. Counterpoint. 1987. p.181.

的文化、組織與生活的每一重要方面的研究，結果得到的結論是西方社會是在極度的危機中，是當前感官型文化（Sensate Culture）的極度發展而走向敗亡中。而正在等待著理念型文化（Ideational Culture）的來臨。索羅金認為美國文化與歐洲文化是一體的❹，自十九世紀以來，支配世界的哲學思想主要是經驗主義、實用主義、工具主義、邏輯實證主義、新實在論，與及「運作主義」（Operationalism），以感官的真理為主導❹。所以索羅金深具洞見地指出我們這個時代的各種危機，是由這個感性文化的本質所引生。

批判西方工商業文明的世界級著名學者的確不少，被譽為「新左派之父」的批判哲學家馬庫塞（H. Marcuse），在1964年出版了《單向人》（*One Dimensional Man*）❹一書，批判在西方先進工商業化社會中，它的生產與消費系統使人們產生了很多虛假的需要，社會各種機構如新聞媒體、廣告、工業、管理，都在維持資本主義的現存系統，減去了人們任何的批判與反對。最能表現工商業文明的資本主義社會已形成一套新的社會控制，使人們的思維模式趨向劃一。❹

事實上，馬庫塞也不單止批判美國的資本主義社會，他在1965年當服務於美國政府的時候，發表了《蘇聯的馬克思主義》（*Soviet Marxism*）❺一書，書中批評蘇聯的官僚主義、文化與價值。

---

❹ Sorokin, P.A. (1941). *The Crisis of Our Age.* N.Y.: Dutton. pp.287, 295.

❹ 同上，pp.282-283。

❹ Herbert Marcuse (1964). *One-Dimensional Man.* Boston: Beacon Paperback (1966).

❹ 可參考 *One-Dimensional Man* , Ch. 1, 6, 7。

❺ Marcuse, Herbert (1958). *Soviet Marxis, a Critical Analysis.* London: Routledge & K. Paul.

對於馬庫塞而言，不管在資本主義或共產主義的社會，個人都受到一種社會的控制，失卻了自由。

整個二十世紀，受著工商業文明的支配，宗教、道德、藝術等人文價值不受重視，西方社會雖然明白的肯定自由與民主，肯定多元社會的目標，然而人們對價值的追求是相當單一的單元的——就是都追趕著實用的感官的價值。在存在主義者看來，現代人的形象是瘦削得不像人的，因為人的主體性喪失了；我們也可以說，對於馬庫塞而言，人是單薄得不像人的，因為人的存在只是片面的，單向的。

當代新儒家唐君毅也指出：

> 亦唯在一功利主義已普遍於人心之現代，人乃可知於上天下地之事物，無不求加以利用，以達其功利性之目標。由此而一切神聖之事物，在現代社會中，無不可顛倒其價值，而如為魔鬼之所用。現代之世界即可稱之為一真正之神魔混雜之時代。[51]

功利主義、功利心習加以利用一切，可以說是理智心主宰的表現。二十世紀的教育整體趨勢，核心固在知識教育，整個世界對人文教育價值教育皆並不真能重視。事實上，對當前教育危機或人文教育的喪失提出警告的學者屢見不鮮[52]，但看來仍是無法改變事情的發

---

[51]　《唐君毅全集》卷廿四：《生命存在與心靈境界》（下），頁461。

[52]　劉國強：〈孔子重德之精神為二十一世紀教育的轉向提供基礎〉，劉述先主

展。而且世界的大學教育變得越來越專門化、職業化，大學組織本身發展更見企業化，以至商業化、市場化。這種情況使得大學中的人文學科，如宗教、哲學、文學、歷史、藝術等等系的地位，成為不被重視而邊緣化，學生入學選系往往考慮出路多於理想與興趣。所以當前教育趨勢對重建人文價值的教育是乏力的。

工業革命使大都會興起，人口集中，趨忙與競爭，使人精神外馳；大都會中生活、上班、下課，人與人摩肩接踵，但卻咫尺天涯，石屎森林中，左鄰右里，互不相識，互為不存在。工廠的大量生產、增加了貨品也興盛了商業的交易，利潤及剝削成為人們行動背後的動力。

在當前全球化的時代，正如前文所說的，是資本主義進一步發展，資本、利潤與及經濟的力量比過往任何時代更具主宰的作用。冷靜計算的理智，韋伯所謂的「工具理性」更進一步彰顯。正如佛德曼（Friedman）所說：

> 冷戰（時代）是一個不是朋友，便是「敵人」的世界，至於全球化世界，則傾向於把所有的朋友與敵人都變成「競爭者」。⑬

固然，競爭不能說完全不好，有競爭才有進步，工業社會時代已經

編：《中國文化的檢討與前瞻》（新亞書院人文叢書，美國：八方文化，2001），頁 449-468。

⑬　同註⑭，頁 27。

是一競爭的社會，全球化時代的競爭，是一個沒有歸宿的競爭。人才是變成世界性的，可以不屬於任何國家、任何宗教、任何主義，說好是現代的知識人才是沒有包袱，他完全為「成效」服務，能有「成效」便被招攬，為財團企業服務。他可以身處任何地方，家居任何地方。說好，是他們可以志在四方，但卻沒有真正的歸宿、真正的安宅、真正的主宰、真正的自我，與及人生價值的安頓處。

全球化下的人才，顯然不同中國往昔的「士」，他們會問你：為什麼生命要有一以貫之的價值安頓處，他們會說你落伍，趕不上時代的進步，跟不上全球化的快速列車，故註定是失敗者，是被遺棄者。的確，全球化的時代，是快速的時代，你沒有時間吟風弄月，以詩文遣興，也容不下時間給你感慨時弊，回味人生。這個時代，最高級的人才，最高級的腦袋，要像最尖端電腦的高速轉數，冷冰冰地，撥開一切情感感慨、作邏輯地推理，數量上統計，然後進行。只有這樣，競爭才能勝利，才可超越對手。只要我們從身邊的事去想想：如銀行的體系，現在的運作方式，為了爭取信用卡用戶，各出奇謀，給你好像很多益處，但銀行的系統可以計算得很微細，到頭來，包括了壞賬的撥備計算，它總有利潤可賺，也不管年輕人多容易的養成先使未來錢的習慣。

跨國集團的精審計算，對落後國家資源如木材等胡亂砍伐，也不理會落後國家環境的破壞，使落後國家無法持續發展。比如佛德曼報告說，一次在印尼雅加達，世界自然基金會首腦普爾諾摩（Agus Purnomo）嘆氣地向他說：

> 我們不停和開發賽跑。我們還沒有機會說服社會大眾符合環

保標準的開放才是可行的行事方式，興建道路，工廠和發電廠的計劃就付諸實行了。我們此地有失業問題，所以任何地產開發商只要使人相信他可以提供就業機會，他就得到支持了。❺

開發中國家也同樣受害，如佛德曼指出：

開發中國家向全球性投資開放，但卻未能設置必要的過濾和保護機制以調節成長，曼谷是一個極端的例子。❺

全球化最中心的價值觀念就是發展和競爭勝出並謀求最大的利潤。發展的意義在那裏，甚麼是發展？競爭的意義、勝出的意義在那裏？尋求利潤最終是為了甚麼？對現代的企業及組織架構而言，似都不重要，在全球化快速列車驅趕下也容不下多想這些問題。跨國企業在利潤取向下不斷擴張與剝削，其非人性化與冷酷較以前的資本主義有過之而無不及。

6. 儒家價值教育的資源意義

6.1. 人類一體化須在文化融通上用力

若作為一種理想，把全球化視為人類一體化的要求，則這種理想，中西方自古已有。中國儒家《禮記·禮運》篇的大同思想，大

---

❺　同註❶，頁 275。
❺　同註❶，頁 274。

家已耳熟能詳。儒者往往以天下為念,不限於一邦一國,儒者之天下意識也正是對嚮往人類一體的反映。西方傳統中也不乏人類一體之要求,如西方的宗教,如基督教、回教,都尋求在上帝或「亞拉」下天下一家、全人類一體,所有人都是神的子女,都是兄弟姊妹。馬克斯追求的共產主義世界,嚮往之理想也是要打破國家界限尋求人類一體化。現時的全球化,基本由科學技術發展帶來的資訊及經濟的走向一體化。

固然,美國政治上的民主化自由化也在全球化的進程中要求他國仿效,民主自由固有普世之價值,然而美國一直以來表現世界警察大國心態對他國多方干預,也引起了不少的不滿。

當前的全球化現象,在文化的層面是相當被動的。上文已指出的跨國企業已使在世界上各地的人們在吃喝玩樂上漸趨同質化。航空交通運輸的發達,以及資訊網絡使地球空間縮小,使經濟變得一體化,然而世界各個古老文化——如佛教、儒教、基督教、伊斯蘭教,仍未能在義理❺❻上價值觀念上有所融通,並不能在推動地球之一體化上,顯出更積極與主動的力量,反而因基本義理或觀念不同,在經濟與資訊一體化趨勢下,由增加交往接觸而引起更多矛盾與誤解。而往往是,經濟活動與及吃喝玩樂的全球一體化進行比較容易,在文化的義理或價值觀上要達多元而一體融通❺❼則並不容

---

❺❻ 在儒學,「義理」是一常用而不難理解的名詞,有意義與原則、原理之義。

❺❼ 「融通」一詞表示不同意義與原則間不一定要同一,而是可以相容而不窒礙,不致完全對立矛盾。故「融通」可以容許不同,只要不同觀點不同信仰能在一更高之原則或只是一更廣闊的視野下,同時肯定以至欣賞不同的對方的存在。比如我雖不是基督教徒,但看到基督徒對上帝的信仰的虔誠而對其

易。美國九一一事件固然是引起全球對恐怖主義的譴責，一方也是反映了伊斯蘭世界對以美國為首的西方世界的不滿的一種極端反映。也提醒人們回教世界與西方世界的不同。政治上國與國的融合或全球化，也不像經濟上來得容易。國家一般都不願意減少主權範圍，很多區域性的組織或全球性的組織也是經濟性的，如「世界貿易組織」（WTO）、「世界經濟論壇」（WEF）、「亞太經濟合作會議」（APEC）、國際貨幣基金（IMF）等。歐盟（EU）的組成，也經過了長久的爭持最後英國才同意加入。聯合國對於解決大國間之紛爭，或牽涉到大國的利益，往往無能為力，美國每以聯合國之議決未盡合乎己意而拖欠會費，即可見一斑。固然要真正達到全球化，還需要各國在文化上與價值觀念上更多的融通。

6.2. 儒家文化作為全球化視野下文化教育的一個重要內容

文化融通，須建基於不同文化的相互了解，因此未來世界各國的教育，須在全球化視野下促進文化教育的課程（或在各國公民教育課程中加入「世界文化」的部分），使各國學生，對世界不同的重要文化不同宗教有最基本的了解。儒家文化應包括在這文化課程的一個內容，其他當然也包括基督教文化、回教文化、希臘文明、印度婆羅門文化、俄羅斯東正教文化等。❺⑧

他人如兄弟姊妹、樂於助人，那我為什麼一定要他同一於我信儒教或回教才肯定他呢？我就在體察他的虔誠之心上肯定他欣賞他而與他融通。

❺⑧ 亨廷頓在其重要著作《文明的衝突與世界秩序的重建》中，指出冷戰後時代的世界是一個包含七個或八個文明的世界。（Samuel P. Huntington, 1996. Huntington, Samuel P[1996]. *The Clash of Civilizations and the Remaking of World Order*, Georges Borchardt Inc.. p.10.）

　　美國的強大，在於她的自由與及學術的獨立與優越發展。美國是移民社會，她的自由使她吸引和容納了世界各地來的精英與人才。她的學術獨立，使她的學術發展優越，各種課題，都不乏學者探討。全球化教育的問題，美國在上世紀七十年代末已有學者探討⓹，對多元文化教育（multicultural education）的探討，在上世紀八十年代也已出版了不少書籍。美國國民包括各種種族的移民，因此全球化教育、多元文化教育確實也是美國的切身問題，而當全球化時代的來臨，在要求相互了解，文化相互融通下，全球化視野下的文化教育應成為各國教育界所關注。

　　中國有五千年文化，儒家文化至少有三千年的歷史⓺，雖然近百多年來，因受西方文化的挑戰而節節敗退。今日的中國人，受西方文化之影響，亦更多以西方文化為優勝。然中國文化儒家文化並非已僵化死亡，其潛力仍在，好的壞的仍在中國人生命的底層，要

⓹　如 Cogan, J.J. (1977) Global education in elementary school: Teacher Education. *Social Education*, Vol.41, no.1, pp.46-49; Harvey, R.G. (1978). *An Attainable Global Perspective*, New York: Center for Global Perspectives; Anderson, L. (1979) *Schooling for Citizenship in a Global Age: An Exploration of the Meaning and Significance of Global Education*. Bloomington: IN: Social Studies Development Centre.

⓺　一般以孔子（551-479B.C.）為儒家始祖，但就儒家的思想之內容與方向言，至少可上推至周公（?-約公元前 1095），孔子自謂「述而不作，信而好古」（《論語・述而》），對周公制禮作樂十分推崇，而曾說：「郁郁乎文哉，吾從周。」（《論語・八佾》），孔子以恢復周禮自命，故其思想亦有繼承周公者。

了解中國的十三億人❻，要與中國人融通，建立真正的全球一體化（此一體化亦必是一體多元，即多元而能融通下的一體化），也須世界對儒家文化有所了解。因此，儒家文化儒家價值觀自然應成為全球化視野下文化教育內容的一個重要部分。

6.3. 儒家價值教育重德育的傳統，對西方重智育傳統有救蔽補偏之益效

儒家之教，核心是成德之教，就是重在使學者成就其道德本性。儒家成德之教的目的，是求使學者充分實現其本性以成聖成賢。❻道德是一種價值，道德教育是一種價值教育。美國道德教育理論之價值澄清（Values Clarification）學派，便把價值教育涵蓋了道德教育，而喜用「價值教育」一詞多於「道德教育」。

儒家思想是中國文化的主流思想，形成了中國文化重德的傳統。尤其比對於西方文化之重智傳統，中國之重德傳統更見明顯。當代新儒家在反省中西文化之不同及其特質時，即指出中國文化是重德文化，西方文化是重智重科學之文化。❻中國的孔子曾強調：

---

❻ 2005 年 1 月 6 日，中國宣佈中國已達十三億人口，第十三億個公民在北京的醫院出生。

❻ 如孔子曰：「聖人，吾不得而見之矣，得見君子者斯可矣。……」（《論語・述而》）「見賢思齊焉」（《論語・里仁》）均明白顯示孔子嚮慕聖賢。如荀子亦嘗言：「學惡乎始？惡乎終？……其義則始乎為士，終乎為聖人。」（《荀子・勸學》）

❻ 唐君毅（1958, 1974, 1978）：《唐君毅全集》卷六：《中國人文精神之發展》（臺北：臺灣學生書局，1991），頁 92、107-112；唐君毅（1955, 1974, 1978）：《唐君毅全集》卷五：《人文精神之重建》。頁 89-110。

「當仁不讓於師。」（《論語・衛靈公》）西方的亞里士多德（Aristotle）所強調的是：「吾愛吾師，吾更愛真理。」從中西文化兩位大哲的說話，已可以看到中西方在重仁與重智上的不同側重之消息。當代英國大哲學家羅素（B. Russell 1872-1970）曾指出，西方文化包含三大淵源——就是希臘文化、猶太宗教及倫理，及現代工業主義。㊿希臘文化以哲學為主，哲學是理智思維的過程與成果，西方哲學在希臘哲學傳統的影響下更重理智的思辨。現代工業是基於科學技術，背後的精神就是一種理智的實證的精神在貫注。西方十八、九世紀的工業革命就是由理智精神成就的科學技術文明所帶動。資本主義順著人生存在對物質的需求與欲望，及人為利潤所驅動的事實，建立了資本主義經濟體制，帶動刺激欲望，增加消費與生產，使工商業不斷增長，資本主義的確帶來不少個人與國家增加了財富，也繁榮了先進國家的經濟與工商業。然而也帶來了剝削與不公平，貧富懸殊，以及社會上為求利潤而不擇手段的各種罪惡。資本主義也是理智精神在人的經濟活動領域上所產生的一種形態。因此，如上文所述，韋伯（Max Weber）批判西方的現代化（modernization）是工具理性獨彰，使人困於理智的鐵牢中而無法脫離，是有其洞悉的。

後工業化社會及資訊與經濟全球化的發展，是科技文明的進一步發展，是資訊科技發達所促成，也是資本主義的進一步發展，也是人的理智心運用的進一步發展。跨國集團的追求利潤，是根據更

㊿　羅素著，胡品清譯：《中西文化之比較》（臺北：水牛羅素叢書，1968），頁 11-24。

多冷靜計算的理智，與及各種運作的知識、金融體制工商業法規知識，當然為的是追求更大的利潤。在追求更大利潤的冷冰冰理智計算下，忠誠、老實、服務，與對員工的道義，已非現今商業機構所看重的價值或原則，這些價值與原則被標榜，只是在為達利潤時具有工具價值而已。不要說上文所舉之例子——如銀行在充分計算下，以各種贈品的形式吸引信用咭用戶，銀行最後仍是有利可圖的，而且，只要細心觀察，不難發現，社會上的很多商業機構，以至跨國大集團，皆有不少欺騙的成分，他們都是聰明的、有知識的、了解法律的，表面上並沒有違法，但在貨品的宣傳、包裝以至用不顯眼的條款字眼，不顯眼的附加費用，以及複雜的計算方式，都可以使消費者產生錯覺，以為物有所值以至超值，或是先製造某些時尚，某種心理需求，然後推銷產品，使消費者不知不覺間盡入其甕中。而整個商業世界以至影響到整個社會都有一個潛台詞：「你受騙，你上當，是你的愚蠢，是你的知識不夠。我賺多了你的錢，引你上鈎，是我的聰明，是我的本領。」商業機構盈利減少便裁員，增加留下員工的工作量，虧蝕時尤甚，大幅裁員少不免，而且只作冷冰冰的計算，年資久薪俸較高者，如果不是不可代替，便先裁減這類員工，以便更可省錢，你過去多年為公司服務賺錢，並不構成公司對你感恩或道義。年關近，並沒有分別，並非考慮的因素，照樣裁員，員工的處境與感受並不重要，只要不違法，根據合約賠償，然後一句商業決定，便沒有其他責任了。這中間的運作，「人」已經不存在，沒有人與人之關係或感通，只有冷冰冰的計算。

當前全球化時代，商業世界追求最大利潤可以說是於今尤烈

——不僅是合理利潤，而是「最大可能的利潤」，與及上述潛台詞
及冷冰冰的眼前效益計算，都是理智主義工具理性的極度發展的結
果。我們的教育雖然仍以德、智、體、群、美，五育並舉的平衡的
全人教育為目標，並看似以德育為先。然而當整個社會的價值取向
是利潤掛帥、功利先行，真要推行全人教育，德育為先，也是困難
重重，事倍功半，學校教育時常會被社會的影響所抵消。在香港，
家長為什麼千辛萬苦為子女揀選英文中學，學校被評為以中文為授
課語言時，整所學校像喪妣考❻，這種現象不是因為母語教學沒有
效能，而是英文學好會帶來實際出路及利益。如果對這種經濟全球
化，理智主義功利主義不加批判，卻亦步亦趨，把學校教育、大學
教育，以商業化企業化的形式管理，只作數量化的計算❻，則教育
決策者誇誇其談五育並舉，誇誇其談要培養有批判力、有獨立思
考、有道德的公民，都成了形式化的虛言，都通通只是一種裝飾、
點綴、應付式的話頭而已。麥金泰爾（A. MacIntyre）在他的名著《道
德之後》（*After Virtues*）反省西方的道德倫理時，很有慧見地指出：
「我們確實所擁有的是道德的假象，我們仍在繼續使用許多關鍵性

---

❻ 香港回歸祖國後，特首董建華不久推行母語教學，審定所有中學除了一百所
保留用英語教學外，其他都須用母語教學。本來香港大部分的中學都是英文
中學——即名義上英語為授課語言。因此立時很多的英文中學須轉為中文中
學，電視新聞報導時，都見這些學校的師生與家長表現很難過，如喪妣考。
後來也有不少學校提出上訴。

❻ 對此種大學教育商業化數量化的批判，亦可參考 Mok Ka-ho 與 Janice Currie
的論文 Reflections on the Impact of Globalization on Educational Restructuring in
Hong Kong. Joshua Ka-ho Mok & David Kin-keung Chan edited (2002).
Globalization and Education. H.K. University Press. pp.259-277。

詞彙，但很大程度上……我們在理論或實踐（或道德）兩方面都喪失了我們的理解力。」❻❼

不要以為孩子、青少年很愚蠢，他們也看到社會的現實，於是進學校受教育是一個遊戲規則，重要的是拿個學位，於是不知不覺間所潛養的心態是自我中心、功利計算。這類人看起來也是很聰明，做起事來也反應快，口齒伶俐，齊給便足，一時間也不能說我們的教育失敗。但久而久之，社會整體的人的素質便慢慢下降而不自知。這個社會越來越不了解為什麼孔子在他的學生中會這樣讚賞沒有著述沒有事業功業的顏淵，後世的中國人又把顏淵推崇為「復聖」，為他建廟。對孔子所教導的「人不知而不慍」（《論語・述而》）、「遯世不見知而不悔」（《中庸》）也無法了解及沒興趣去了解其深意。當代新儒家唐君毅先生在上世紀七十年代初已很有遠見的指出：

> 我們在東方社會，現在是正在拼命的學西方……現正在儘量學西方，而重視工商業，我們亦確是需要工商業。但東方文化〔按：儒家為重要一支〕對工商業之基本觀念，是要求工商業與人生文化生活配合。而現代之西方式的工商業，其根本精神只是一純粹的功利主義、技術主義：只重效率不問動機；只講手段，不問目的；只求增加生產、追求財富，不問其對人生文化生活有何價值……順西方式的工商業的社會之自然

---

❻❼ A. MacIntyre. *After Virtue*. 龔群、戴揚毅等譯：《德性之後》（北京：中國社會科學出版社，1995），頁 4。

發展，便有許多由功利主義、技術主義而來的流弊，必然出現。⑱

說儒家成德之教，儒家的價值教育在全球化發展中可以提供資源以益補於當前全球一體化的健康發展，不在儒家倫理教育價值教育的一兩個觀念，而是在儒家價值教育的重德育的取向上說，以其可以針砭西方尚智主義的傳統及當前經濟及資訊全球化仍然不脫其尚智主義的偏向發展，而提供救蔽補偏之效。救蔽補偏者，並非要放棄對知識的重視與追求⑲，而是要肯定道德在知識外的獨立意義。

西方如美國也並非沒有道德教育，上世紀七十年代流行的「價值澄清法」模式，與八十年代流行的柯爾伯格（L. Kohlberg）的「道德認知發展理論」模式，並沒有脫離西方尚智主義的窠臼，是蘇格拉底（Socrates）、柏拉圖（Plato）的「美德即知識」（Virtue is Knowledge）思路的傳統。其對道德的獨立性，對道德情感的作用，並沒有給與應有的地位。蘇格拉底、柏拉圖思想中仍然是理想主義的傳統，相較而言，價值澄清法隱含的價值中立則等而下之了。當代的新儒家唐君毅先生亦嘗言，我們學習西方文化，應重視西方希臘與中古的理性主義、理想主義的精神。⑳

從尚智主義看道德的基礎，便只外在地看道德。外在看道德便

---

⑱　《唐君毅全集》卷八：《中華人文與當今世界》（下），頁39。

⑲　放棄知識的重視與追求，也會走入另一偏蔽，如孔子所說的：「好仁不好學，其蔽也愚。」（《論語‧陽貨》）

⑳　《唐君毅全集》卷五：《人文精神之重建》，頁305-324；卷廿四：《生命存在與心靈境界》（下），頁456-459。

只能建立如實用主義（Utilitarianism）、社會功能論（Societal Functionalism）或情緒主義（Emotivism）一類的道德哲學。這類哲學或則把道德化約到人為達到現實心理的快樂的增加和避免痛苦（無論是個人的或社會的），以計算行為的結果，而產生善惡的道德分判，道德完全依於外在結果的計算，如邊沁（J. Benthem）或穆勒（J.S. Mill）之論。或則把道德化約為在社會發展和演變過程中的一種維持社會的功能的產物，故一方受社會存在的條件限制，一方受社會存在的需要而產生，如涂爾幹（E. Durkheim）與馬克斯（K. Marx）的道德觀。或則把道德化約為個人主觀情緒情感的表現如艾爾（A.J. Ayer）和史蒂文森（Stevenson）的情感主義（Emotivism）的道德觀。**❼**

這些依於經驗，依於理智外在地看道德的起源而產生的道德哲學，最終是實質上取消了道德的獨立存在地位，而化約為其他自然的性質（如情感或快樂與痛苦的心理）或條件，使道德最終無法脫離相對主義的窠臼，也使建基於這種道德哲學的道德教育面對困難重重。然而以上所說的三種道德哲學或道德觀正正是流行於當代西方的道德觀。

儒家成德之教，對道德價值之把握，正正是不純從理智心的向外分析搜尋而來，而是從生命的底層湧現而當下體驗。如孟子所舉「見孺子將入於井而有怵惕惻隱之心」之例，是人在此一存在的實際遭遇中而呈現之不忍人之心，由不忍之心而見義之所在，而知義之所當為。義者，用現代的名詞，即道德價值。道德價值是人心之

---

❼ 可參考拙文：〈全球化時代普世倫理的尋求與道德哲學的更高綜合試探——儒家倫理哲學的資源〉，已選編於本文集中。

呈現而見，此呈現的不忍之心，亦可說是道德之心，或如朱熹所說的「道心」，王陽明所說的「良知」。道德心，或良知是因呈現而有，道德的價值亦因良知的呈現而見。良知不呈現，若只以認知的心分析的心去找尋，亦可不見有任何良心的存在，任何道德價值的存在。⑫認知分析的心，可以懷疑是否絕對應救將掉下井的孺子，因為這個孺子將來可能是一個奸人惡人，以至大奸大惡的人，那不救他也可能避免了他帶來的災禍、罪惡，因此不救他也是對的，為什麼一定要救他才是對呢？我要救他也可能是社教化（socialization）而來的內化了的價值取向，那麼不同的社會條件、不同社教化，便可有不同的價值取向，不同的道德標準了。希特拉（Hitler）的德國便要教青少年仇恨猶太人。因此在於今尚智尤烈的美國人的思維裡，鮮有從人所共通具有的直接的簡單的無私的同情共感的情感出發措思，而是儒家所說的「智者過之」，過尤不及地先繞過背後看其助緣條件，為了避免「教誰人的道德？教誰人的價值？」（Whose moral? Whose values?）的難題，便最好價值中立，避免在道德

---

⑫　王陽明的學生王艮，也成了大儒，當學生問王艮是否真的有良知時；王艮便大罵這個學生。為什麼罵呢？因為良知不是知識對象，不是認知心所對，而是一實踐問題，存在問題，是當下能否呈現良知的問題。同樣的例子，也有現代版，牟宗三先生年青受學於熊十力時，一次聽到熊十力先生與馮友蘭對話，馮氏以良知是假設，熊十力指良知乃是呈現。（牟宗三：《五十自述》，《牟宗三全集》，卷32，聯經出版公司，2003，頁78。）科學實證的心態，認知的心態可能還是不甘心，若仍從外看，則仍可懷疑所謂良知呈現，不過是人主觀心理現象或社教化而來對價值內化後的心理反應。當代新儒家唐君毅在其《道德自我之建立》（《唐君毅全集》卷一之二，頁101-110）中亦有一節（「心之本體之體會」）為對應這種外觀之心態而論證心之本體之存在。

教育上有所取向。現在的年青人也普遍受這種思潮所影響，任何事情都沒有一定的是非標準，不少是活在意義失落的虛無中。而似唯一值得追求的是當前的利益與當下的快樂。

在儒家看來，道德教育，不純粹是一個知識問題、認知問題，即不純粹是一個判斷問題，道德教育更重在保存和涵養本心的問題。正如孟子所說：「學問之道無他，求其放心而矣。」（《孟子·告子上》）也就是說學問或教育的道理沒有別的，一言以蔽之，只不過是尋回那放失了的本心。就是要保存人之本心，不要讓其喪失。所以，天真的小孩，往往能有真情實感的反應。人在社會混久了，知識概念多了——學識多了，人因各種心理、各種利害放不下，反而看不到很切近的道理。所以人貴在不失其赤子之心，但我們的教育卻培養了太多聰明的人，學子都少了天真純樸和簡單。我們的教育是成功還是失敗？所以到後來宋明儒所講的工夫論或心性修養之論，即是一套保存本心的學問，使本心恰當發用呈現，才能見義行義。工夫論或心性修養之論可以說就是一套道德教育的方法。此在西方的道德教育理論是欠缺的。可喜的是，美國當前教育理論道德教育理論的發展，與儒家重德價值教育的取向有不謀而合的地方。比如姬莉芹（Carol Gilligan）與駱婷詩（Nel Noddings）對柯爾伯格（Kohlberg）批判而建立的關懷倫理（Care Ethics）。關懷倫理的道德教育模式，就是重視人的具體存在，重視人與人的具體關係，及在關係中的關懷情感，是從女性的體驗出發肯定道德情感的更根本，因此道德教育不純粹是道德原則的教導。正如駱婷詩在指出關懷倫理的道德教育與品性教育的分別時所說：「我們不是排斥道德原則或認為道德原則不值得推崇。只是我們相信單只有道德原則不

足以引動學生的道德動機。在這方面，我們傾向認同休謨：我們相信理性（幾乎）是情感的奴隸。所以教育的工作是教育情愫，尤其是道德的情感。**⓭**

對於駱婷詩與姬莉芹而言，關懷正是一種情感。儒家對道德情感之重視，由孔子已然。孔子教仁，孟子加以發揮，以「不忍之心」說仁之端。對於儒家來說，仁是道德原理，但具體呈現時仁同時是情，因為是普遍的情，故仁（情）也是理。

駱婷詩所不能完全讚同的品性教育（Character Education），在我們看來，品性教育在重德重智上，在東西文化的融通融合上，也加強了與東方融通這一趨勢。品性教育是當前美國最活躍最具影響的道德教育模式，其基本取向也像關懷倫理教育，反對價值澄清法及道德認知發展理論的尚智主義偏向，而肯定人生社會可以有共同的基本倫理與價值，及培養人品性中美德的重要。

又比如，曾到中文大學教育學院作「利希慎學術講座」的哈佛大學教授，提倡多元智能，飲譽世界的知名學者加德納（Howard Gardner）；肯定道德與良工（good works）的關連。**⓮**為什麼美國最第一流的學者都像在反美國的潮流呢？這很值得我們深思。

以上所舉的例子，是要指出，在筆者看來，以美國為代表的西方教育理論的發展，是有與儒家價值教育道德教育走向相融通以至

⓭ Noddings, Nel (2002). *Educating Moral People – A Caring Alternative to Character Education.* Columbia University: Teachers College Press. p.8.

⓮ Gardner Howard (2002). "A Job Well Done". In Howard Gardner, *Howard Gardner in Hong Kong.* Chinese University of H.K., HKIER, School Education Reform Series, No.5. May 2002. pp.99-108.

可以有所相融合的趨勢。

　　總括而言，儒家這一種重本心發用呈現，重心性修養工夫的成德之教，正可以有為西方尚智主義傳統救蔽補偏的作用。這種救蔽補偏，並非作為技術上的增加來處理，而是從能發出思考能體驗價值的人心處，即人的主體上著力。而且，前文已點出，全球化使全球經濟趨向一體化，地球成了真正的地球村，不同文化及不同種類價值觀的人與人間、群體與群體間、國與國間的接觸，以至利益往來，也更見頻繁。但由於價值觀、道德觀的不同，更多機會引致相互不信任以至衝突；因此如何在國際間建立普世的共同道德標準便成為當務之急。**⑮**也因此，重視培養主體道德情感及美德的道德教育是急不容緩的。

6.4. 儒家重人的主體重人文價值教育在全球化的資訊時代更具借鑒意義

　　無可否認，儒家倫理價值是源自中國傳統農業社會的小農經濟結構。在那恬靜、悠閒、穩定、匱乏而又以家庭為中心的社會，人

---

⑮　1993 年，著名的基督教神學家孔漢思（Hans Kung）起草〈世界倫理宣言〉，在芝加哥舉行的世界宗教會獲得通過。【劉述先：《全球倫理與宗教對話》（臺北：立緒文化公司，2001），〈自序〉，頁 4。】1997 年聯合國教科文組織（UNESCO）成立一普遍倫理計劃（Universal Ethics Project），為期三年，但終未能達成協議。【同上，頁 3，及頁 40-54「起草《世界倫理宣言》的波折」】。德國前總理施密特（Helmut Schmit）在 1997 年 9 月 1 日連同 24 國前總理或前總統一起簽署了一份世界人類義務宣言（Universal Declaration of Human Responsibilities），呈交給聯合國秘書長安南，以此重申並強調《世界人權宣言》所包含的義務。【施密特著，柴方國譯：《全球化與道德重建》（北京：社會科學文獻出版社，2001），頁 263-269。】

們生活其中，是較容易體認儒家的倫理價值。五倫——君臣、父子、兄弟、夫婦、朋友——是以家庭中人倫關係，倫理價值為主；人的感通，往往是從個人與個人的直接關係與交往而顯現，是人在具體生命中的直接體驗。無怪乎當代儒者如唐君毅、錢穆二先生在父母逝世時特別體驗到親情的真實，而對儒學有更確切的肯定。近代工業革命所產生的工業社會，大都會的興起，人口的集中，趨忙與競爭，使人精神外馳；工業革命帶來工廠的湧現和大量生產（mass production），增加了商業活動的頻繁、利潤及剝削成為人們行動背後的動力。人處其中，若缺乏當代儒者所強調的逆覺❼功夫或作時刻的超越的反省❼❼（也是朱子所言之〔自我〕省察），若只順著經驗往前用思，雖然也可以顯生不少聰明，也懂得要手段，解決眼前技術問題，但便不易體會儒家所肯定的發自本心或根源性價值的真實，與及人存在的主體性之體驗。

　　工業的文明，挾其科技的成就，尤以其船堅炮利，在十九世紀中葉轟開古老中國（及東方其他古老國家）的門戶，在傳統儒家文化下的中國固無法抵擋。於是儒家之教被視為無功用，隱而不彰。

　　比如說，儒家教人謙遜，重謙德。現代中國人因受五四運動對傳統文化批判的影響，以及嚮慕西方人的態度——要敢於表現、要進取、要表現自信，也因此使謙遜品德的價值被現代中國人所不能

---

❼　此為牟宗三先生用語，意即回溯根源的一種反省與自覺。牟先生也多用「逆覺體證」一詞，以示本心本性須由逆覺工夫把握。牟宗三（1983, 1993）：《中國哲學十九講》（臺北：臺灣學生書局），頁396-399。

❼❼　唐君毅先生所強調的哲學方法。可參考劉國強：〈唐君毅的哲學方法〉，《鵝湖月刊》229期（1994年7月），頁35-39。

真正了解。事實上，謙遜與自信、進取不一定矛盾。真誠的謙遜，使人的心靈空間擴大，使人一方能超越自己的現實限制，看到自己的不足，由此而自然會要求自己進步，以臻於更美善。另方面謙遜可使人能包容他人，看到他人的美善，而見賢思齊。

時下香港的青年人，尤其不能了解謙遜的意義。他們較受西方平等、自信、獨立自主，敢於競爭進取等價值影響，但對這些西方所強調的價值認識又不夠深刻，因此往往流於表現主義，形成一種自我中心，目中無人，不能對人同情共感，以至視對他人有禮，或先禮讓於人，是低人一截，失威的表現，卻以趨慕潮流，追求名牌來支撐自信，作為不後於人，不低於人的顯示的一種淺薄心態。他們並不能了解謙遜的真實意義。

他們不了解，真能謙遜，才真能有自信，真有自信的人，不在乎人家的看高看低，不在乎人家的毀譽⓲，人的主體性與真正的獨立性才能建立。現代的中國人喪失了對儒家傳統美德的體驗與了解，因而也不能自覺地培養這些素質。

到了當前後工業社會全球化的時代，資訊科技的發展，確實帶來人類社會生活不少的方便與益處，既打破了空間的阻隔，也省卻了不少運作的時間。但可以預見，資訊技術帶來的社會結構與人類

⓲ 可參考唐君毅先生〈俗情世間中之毀譽與形上世間〉一文。（見《唐君毅全集》卷三之一：《人生之體驗續編》，頁 13-33）如唐君毅先生曾言：「俗情世間即毀譽與財色主宰的世間」（頁 21）、「求諸己或為己之學，一當是要視世間毀譽若無物，而拔乎流俗；但同時要人盡己之心，以發展其道德心情，以通人之心。」（頁 29）、「為己之學，到家是自信。但自信到家，則必須再求為世間樹立毀譽之標準。」（頁 31）

生活方式的改變，也對人的存在，其精神處境造成困惑，就像工業
社會給人存在帶來虛無、佈慄、異化等困境一樣。比如說在資訊社
會，人面對不斷湧現的資訊，應接不暇。資訊科技使地球的空間縮
少了，但若人心任隨資訊轉，人心內的悠閒與空間也沒有了，沒有
空間，便沒有虛靈，沒有虛靈便沒有智慧，人的存在便只隨著外在
的變化與條件而轉，人喪失自主性。而且，跨國大集團對其他傳媒
或資訊集團收購或合併，也可使資訊及娛樂事業受到壟斷，如
2000 年 1 月 AOL（America Online）與時代華納（Time Warner）的合
併，是有史以來最大的合併❼❾。這些壟斷──尤其是資訊壟斷，娛
樂品味的壟斷，可以使我們的生活娛樂方式與資訊受到大集團控
制，沒有自主而不自知。

　　儒家的一個根本精神，是自覺的精神、理性的精神，也就是特
別注重人之主體性與自主性❽⓪。這種自覺精神主體精神在這個資訊
時代中正正需要加強培養。在四方八面湧入的資訊中作選取、分辨
正偽，以形成知識，並能在需要時選取恰當知識以解決問題，必須
定出生命的方向、理想的方向，才可以做到，才可以知「止」。正
如《大學》所說：「知止而後有定，定而後能靜，靜而後能安，安
而後能慮，慮而後能得。」

　　儒家重視心性修養以成其德。此工夫之用，亦可如朱子所教的
靜氣養神，唐君毅先生所說的心靈凝聚，❽①皆使人內斂精神，而不

---

❼❾　Rugman, Alan (2001). *The End of Globalization*. Amacom. pp.202, 216.

❽⓪　牟宗三（2004）：〈中國哲學的重點何以落在主體性與道德性？〉，《牟宗
　　三先生全集》，卷 28 之《中國哲學的特質》，頁 9-14。

❽①　《唐君毅全集》卷三之一：《人生之體驗續編》，頁 35-52。

致心神外馳放失，致浮泛無歸，心神之凝斂定靜之修養，實更為對現代資訊時代的人所必需的修養工夫。

在全球資訊網絡化下，一方面固是天涯若比鄰，通過電子郵件或 ICQ、Facebook 或 Twitter，人們差不多可以和世界任何角落的人通訊息。然而所溝通者，是真實個體，是虛擬個體，真真假假也難說。若生命內裏空虛或功利主導，則交往縱達四方，也不過是「假作真時真亦假」，不過是資訊時代，資訊全球化帶來的假象而已。這樣說並不是要否定資訊網絡的作用，而是要指出在資訊時代，全球化下同樣不能無視心靈的主體性與主宰性，也就是必須同時重視內在的心靈與心靈的貫通，所以儒家之教不可棄。

網絡之全球化通貫，經濟的全球化，仍然是一種外在的貫通；文化融通，觀念與價值的融通是一種內在的貫通。外在的貫通還須要內在的貫通才可以達致真正的全球化。舉一個例子來說，微軟的主席蓋茨（Bill Gates），在回憶他的童年時代，在 1960 年代的西雅圖，那時的電腦，體積龐大而笨重，那時他十三歲，是因為他就讀的西雅圖湖濱高中的一些「媽媽俱樂部」成員的構想，決定購置一部電腦終端機，並請人來教他們這些孩子電腦。❷就這樣決定了蓋茨對電腦的興趣和走上建立電腦的事業王國。所以蓋茨在書中便說：

在 1960 年代的西雅圖，這真是一項很先進的觀念，而我對

---

❷　比爾・蓋茲著，王美音譯：《新・擁抱未來——資訊高速高路來新藍圖》（Bill Gates, *The Road Ahead*）（臺北：遠流出版公司，1997），頁3。

此將永遠心存感激。**❽**

大概蓋茨的母親也是俱樂部的成員之一，但無論他永遠心存感激是對自己母親說，還是一批的母親說。這種感激之情使他與她的母親或他們那些母親們有一種內在貫通，這種感通，他視為「永遠」的。蓋茨肯定是具有很高聰明和能力的人，他推展他的跨國集團微軟時，他顯然運用了不少冷靜的理智，如何隔兩三年推出新視窗，以期佔有世界市場的絕大比率。他是成功的，事實上他的企業王國在促進資訊全球化經濟全球化上居功亦重大的。我們很想知道，在他的成功事業生涯中，有多少次出現像「永遠的感激」之類的與他人的生命貫通──內在的貫通。人生的存在是否在電子網絡上連線外，尚須生命內的連線貫通，電子連線最終價值也是要為了生命間的真正貫通。

儒家對生命與性情的體驗，往往是在人與人的直接交流或與具體情境面對的具體經驗中孕育，所以不少時候，這些生命中的真實體驗，也不能盡述於語文。若生命對生命的直接交流，或生命在大自然中的呼吸也沒有了。這將不是真正的全球化一體化、人類一體化。

因此，本儒家的價值取向，一個理想的社會，是應該在教育及制度上使人能保存這種生命與生命直接照面、生命與自然直接照面的情境，而不應完全放棄和刪除。也就是說，在儒家看來，資訊社會，若不加強人文環境及對人文價值的體會，將不能說是理想的社

---

❽ 同上。

會，也無法達到天下一家，人類一體的太和社會。

儒學可以提供的資源，益補當前全球一體化之健康發展，在儒家的人文精神，在以人為本，以人的存在本身為根本價值。人的存在之最高價值即在孔子踐仁之教，孟子所言的不斷擴充仁心，或如唐君毅先生所說的不斷擴充其價值意識與價值之體驗之教。此中求踐仁求擴充仁心、擴充價值體驗，必導致一種開闊的心胸，對他人則能容納欣賞他人的任何優點，對他國的文化，即能以相容欣賞而尋求更多設身處地的瞭解。儒學的根本精神確有致廣大而融合天下的太和精神，此所以孔子說「君子和而不同」，唐君毅先生喜用「太和世界」❽。即儘管人可以不同，國家可以不同，但不礙其和洽相處。「和而不同」才是真能既保持國際及地區的個性，同時走向全球一體化的相融和，此一體必須是包含多元的一體，多元一元同時得到肯定。消解了全球化發展下國家或地區的個體性與全球化之一體性的矛盾。

---

❽　《唐君毅全集》卷五：《人文精神之重建》，頁 45。

附　錄

文化自覺與中華民族的復興

本文之目的

　　自十九世紀中葉，西方文化入侵，中國傳統文化對西方挾其近代科技文明的船堅炮利下，無法抵擋，由自強運動張之洞之「中學為體，西學為用」，到五四時代陳獨秀、吳虞等打倒「孔家店」，其後胡適、陳序經主張「全盤西化論」❶，中國傳統文化節節敗退，而在現實的政治軍事上，則是屢戰屢敗，割地賠款，以至中國瀕臨遭西方列強瓜分的局面。面對危急存亡之秋，要求自強以「救國保種」的心態下，對中國文化之反省與及對中西文化問題的探究，成為知識分子最關心的課題。由梁漱溟先生 1922 年出版之《東西文化及其哲學》，肇始對文化的系統和整體反省，以自覺中西印三種文化之特性，及至當代儒者❷如錢穆、唐君毅、牟宗三諸

---

❶　張岱年、程宜山指出：「今之論者，頗有認為五四新文化運動是反民族主義、主張『全盤西化』論的。我們認為值得商榷。……『全盤西化』論的正式出籠是 1929 年，其代表人物為胡適和陳序經。」見張岱年、程宜山著：《中國文化與文化論爭》（北京：中國人民大學出版社，1990），頁 352。

❷　此處用「當代儒者」一詞，避免用「新儒家」一詞，因據余英時先生〈錢穆與新儒家〉。（余英時：《猶記風吹水上鱗──錢穆與現代中國學術》，臺

先生，仍繼續此一文化反省、文化自覺之路。當代中國問題，以至
世界問題，皆根底上是一文化問題。本文是上承此一理路，對文化
之本質、文化之基礎作出哲學之反省，一方指出文化的基礎在於能
自覺價值的心靈，即一切文化的產生皆源於人對價值的自覺；一方
順著當代儒家對中國文化特質為重德重人文，而智心發展不足之看
法，指出中華民族之復興在於自覺自己文化的恆久價值及其不足之
所在，進而長善救失。故中華民族之復興，其核心之處仍不離文化
之反省，文化之自覺與文化的復興。

處處是文化因緣

說當代中國之問題，以至世界之問題，皆根底上是一文化問
題，對很多人來說不是有點像天方夜譚，便是太空泛和抽象。但事
實上，只要我們稍用心思索，也不難了解其中的意義，也可以看到
人生處處是文化因緣的。

我們日常工作、休息，生活得甚為公式化，同時亦相當忙碌，
尤其是現代人，資訊繁多，如報章、電訊等資料都這麼多，很多時
候我們的精神、時間也編得密密的，未必會從較宏觀較抽離的角度
去想甚麼文化的問題。然而若果能靜下來想一想，便會發現我們日
常的每一小節都與文化有因緣、有關係的。簡單地說，譬如穿 T

北：三民書局，民 80[1991]，頁 31-98。）一文中所論，錢穆先生不自認為是
新儒家。「當代儒者」一詞涵義較廣。錢、唐、牟三位之思想固亦有不盡相
同之處，然就其對由中國文化之反省與自覺，了解中國文化重德重人文重天
人合一之核心價值，然後對自己文化重拾信心，發揮優厚潛力，以吸收西方
文化之長，使中華民族得以復興，觀點是一致的。

恤、牛仔褲。服式是文化的一種表徵，假使我們生活在春秋時代，我們會是穿寬袍大袖的；生長在古代的日本，該會穿上和服；即使現代人戴眼鏡也是文化的表現。說話所使用的語言亦復如此——在香港出生便說廣東話，在德國出生便說德語，在日本出生便說日語。語言是一種文化，我們賴語言思考和溝通，因此也可說文化影響著我們的溝通與及人與人之關係，現代生活中所利用的各種科學發明，皆是文化的成果，汽車、飛機、通訊、電視，莫不是文化，可見現代人生活的每分每秒，皆與文化脫不了關係，人存在背後具備著各種不同的文化條件，人們的生活，可以說處處是文化因緣。

「文化」一詞之字源意義與定義

也由於文化無所不在，如此包羅廣泛，也因此每人可以從不同角度不同現象來說文化，使得文化的反省與文化的自覺顯得不容易。正如羅洛維（Lawrence Lowell）所說：「在這個世界上，沒有別的東西比文化更難捉摸……它無處不在。」❸因此要討論文化問題，討論文化的反省與自覺時，所用「文化」一詞的涵義也顯得廣泛而複雜。著名文藝與文化學者衛威廉（Raymond William）也說過：「『文化』是英文中最複雜的兩三個字裏的其中一個。」❹馬史密斯（Mark J. Smith）也指出：「文化是一個重要而卻又難以捉摸，以

---

❸ A.L. Kaeober & Clyde Kluckhohn (1952). *Culture: A Critical Review of Concepts and Definitions.* New York: Vintage Books. Reprinted 1963. p.7. footnote 5. 中文翻譯取自殷海光：《中國文化的展望》（香港：文星書局）上冊，頁28。

❹ "Culture is one of the two or three most complicated words in the English Language." Raymond William (1976). *Keywords.* London: Fontana. p.2.

至引起混亂的概念。」❺什麼是文化呢？中國近百年來知識分子，對文化的問題，如中國文化的特質，中西文化比較有不少討論，但就文化本身作根本反省的討論則不多。新儒家唐君毅先生的《文化意識與道德理性》❻可以說是其中的鳳毛麟角。

縱然如此，我們也先從「文化」一詞的字源學意義（Etymology）來考察，以幫助對文化反省，了解文化的意義。

雖然中國古代已有「文化」一詞（下文再及），當代中文「文化」一詞之用法，是源自西方，是十九世紀末通過日文轉譯而來的西方概念。

「文化」在英文，法文中同為 'Culture' 一字，德文則為 'Kultur'，從「字源學」的角度看，'Culture'、'Kultur' 皆來自拉丁文 'cultura'，涵有耕種，養畜，培養之意義，現代英、法、德文中都還保留了拉丁文的原來意含，在 18 世紀末，引申為人類心靈的培養而成為代表一人群整體生活方式的精神。❼

與 'culture' 一詞相近，為 'civilization'，源自拉丁文 'civis'，原義指市民之事，與社會法律政治相關。在歐洲主流語言用法上，'culture' 與 'civilization' 被視為同義。惟在德文 'Kultur' 一詞，特重精神之意義，以至與特重社會政治事務之 'civilization'

❺　Mark J. Smith (2000). *Culture Reinventing the Social Sciences*. Philadelphia: Open University Press. p.4.

❻　唐君毅：《唐君毅全集》，第二十卷《文化意識與道德理性》（臺北：臺灣學生書局，1991）。

❼　Raymond Williams (1981). *Culture*. Fontana. p.10.

一詞有所分別而相對立。❽ 'civilization' 中文譯作「文明」，在中文的用法上，大部分時候「文化」與「文明」通用。若要分別，「文明」側重在文化的成就或成果上說。

中國古代已有「文化」一詞，《易傳·賁卦》象辭有：「觀乎天文，以察時變；觀乎人文，以化成天下。」此中的「人文化成」即是文化之意，故文化包涵人文之意義。西漢劉向的《說苑·指武》中也有：「聖人之治天下也，先文德而後武力。凡武之興，為不服也；文化不改，然後加誅。」此中「文化」與「武力」相對而言，故文化亦涵文治教化之意義。「文」，古代意指玉之紋理言，引伸言之：「人文」，即人之紋理；「人文化成」，即化成人之為人之理。

西方學術的潮流，探討問題時，往往著重對相關重要字詞的定義，由希臘柏拉圖（Plato）開始已是如此。討論問題由定義重要字詞開始，以確定重要字詞準確意義，固對反省問題討論問題有一定幫助，然而很多時候，不少重要問題的核心字詞也不易定義清楚，正如「文化」一詞包涵廣泛而複雜，不易有統一清楚的定義。1952年，美國人類學者克魯伯（A.L. Kaeober）與克羅孔（Clyde Kluckhohn）在其著作《文化——概念和定義的檢討》（"Culture: A Critical Review of Concepts and Definitions" Havard University Press, 1952）中，已羅列出從 1871 年到 1951 年八十年間，共一百六十四個關於文化的定義，從不同的角度，不同的進路，對「文化」即有不全相同的理解，便有不同

---

❽　Chris Jenks (1993). *Culture*. Routledge. p.9；韋政通：《中國文化概論》（臺北：水牛出版社，民 80[1991]），頁 8-9。

的定義說明。❾若今日再統計羅列，包括中國學者的定義，恐怕一定不少於二百個定義。

「文化」一詞經過近代社會學、人類學、民族學的發展，意義變得非常廣闊，包括人類生活的所有活動及其成果。以下選數個涵蓋意義較廣泛之定義，亦可以幫助我們了解「文化」意義之梗概。

人類學之父泰勒（E.B. Tylor）在 1871 年發表的《原始文化》（*Primitive Culture*）一書中，把「文化」定義為：「文化，或文明……是一複合的全體。這複合的全體包括知識、信仰、藝術、道德、法律、風俗，以及任何其他的人所獲得的才能和習慣。」❿博斯（Bose N.K.）在其《文化人類學》（*Cultural Anthropology*, Calcutta, 1929）中，定義文化為「人的生命活動的結晶」。⓫希士高域（Herskovits M.J.）在其著作《人及人的成就》（*Man and His Works*, New York 1948）中定義「文化」為「基本是用以描述任何人群生活方式留下的整體信仰、行為、知識、禁忌、價值，與目的的構作。」⓬蒲加特斯（Bogardus）定義文化「是一個社會過去與現在怎樣動作和怎樣思想的全部總和。⓭克羅孔（Kluckhohn）和奇利（Kelly）定義文

---

❾　A.L. Kaeober & C. Kluckhohn 在書中把各種對「文化」的定義分類羅列。分為各大類型：描述的（Descriptive）、歷史的（Historical）、規範的（Normative）、心理的（Psychological）、結構的（Structural）、發生的（Genetic）、以及不完整的定義（Incomplete Definition）（pp.81-142）。

❿　同註❸，殷海光：《中國文化的展望》上冊，頁 31。A.L. Kaeober & C. Kluckhohn (1963:81)。

⓫　轉引自 A.L. Kaeober & C. Kluckhohn (1963). p.81。

⓬　轉引自 A.L. Kaeober & C. Kluckhohn (1963). p.84。

⓭　轉引自 A.L. Kaeober & C. Kluckhohn (1963). p.95。

化為：「文化是一整個叢結。這一叢結包含器物、信仰、習慣以及被這些慣行所決定的人的活動之一切產品。」❹錢穆先生定義文化「是人類集體生活之總稱」❺。這些定義都說明了「文化」所包涵意義之廣泛。

克魯伯（A.L. Kaeober）和克羅孔（Clyde Kluckhohn）所羅列的定義，大多為社會學家、人類學家、民族學家，從事實立言。固可以像殷海光般把其羅列的重要定義再歸納，然後綜合推論出了解文化的六個原則：

i) 文化全部實有之中，任何一層面或要件或事物，無不是文化的部分，包括「好的」與「不好的」部分。

ii) 文化包括層進中各層，不能將「精神文化」與「物質文化」截然劃分。

iii) 文化所指不限於所謂「文明人」，所謂「野蠻人」同樣有文化。

iv) 文化並非一成不變的化石，而是在變動之中。

v) 價值觀念是文化構成的必要條件。

vi) 文化與文化價值都是相對的，雖然也有普同部分。❻

也可以像曾斯（Chris Jenks）在述過「文化」的一些沿用後，利用一四面向的類型學（a four-fold typology）來歸納「文化」的意義：

i) 文化為認知範疇；

---

❹ 轉引自 A.L. Kaeober & C. Kluckhohn (1963). p.83。

❺ 錢穆：《民族與文化》（臺北：素書樓文教基金會、蘭臺出版社，民 90 [2001]），頁 1。

❻ 殷海光：《中國文化的展望》上冊，頁 43-45。

ii) 文化為一涵蓋和集體的範疇；

iii) 文化為一描述的和具體的範疇；

iv) 文化為一社會範疇。**⓱**

殷海光和曾斯的歸納，無疑可以進一步增加我們對什麼是文化的了解。

文化存在的基礎在自覺之心靈

上述的歸納，固可給文化的反省與了解有所幫助。然本文對文化之反省，不單限於事實的、社會的、與及知識的層面來看文化，亦即不從文化在現實上的各種形態、特質，和包含之內容，而是對文化產生之可能作一更根本的或哲學的探究，亦即要問：文化如何可能？或即問：為什麼有文化？文化的存在有沒有一個基礎？如果有，基礎在哪裏？本文的答覆是文化的基礎在「自覺的心靈」。我們要對文化的現象，文化的事實，文化的本質作反省，而能反省之「能」——即心靈的自覺，正正是文化存在的根據或基礎，用常識的話說，文化由自覺心靈產生。

動物或其他生物是沒有文化的。文化現象是「人」所獨有，人與動物的分別正在文化處透顯。為甚麼呢？因為只有有自覺心靈的存在才能產生文化。文化的基礎是人的自覺心靈。一些動物如螞蟻、蜜蜂、雀鳥、狼群固然可以有相當複雜的生活和行為模式，以至社會分工，我們也可以說任何的生活方式都有其固定的形式（pattern），但有固定形式並不代表就是文化，因為在地球上，約有

⓱　Chris Jenks (1993). *Culture*. p.11-12.

二百五十萬種生物，都是有其固定的生長或生活形式⓮，若沒有固定形式便不能成為一種「類」，同時亦沒法生存下來。這些固定形式只是根據它們的本能或遺傳基因而來，若純粹根據本能或遺傳基因而來，則這種生活或行為形式不能稱得上是文化。人是有動物本能這一面的，故人在某些生活方面的活動並不一定是文化，例如「需要排洩體內廢物」，單就這生理活動而言，它是沒有文化意義的，但若此活動加上「廁所」，便含有文化的意義了。又例如「進食」，進食是生理上需要，但若用「筷箸」來進食或是「熟食」，這便加上了文化的意義。只是根據遺傳基因本能而生活和活動，例如螞蟻、昆蟲等，它們千萬年來的生活方式——以至我們稱之為社會的分工與組織，是沒有多大的變化。千萬年前的螞蟻生活方式跟現在的螞蟻生活方式差不多的；百萬年前的獅子也跟現在相差不遠。可是人類五千年前的生活方式已跟現在相差很大了，更不消說比之數十萬年前的人類了。為甚麼呢？這是因為人會創造文化，而文化的創造則全憑人有自覺的心靈，即是說人類的文化並不憑藉其自然遺傳本能反應而產生。不乏社會學家人類學家指出人類與其他動物不同，在於人有文化，而文化並不是由生物遺傳來傳遞。如雅各斯（Jacobs）和史特恩（Stern）說：

> 人之所以異於其他動物，是因人有文化。文化是社會遺產，不是由生物遺傳方式經質細胞遺傳下來，而是藉獨立於遺傳

⓮　更廣闊地看，不同植物的生長，地質與山脈的變動與形成，都有一定的形式，一定的規律。

方式傳遞下來。**⓳**

克魯伯（Kroeber）也說：

> 文化是人類所特有者，別的動物沒有文化；文化是人類在宇
> 宙間特有的性質。**⓴**

為甚麼說文化是由人的自覺心靈所創造呢？試看看原始人原本是茹
毛飲血的，但當經歷了森林因雷電閃擊或其他原因而發生大火，火
後大部分森林成了焦土，有些動物也給燒死，原始人到這裡覓食，
發現燒熟了的肉較生肉更美味，同時吃後不像吃生肉般多生病（原
始人固可以生病為惡魔引起），不知多少次同類經驗後，於是產生了
「熟食比生食好」的認識。也即熟食被自覺為更有價值，熟食文化
由此產生。

　　火種的出現，是因人反省到火是有價值的，於是想到要保留火
種，可是保留火種並沒有保證；偶然地，人發現拋擲石子會擊出火
花，於是火石便出現了。我們可以說：人自覺到「火」這種東西是
有價值的，於是把它保留下來，熟食文化由是產生，當然，「火」
的觀念發展至今再不僅僅是熟食文化了。自覺是一種智慧表現，由
自覺到產生文化是一種智慧的積累，因此文化的積累也就是智慧的
積累。

⓳　同注**❸**，頁 34。
⓴　同上，頁 32。

固然，近年對人類以外靈長類智力的實驗研究，顯示如黑猩猩之靈長類，其辨認數字及記憶數字的智力，比以往人對靈長類所知道的為高❷，三歲黑猩猩在辨別鏡中自我影像時的反應和人的嬰兒的反應很相似。❷縱使如此，我們可以不否定黑猩猩如果經過相當長時間的進化，可以進化出像人類所擁有的一種自覺心靈，但至少目前階段，靈長類如猩猩的活動，並不能即顯示出其已具有像人類的自覺心靈。人類由人猿進化而為人，而產生自覺心靈，也是有一進化歷程。

自覺的心靈，是正如孟子所言的仁之端的「惻隱之心」，亦是荀子所言的知義之心──即其所言的「人有氣有生有知，而且有義。」❷也如唐君毅先生，在其《文化意識與道德理性》一書中說明的：

> 人類一切文化活動，皆為道德自我（或即理性自我，超越自我，精神自我）之表現，即道德自我為體，文化活動為用。❷

---

❷ D. Biro & T. Matsuzawa (2001). Chimpanzee Numerical Competence; Cardinal and Ordina skills. T. Matsuzawa (ed.) (2001). *Prinate Origins of Human Cognition and Behavior*. Springer. pp.199-225.

❷ N. Inoue – Nakamusa (2001). Mirror Self-Recognition in Primates: An Ontogenetic and a Phylogenetic Approach. ibid. p.298.

❷ 「水火有氣而無生，草木有生而無知，禽獸有知而無義，人有氣有生有知，而且有義。」（《荀子・王制》）荀子以心能知能辨，是認知的心，但心若能知義辨義，則不能說沒有價值意義，荀子對此心之原具價值意義自覺不足。

❷ 唐君毅：《文化意識與道德理性》第一章，《唐君毅全集》卷二十，頁 29-64。書中唐先生以道德自我、理性自我、超越自我、精神自我為等同。

> 文化非自然現象，亦非單純之心理現象或社會現象。……吾
> 人之意，是視文化現象在根本上乃精神現象，文化即人之精
> 神活動之表現或創造。人之精神活動，自亦可說是人之一種
> 心理活動。然吾人所謂精神活動，乃為一自覺的理想或目的
> 所領導者。亦即為自覺的求實現理想或目的之活動。❷⑤

錢穆先生在其〈史學精神和史學方法〉一文中也指出：

> 民族、文化、歷史，這三個名詞，卻是同一個實質。
> 有了心靈，才又產生了歷史。
> 歷史與文化就是一個民族精神的表現……研究歷史，就是研
> 究此歷史背後的民族精神和文化精神的。❷⑥

也就是說，民族文化與歷史之根源在其心靈與心靈所表現的精神。
而精神是在人自覺地要實現理想而表現。

在儒家看來，文化之基礎或根源在於人的自覺心靈，此自覺心
靈同時是價值意識之本源。文化的活動與文化形成即在心靈對價值
自覺中產生。此自覺心靈也即仁心，或稱為仁義之心、良知、道德
心、道德理性、超越自我。此不同的名稱也是儒者回應世間，方便
說法而來的不同名稱，所指是同一實在。

---

❷⑤　同上，頁 1-2。

❷⑥　錢穆：《中國歷史精神》（臺北：東大圖書公司，民 65[1976]初版，民
　　73[1984]三版），頁 1、6、7。

　　原始人自覺火的價值、熟食文化的價值，於是火與熟食文化得以傳遞下來，其間人亦可能因火之危害而害怕火，而懷疑保留火的價值。最終火和熟食文化所以能保存下來，其間是經過不知多少次人對火之價值之自覺肯定，也即多次出現心靈對火之價值由懷疑而重新自覺，重新肯定，才能最終保存火的文化。一種文化現象，如果只是一時的偶然出現或一時之流行，及後沒有自覺的心靈繼續肯定其價值，此種流行或時髦現象，也會像曇花一現或經歷短時期後便會在人類歷史文化中消失。如某種文化現象，如女性中心母系社會，以至男性中心父系社會（雖然男性中心仍是不少現存人類社會的事實），又如封建制、君主制，其相對於一段時間的歷史中為有價值，而被心靈自覺的肯定，於是在歷史中出現，但事過境遷，環境與人類面對問題變遷了，因此也會為後繼之自覺心靈所否定，以其在更廣闊或更普遍環境中沒有價值而不能繼續存在。從心靈的角度看，也可以說心靈體驗到自覺到更廣闊更普遍的價值，而放棄較偏狹，較限制之價值。因此批評文化之「好」與「不好」，「有價值」與「無價值」，一方面不能只從單一角度而論，也要從其在歷史中出現時之角度看，當然另方面更重要的是要從人類普遍理性要求之角度來看，這也是自覺的心靈或理性的心靈所必然有的要求。能持續久遠的，必然是人類心靈在普遍理性下所自覺到的價值，此種價值將是更恆常，縱使一時間或一階段受到質疑，但將仍不斷有心靈重新自覺其價值，使其再發光芒。

　　心靈對價值的自覺也可以因人的欲望偏見私利，而有個人的狹隘的價值追求活動，此種活動廣義地說也是人的文化活動，或如論者所說的「壞的」、「不好的」文化活動，此種文化活動可以是違

背主流文化或大傳統的文化，而與之相矛盾。若從狹義地說文化，「文化」是指具有教養，品格與文學修養的素質，人們便不願意稱一些源於慾望的，粗鄙的，自私的價值為有文化的表現。

因此文化的自覺，應包括一方面對歷史上出現之觀念、制度、人物、事件或各種現象的反省，以自覺其相對價值，另方面是反省其是否具有普遍價值以符合新時代新環境的要求。

中華文化之復興即需要有繼起不斷的心靈，去重新自覺此文化中之恆常普遍價值，才可使此文化得以「子子孫孫永保」。

中國文化獨特性與價值之自覺及民族復興

錢穆先生嘗言：

> 由民族產生出文化，但亦由文化來陶鑄了民族。沒有中國民族，便沒有中國文化；但亦可說沒有中國文化，也就沒有了此下的中國人。㉗

> 而中國文化，則是中國人或是中國民族經過了四五千年長時期變化蘊積而到今天之所成。㉘

又說：

㉗　錢穆（1968）：《中華文化十二講》（臺北：素書樓文教基金會、蘭臺出版社，2001），頁 56。

㉘　錢穆（1971）：《中國文化精神》（臺北：素書樓文教基金會、蘭臺出版社，2001），頁 2。

中國人創造了中國文化，但也可說中國文化又創造了中國人。❷

「文化」與「民族」是一而二，二而一的。❸

也就是說，中華民族，與中國文化中華文化❸是分不開的。脫離中華文化，也就沒有所謂中華民族，中國亦不成其為中國。事實上在中國過去的傳統是重文化多於重國家重民族❸，華夷之辨也就是以文化作劃分。孔子說過：

夷狄之有君，不如諸夏之亡也。（《論語·八佾》）

孟子也說過：

吾聞用夏變夷者，未聞變於夷者也。（《孟子·滕文公上》）

---

❷ 錢穆（1976）：〈中國文化與中國人〉，《中國歷史精神》（臺北：東大圖書公司，1984），頁 129。

❸ 錢穆（1959）：《民族與文化》（臺北：素書樓文教基金會、蘭臺出版社，2001），頁 61。

❸ 一般而言，「中國文化」、「中華文化」二詞，指謂相同。梁漱溟、錢穆、唐君毅、牟宗三等當代儒者，多沿用「中國文化」一詞。筆者以為中華文化一詞在今日更切合，以其不限於在中國本土，在海外華人，學者間也可實踐與推重中華文化。

❸ 可參閱錢穆先生《民族與文化》，第二編第一章「中華民族之本質」，頁 61-74。

故中國歷來士大夫知識分子，每自傲於華夏文化之較周邊民族文化高出許多，以重文化融合以成民族，而不以血統論民族，所謂「諸夏而夷狄，則夷狄之。夷狄而進於諸夏，則諸夏之。」所以中華民族一方由黃帝周公孔孟所確立之文化形態所陶育而成，一方中華民族是在不斷吸收與擴大，豐富著中華文化之內容，以融合成一更大的民族，不像歐洲分裂成諸多民族國家。

然而，清末西方文化挾其科技文明的船堅炮利，使亞洲古老文明無法抵擋，中國、印度、日本、東南亞諸國，逐一被殖民化。為了自強圖存，便不得不重新對自己的文化作反省。由初時自強運動曾國藩、李鴻章、張之洞等知識分子，視中國器物之不如人，到五四時全面否定傳統，要求「全盤西化」，視中國不祇器物，制度，教育，政治不如人，甚至所孕育的中國人的人格精神皆不如西方，魯迅筆下的「阿 Q」正是這種人格缺陷的集中表現，及新儒家梁漱溟熊十力等先生之重新肯定中國傳統文化有其永恆價值在，他們不同於極端的保守主義者如劉師培等之捍衛名教，而是從哲學的深層反省，以及生命之親切體悟，以論傳統文化有其不可磨滅之價值在。梁漱溟先生 1922 年發表的《東西文化及其哲學》一書，對中國西方印度的文化作出反省，概括西方文化形態是向前的，印度文化是向後的，中國文化是持中而早熟的。雖然今日看來，可嫌粗疏❸，但當時是起著對文化整體反省與文化比較的先河作用。

---

❸ 這非只是筆者個人之意見，牟宗三先生在讚賞梁先生之餘，亦批評其「未能……再繼續前進，盡精微而致廣大。」（牟宗三：《生命的學問》，臺北：三民書局，1972，頁 112-113。）梁漱溟先生自己後來對書中所論亦不滿意，說「其中實有重大錯誤」。（梁漱溟，《人心與人生》香港：三聯，

　　錢穆先生於 1949 年 10 月在香港創辦亞洲文商書院，1950 年 3 月改組為新亞書院，創校始，唐君毅先生一直參與其中。新儒家牟宗三、徐復觀二先生，後來也到了新亞任教，使新亞書院儼然成為當代儒學之大本營。

　　徐復觀先生主編《民主評論》，王道先生主編《人生雜誌》，錢唐等先生不少反省中國文化、比較中西文化的文章，都在這兩雜誌中刊出，這是當代儒家在香港繼承與延續梁漱溟先生的文化反省。1958 年唐君毅，牟宗三，徐復觀，張君勱，四位儒者聯名發表〈中國文化與世界〉宣言❸❹，代表了當代新儒家對中華文化反省的一個結論。這一宣言是唐君毅先生草擬的，當時牟先生徐先生在臺灣，張君勱先生在美國，經過多次書信往來，修訂草擬，然後發表。

　　《宣言》中所顯示對中華文化反省的結論是：文化的中心在思想哲學，了解文化的正確途徑應是先把握核心的思想觀念。中國文化是一本的❸❺，即各文化領域如道德、宗教、政治、文學、藝術等，皆圍繞著一些核心觀念而展開。中國文化重仁，重道德，相較於西方文化之重智不同，儒家心性之學，「天人合一」之見，皆為

1985，頁 259。）

❸❹　唐君毅（1958、1991）：《唐君毅全集》卷四之二，《中國文化與世界》。

❸❺　唐君毅（1958、1991）：《唐君毅全集》卷四之二，《中國文化與世界》，頁 14-17。唐君毅先生在《中國文化之精神價值》一書中，也曾申論中國文化之來源為一元的，即一本的。（《唐君毅全集》卷四之一，《中國文化之精神價值》，頁 13-17）。錢穆先生也持相同觀點，錢先生說：「中國文化是一本而來的」（《民族與文化》，頁 141）、「中國文化是一本相生的，在其全體系中有一主要中心，即上述之『人文精神』」（同上，頁 37）。

中國文化義理之核心。《宣言》中承認中國文化歷史中，缺乏西方近代之民主制度與科學，是中國文化的缺點，但同時強調，中國文化並不反科學，也是有民主的種子。中國人過去在重利用厚生而產生之科技，實不遜色，儒家以民為本的民本思想，「天下為公」、「人格平等」等觀念，皆與民主的平等精神，並沒有基本矛盾衝突。民主與科學是一理智心的對列與架構表現。中國文化的發展是需要吸收民主與科學，但並不是自外添加，而是從了解中國文化精神自身未有充量發展，理智精神發展不足，故須自中國文化的精神生命的道德主體中發展出認知主體與政治主體精神，這樣才有基礎，只從外襲西方的民主與科學，在文化生命精神中沒有根基，也將是失敗與徒然的。

　　《宣言》中這些觀點，在唐先生和牟先生的其他著作中亦有不少的申論㊱，錢穆先生則斷言傳統中國並非一般所說的君主專制㊲，也具有一定的民主精神㊳。他強調中國近百年沒有科學，不是

㊱　如唐君毅先生的《中國文化之精神價值》、《中國人文精神之發展》、《人文精神之重建》，牟宗三先生的《政道與治道》、《中國文化的省察》。如唐君毅先生在《中國文化之精神價值》最後三章中論中國文化之未來，說中國文化如傘之未撐開，喻其道雖高明而未有撐開架構，架構即為理智心運用之結果。牟宗三先生在《政道與治道》中指出，中國文化缺乏「理智的架構表現」，聖人是「盡理之綜和表現」、英雄生命的智慧則是「盡氣之綜和表現」。總括言之，即中國文化之缺點在智心表現不足。

㊲　錢穆（1976、1984）：〈中國歷史上的政治〉，《中國歷史精神》（臺北：東大圖書公司，）頁19-38。

㊳　錢穆（1942）：〈中國的民主精神〉，《文化與教育》（桂林：廣西師範大學出版社，2004），頁78-86。

因為儒家思想或「孔家店」，而是「這一百年來中國社會不安定，科學不容易生根」❸。錢穆先生也承認中國文化「有它的短處」❹。因為「全世界各民族各文化體系，莫不各有輕重長短，亦莫不各有其利病得失。」❹

　　無論我們是否同意錢唐牟諸先生對中國文化特質及其優點與不足之看法，他們帶出一個訊息，就是在外襲西方器物如曾國藩、李鴻章、張之洞之自強運動，與及外襲西方制度如康有為梁啟超的維新運動，以至孫中山先生建立民國襲取西方的民主共和政制❹，均告失敗，都驅使中國知識分子對整個中國文化作出反省，以求對自家的文化，與及西方文化之特質與優劣，有更清楚知識與自覺。

　　陳序經於一九三二年出版他的《中國文化的出路》，主張中國全盤西化，是步梁漱溟《東西文化及其哲學》後，對整體文化反省的一個嘗試。在序言中指出自梁漱溟出版他的《東西文化及其哲學》後，「已有十餘年，這麼長的時期內，竟沒有人去寫第二本」❹事實上，要對於整體文化的反省與自覺是不容易的，因作這樣的反省，而能對整體文化有自覺，產生定見，是須牽涉到廣泛之知識與學問。往後在軍閥割據，日軍侵華，國共內戰的動盪不安的歲月

---

❸　錢穆：《民族與文化》，頁 144。

❹　同上，頁 141。

❹　同上，頁 35。

❹　固然，其五權分立，亦有嘗試融合中西之處，而有所創造之意，然整體而言，是仿效西方民主政制。

❹　陳序經（1933、1977）：《中國文化的出路》（臺北：牧童出版社，民66[1977]）。梁先生的書於 1922 年出版，僅為十一年。

中，中國知識分子要靜下心來深入地對自家文化西方文化反省自覺，也更不容易。1930 年代初張君勱丁文江等由人生觀引起的科玄論戰，以至 1960 年初李敖步胡適後主張全盤西化，在臺掀起的中西文化論戰，並沒有帶來對中西文化冷靜的系統的反省與疏理。新亞書院的當代儒者們從思想哲學與歷史各方面的深厚學問基礎下，對中華文化的反省及對其特質的自覺，應受到重視。

中國至今仍未有充分的民主政治，中國近代備受列強欺凌，世界的危機，這不僅是現實問題，更是文化問題❹。中國文化在近代未能發展高水平的科技，西方科技文明入侵中國，西方船堅炮利使中國不能抵擋；早期配戴眼鏡的人被稱為「二毛子」，說他們是假洋鬼子，火車傳入破壞風水遭鄉人反對。這些看起來是現實政治軍事的問題與及人的生活問題、人際衝突的問題，可是問題的背後卻深藏著文化衝突的問題。不深一層反省文化問題，便不能真處理和解決這些問題。

錢唐牟早年反省與自覺中國文化的價值，以至掀起發揚中國文化運動，是寂寞的，早期只有少數人在講。現在中國大陸能肯定孔子，重視中華文化，不能不說是一種進步。中華文化是具有凝聚力的，是兩岸三地中國人統一的基礎，以至是海外華人不忘尋根溯源愛念祖鄉情懷之本源。所以在外國出生受教育的第三、四代華人，這種情懷便大大減少以至沒有了。中華文化的復興，也就是中華民族的復興，這種復興不等於是純粹復古，而是在對中華文化之優越與不足有更真切和深入的自覺後的一種復興，此種復興是文化心

---

❹　《唐君毅全集》，卷十，頁 148-149。

靈,文化精神的擴充,也是民族的擴充。文化心靈文化精神之擴充,也是中華文化自身的發展。擴充不能用武力擴張來了解。羅馬人武力擴張形成橫跨歐亞非之帝國,卻沒有能形成一個擴大的羅馬民族❹。中華民族的復興,也不能沒有足以自衛自保之武力,所以科學知識與技術絕不能放棄,但在中華文化人文精神下的武力,將永遠是國際間一股正義的力量,作為制衡霸權,扶助弱小的力量。若能如此,則是科技文明與中華文化將達到一種優良的融合。

筆者以為,在中國大陸,在自覺的層面肯定中華文化的價值的人以至領導層,還是少數。中國的領導層、中央政府若不能重視自己的文化,中國若再走下坡,稍見積弱,人們便更會說,中國為甚麼不可以分成七個國家,以至更多國家。所以,光肯定還是不夠,還須在教育上及學術上紮根,加強中華文化的基本課❻與研究,培養新一代學人,在前輩人努力的成績上更進一步更具體地反省與自覺自己的文化優點與不足。

中華民族的復興,是要依賴於如何能培養下一代國民,一方面吸收中華文化傳統中之優良素質,一方吸取西方文化的優良成分,這都是有賴於我們的教育家的視野與及所提供教育的質素。要把中

---

❹ 正如錢穆先生說:「不僅由中國人來創造了這一套中國文化,而又由這一套中國文化來繼續創造中國人。因此到今天,中國人仍佔世界上人口最多的比數。不僅古代的希臘文化、羅馬文化不能把希臘人、羅馬人擴大而綿延,即如今天的法國人、英國人一樣依然有不能擴大,不能綿延之隱憂。換言之,他們可能擴大他們的『國家』,卻不能擴大他們的『民族』。」(錢穆:《民族與文化》,素書樓文教基金會、蘭臺出版社,民 90[2001],頁 62。)

❻ 就筆者所知,在上世紀九十年代初,全國高校已開始設有選修的「中國文化概論」課程。

華文化的優良成分與西方文化的優良成分融合，說來容易，真的落實，使融合於我們年青一代的身上，並不容易。因為文化是有機的整體，有時是難免牽一髮而動全身，有時是一文化系統裏的一些價值觀，長期形成了民族的一種人格軌向或行為模式**❹**，在新時代新環境中，對解決新問題，並非相順，甚至形成窒礙。比如受傳統儒家影響的讀書人，往往不屑自我標榜，本著「宿夜勤學以待問，懷忠信以待舉」、「君子恥其言過其行」、「人不知而不慍」的明訓，常是易退難進，因常不屑主動自我標榜以求進，此種人格形態之自身誠可貴，但與民主政治所需的主動進取參與的人格不一定完全相順，但不相順並不表示相矛盾，此中便須心靈的一種自覺，即一方自覺寶貴傳統所強調的真材實學，所強調的內懷忠信，也肯定應言不過其行，人不知而不慍之修養，但同時一方自覺到在現代社會要擴充善，是需要客觀架構，客觀參與，在適當時間更需自覺地標舉自信的理想與自信所具備的才能，以使理想得以客觀實現。

民主肯定所有人的自由與平等，這本身也是一種道德的肯定，民主也不能違道德，但民主政治不止於道德，還須運作制度之配合。若放棄民主背後的道德價值，民主制度也可以被利用作為純粹維護個人利益的憑藉。道德與民主制度的更好結合需更多的研究與文化的自覺。

又如中國傳統重人情，但人情無分際，便在政治在辦事的層面

---

❹ 如上世紀六、七十年代，臺灣著名心理學家楊國樞和人類學家李亦園等教授從傳統文化的價值觀與中國人的性格關係作過不少研究。見李亦園、楊國樞編著：《中國人的性格》（臺北：中央研究院民族研究所，民 60[1971]）。

上,十分講關係,對法規制度重視不足,有法不依,成為人們所垢病。於此我們須自覺我們文化所產生的一般行為模式之偏差,而須自覺地求轉變,一方面仍肯定重人情或人間有情之價值,一方特別要自覺人情關係之範圍,使其受一定限制,不能私以忘公,不能因人情而造成社會的不公平。這裏需要從教育與制度雙管齊下培養國民一方重情義一方守法紀的素質,此中融合的細微處實仍須更多的研究與思考。

總而言之,只有通過教育,通過學術研究,更自覺自己文化之優越與缺失,也通過教育與學術,促進文化綜合與發展,也將同時是民族的復興之路。

對加強中華文化教育的疑慮的一些看法

固然,對加強中華文化教育持保留及懷疑態度的也大有人在,所根據的理由大概有三方面,一種是懼怕大陸政權利用中國文化,尤其是儒家思想進行另一種新權威主義式一元文化的獨裁統治。這種保留態度是可以理解的。但任何國家重視自家文化的教育是正常而合理的,那有英國政府不重視英國文化的教育、德國政府不重視德國文化教育的道理。所以中國政府重視中國文化的教育是很正常而合理,也是應有之義,或許應怕的是怕中國政府仍不知真重視;只要在重視自己文化傳統教育的同時,不去壓制其他的學問、其他的文化的教育,容許對自家文化作理性的批評,同時逐步政治改革,建立民主,將更能使中國人歸心,更能保持中華民族的活力。重視自己的文化教育與一元獨裁並無必然的關係。若中共不能吸取歷史教訓,只是出於利用中國文化,則中國與中國人的悲哀尚未完

結。

　　另一種懷疑是來自世界主義的觀點，認為二十世紀、二十一世紀應該有全球性全人類性的眼光，過分強調中國文化的教育，只會增加國家主義民族主義的狹窄眼光。抱持著全球性全人類的眼光的人，我們是衷心表示尊敬的。作為個人，固然可以有自由決定作一世界公民，以至決定作一他國公民——如美國公民、英國公民等，或嚮慕他國文化如英國文化，印度文化而決定終身學習該種文化。但對於任何一國政府，作為一個政府，是不可以和不應該代替該國群體裏的每一個人作決定，跨過了群體所屬之歷史文化，以要求國民先作一世界公民，或先嚮往他國文化。此意唐先生牟先生以前課堂上也多次強調過。

　　唐君毅先生幾十年前已指出，我們不能空頭的說世界文化，而是只能在世界各種主要文化的融通基礎上說建立世界文化。要講世界文化，也要先從認識自己本國的文化開始。正如要博愛世人，也要先從愛自己的家人親人開始，然後擴而充之，以至於「親親而仁民，仁民而愛物」，這也是儒家由近而遠的切實主張。如果對自己的親人也不能產生愛，而卻說能博愛世人，這是不合理不可思議的。所以，重要的，其核心精神是擴而充之。若不能擴而充之，便會產生家族主義，地方主義，狹隘國家民族主義，也不能真使中華民族擴充，但這不是儒家或中華文化的基本態度或精神。事實上，中國文化從開始就是重視天下觀念，故國家之觀念並不強，只是近百年來因受西方列強欺凌，知識分子才意識到國家的重要，對建立富強國家要求的迫切。錢唐牟等當代儒者並非沒有全人類的觀點及意識到世界文化之建立的問題，只是他們談論得相對比較少。對他

們而言，迫切的是使更多國人恢復對自己文化的信心，對於世界文化之建立，並不是以為中國文化取代世界文化，他們只是認為中國文化將是組成世界文化的重要部分，世界文化其他部分應該包括基督教文化，伊斯蘭文化，佛教文化，西方希臘的理想主義傳統等。❹錢穆、唐君毅、張丕介等先生創辦新亞書院，宗旨既要發揚中國文化，為什麼不叫做「新華書院」或「新華夏書院」，而用了「新亞」之名，就是表示新亞洲之意。❹唐君毅先生亦嘗提出由聯合國來召開世界學術文化會議，促進世界文化的交流等❺。他們的眼光，當然不是狹窄的民族主義者所可比擬的。發揚中華文化並不必然就是狹隘的國家主義民族主義。❺

　　第三種情況，可以說是國內外社會的普遍情況仍不利於中華文化的教育的。在中國國內，受左的思潮影響的人是看不見中華文化的價值的，而肯定的又往往是因領導人肯定而一窩蜂，感情用事而

---

❹　《唐君毅全集》卷八，《中華人文與當今世界》（下），頁22。

❹　如唐君毅先生說：「『新亞』二字即新亞洲，亞洲之範圍比世界小而比中國大。亞洲之概念可說是世界之概念與中國之概念間之中間的概念。而新亞書院講學的精神，亦正是一方面照顧中國的國情，一方要照顧世界學術文化的潮流。新亞書院的同人，正是要在中國的國情與世界學術文化的潮流之中間，嘗試建立一教育文化的理想而加以實踐。」（新亞校刊第一期「創刊辭」）

❺　《唐君毅全集》卷十，《中華人文與當今世界補編》（下），頁146、152。

❺　如錢穆先生說：「我並不提倡狹義的國家民族觀念，說生在中國土，死為中國鬼，我定該做一個中國人。……在中國傳統文化之下，任何人在任何環境任何條件下，都可堂堂地做個人，本無中國美國之分別。」（錢穆。〈中國文化與中國人〉，《中國歷史精神》，臺北：東大圖書公司，1984，頁142。）

義理紮根不深，文化自覺不足，以至發揚中華文化只是為個人利益功利計算。在國外以至世界範圍上說，當今時代是功用主義，實效主義與感官主義主宰的時代，當前的時代是價值偏向，只重視功用實效與感覺的價值，對中華文化中所體驗之善、美、真等價值並不重視。中華文化精神中也非全不重視功用與實效，只是除了功利與實效之外，更重視仁、義、禮等的「目的價值」。功用與實效也不是不重要，只是世界的事情就確如老子所說的「反者道之動」，若事事只講求功利、功用與實效，所培養成的人將是眼光短淺，事事計較，人將缺乏深度與宏大的眼光，表面看起來像很有能力，但卻單向片面，變得「目的價值」迷失，久而久之，功利與實效偏向心態將導致整體失效，或整體崩潰。中華文化教育的內涵固然是廣泛的，但其中一個重要的核心意義，可以說是性情之教，這種教育並不是可以使人立刻解決一個具體問題或能夠加速一種具體生產，而是在人之素質中建立根基，是為整體人民與民族中種下深厚基礎，是一種無用之用，但其用則可謂大矣：可使這個民族代代有賢人才人出，也可使種族相融而形成更大的民族；可使人對國家，對民族，對人類懷有深情；可使人公爾忘私、為人類的福祉而努力。

科教興國，加上民主建國，肯定是中國正確的前路。不發展科學沒有民主中國難以興盛，但教育上只重科學教育還是不夠的，必須輔以中華文化人文之教育，才可雙足並立，才能真使國家興盛。唐君毅先生也說過中華民族之復興，必須是民族與文化雙足並立的復興❺❷。這也是本文之結論。

---

❺❷ 《唐君毅全集》卷八，《中華人文與當今世界》（下），頁 233、259、269。

列強侵凌文化蕩然下的奮發求真
——錢穆先生求重建中國歷史文化自信的豪傑精神

生於甲午戰敗後

在中日甲午之戰中國戰敗給日本後簽訂馬關條約的一年——1895 年，錢穆先生在江蘇無錫南延祥鄉嘯傲涇七房橋之五世同堂大宅中誕生。錢先生誕生於是年七月三十日，約在馬關條約簽訂後的三個半月。

甲午之戰，中國是敗給了一向被視為東鄰蕞爾島國的日本。馬關條約，日本予取予攜，要求賠償白銀二萬萬兩，臺灣及澎湖就是這個時候割讓給日本的。自 1842 年鴉片戰爭戰敗簽訂第一條不平等的南京條約割地賠款，到 1860 年第二次鴉片戰爭戰敗簽訂北京條約的割地賠款，到 1895 年的馬關條約的割地賠款，同時也是中體西用，維護民族本位的洋務運動經過三十年後的宣告失敗。歷史上接二連三列強侵凌的結果，中國士大夫那種以中國為天朝自居，傲視四方蠻夷的心態，不止已銷磨殆盡，而且已意識到不作徹底改

革圖強，便有民族滅亡之虞。

1894 年，孫中山先生已投書李鴻章作圖強建議，卻未見理會，於是是年底成立興中會推行革命。馬關條約簽訂時，康有為與梁啟超正在北京參加三年一次的會試，因馬關條約帶來的屈辱，兩人便草擬了一份萬言書，集結了 603 名❶舉人的簽名來抗議，是為「公車上書」，力陳拒和、遷都再戰，與及變法。1898 年康有為梁啟超建議為光緒接納，推行維新，然為慈禧阻撓，新政推行僅百多日而終。

1898 年跟著而來的義和團排外，1900 年的八國聯軍入北京，慈禧外逃，最後清廷還是向列強賠款以告終。列強更乘勢強索特權及勢力範圍，中國有被瓜分之虞。

當時大家都感到中國快要滅亡了

在中國當時這種受到列強侵凌，屢戰屢敗，改革無法圖強，只暴露滿清腐朽的氛圍中，大家都覺得中國快要滅亡了。錢先生在《中國歷史精神》的「前言」中開首即說：

> 記得在四十四、五年，前，我尚為一小孩子，那時便常聽人說中國快要滅亡了，快要被瓜分了。……當時聽到這種話，我感覺到這是我們當前最大的問題，究竟我們國家還有沒有

---

❶ 徐中約著，計秋楓、朱慶葆譯：《中國近代史》（上冊）（香港：香港中文大學出版社，2001），頁 371，注 17。

前途呢？我們的民族，究竟還有沒有將來呢？❷

《中國歷史精神》一書在 1951 年出版，是 1951 年春在臺北應國民政府國防部高級軍官組之特約講稿的結集。1951 年上推四十四、五年，是 1906-07 年間，當時錢穆約十一、二歲。

錢穆七歲入私塾，十歲進無錫蕩口鎮之果育學校，果育為新式小學❸。康、梁維新，強調「開民智」，開民智則以興學校為本。維新運動雖受慈禧壓制而告終，然其影響還是深入而廣泛。新式學校已廣設各地，蕩口鎮的小地方已有新式學校。事實上，自清末至民國初年，教育學習西方模式已是大勢所趨。北京大學的前身京師大學堂在 1898 年由光緒詔立，便是模仿西方大學的模式。1905 年 9 月 2 日清廷正式下詔廢科舉，支撐傳統教育模式的利祿之途便徹底崩潰。

爲國勤學困心衡慮

果育學校體育教師錢伯圭，是錢先生同族，曾遊學上海，為當時革命黨人。聞錢穆能讀三國演義❹，即告誡他勿再讀此等書，以此書開首即云「天下合久必分，分久必合」，一治一亂，為中國歷

---

❷ 錢穆（1951）：《中國歷史精神》（臺北：東大圖書公司，1984），「前言」，頁 1。

❸ 錢穆：《八十憶雙親、師友雜憶合刊》（臺北：東大圖書公司，民 81[1992]，第三版）《師友雜憶》「壹、果育學校」，頁 33-42。

❹ 錢先生九歲時，隨父到鴉片館，鎮中有事，多在鴉片館商議解決。錢先生即當眾背誦三國演義諸葛亮舌戰群儒一段。同上，《八十憶雙親》，頁 13。

史走上了錯路所致，歐洲英法諸國則不然，合了不再分，治了不再亂，錢先生亦自云：

> 余此後讀書，伯圭師此數言常在心中。東西文化，孰得孰失，孰優孰劣，此一問題圍困住近一百年來之全中國人，余之一生亦被困在此一問題。而年方十歲，伯圭師即耳提面命，揭示此一問題，如巨雷轟頂，使余全心震撼。從此七十年來（按：錢先生寫《師友雜憶》時年八十四），腦中所疑，心中所計，全屬此一問題。余之用心，亦全在此一問題上。❺

確如其言，錢先生一生用功所在，就是要通過對中國歷史與文化的研究與梳理，以彰顯中國歷史文化的價值，使中國人重建民族的自尊心與自信心。錢先生的弟子余英時先生在悼念錢先生的文章中說錢先生「一生為故國招魂」，是貼切不過。❻

　　錢先生童年時在果育小學畢業後，入常州府中學，四年級年終考前夕，因領導同學要求明年改動課程不遂而退學，轉私立鍾英中學，終因武昌起義學校停辦而失學。民國元年（1912 年），錢先生十八歲開始教學，先後於三兼小學、鴻模學校、無錫縣立第四高等小學任教，繼而於后宅小學任校長，再轉任縣立第一高等小學、廈門集美中學、無錫省立第三師範、蘇州省立中學等任教。至 1930

---

❺　《八十憶雙親、師友雜憶合刊》，《師友雜憶》，頁 34。

❻　余英時（1990）：〈一生為故國招魂——敬悼錢賓四師〉，余英時著：《猶記風吹水上鱗——錢穆與現代中國學術》（臺北：三民書局，1991、1995），頁 17-29。

年，時 36 歲，得顧頡剛之推薦，任教北平燕京大學，次年夏，受聘於北大。1937 年日軍侵華，錢先生隨大學南遷至長沙、昆明，任教於由北京、清華等組成的西南聯合大學，於後又轉任教成都齊魯大學、華西大學、四川大學、無錫江南大學，直至 1949 年到香港創立新亞書院。

錢先生十七歲輟學，十八歲開始教學。自始勤苦自學不輟，如錢先生自言：

> 余自兼鴻模至梅村縣四，朝夕讀書已過三年……余又效古人剛日誦經，桑日讀史之例，定於每清晨必讀經子艱讀之書。夜晚後，始讀史籍，中間上下午則讀閒雜書。❼

無論是教小學、中學或大學，錢先生的讀書自學、講演，無不是由關心國家民族之存亡而來，如錢先生說：

> 凡我所講，無不自對國家民族之一腔熱忱中來。
>
> 我之生年，在前清光緒乙未，及馬關條約臺灣割讓日本之年。我之一生，即常在此外患紛乘，國難深重之困境中。民國元年，我即在鄉下小學教書。我之稍有知識，稍能讀書，則莫非因國難之鼓勵，受國難之指導。我之演講，則皆是從我一生不斷的國難之鼓勵與指導下困心衡慮而得。❽

---

❼　《八十憶雙親、師友雜憶合刊》，頁 78。

❽　錢穆（1971）：《中國文化精神》（臺北：素書樓文教基金會、蘭臺出版社，2001），〈序〉，頁 3-4。

面對否定傳統的激流洶湧

十九世紀下半葉，尤其是中日甲午之戰後，對當時中國的知識分子而言，中國亡國不止是一種可能，而是感到迫近眉睫。如何能救國圖強是當時知識分子所最關切的問題。由自強運動的維護名教，到維新運動，到《新青年》及新文化運動的健將們都視反對傳統文化，以至全盤西化，才能救國。如胡適便曾說：

> 我們的故有文化實在是很貧乏的……我們所有的，歐洲也都有，我們所沒有的，人家所獨有的，人家都比我們強。……至於我們所獨有的寶貝：駢文、科舉、八股、小腳、太監、姨太太、五世同居的大家庭、貞節牌坊、地獄活現的監獄，廷杖、板子、夾棍的法庭。……究竟都是使我們抬不起頭來的文物制度。……我們祖宗的罪孽深重，我們自己的罪孽深重；要認清了罪孽所在，我們可以用全副精神去消災滅罪。❾

五四新文化運動的激流來勢洶洶，當時宣傳新文化，批判傳統文化的，除了《新青年》外，還有《新潮》、《民鐸》、《每周評論》、《民國日報》副刊《覺悟》、《時事新報》等，而視中國傳統文化為「國故」，為「已死的東西」，而「非走西方文明的路不可」，大不乏人，如蔣夢麟、羅家倫、常乃惪、毛子水、張東

---

❾ 見胡適：〈信心的反省〉。此文原載於 1934 年 6 月 3 日的《獨立評論》，是回應一位青年人秦生的一篇文章，題為〈我們要有信心〉，季羨林主編：《胡適全集》第 4 卷（合肥：安徽出版社，2003），頁 498-503。

蓀。❿《新潮》第一卷第一號〈新潮發刊旨趣書〉則明確的說「極端的崇外都未嘗不可」，陳獨秀的「打倒孔家店」，吳虞叫嚷把線裝書掉到毛廁坑，與及魯迅批評禮教吃人，其筆下的阿 Q，就是要描繪傳統文化下中國人的缺點的集中表現的形象，巴金的《家》、《春》、《秋》則訴說傳統大家庭的腐朽與衰落，這些對傳統文化的批判，大家都耳熟能詳，不待贅述。

勤讀舊籍求真了解傳統

中國的傳統，固然也有不少缺點。中國過去本儒家仁義禮智、誠信、孝悌、忠恕、廉恥、中和、勤奮等中華美德之教，建立了社會規範和典章制度，在長久的歲月中，由於也免不了與人的物質生命中的墮性、好逸惡勞與貪嗔怨癡等相糾結，久而久之，便會沉滯僵化，以致遠離原來美德之精神，形成腐朽、偏執與蔽塞——這些缺點與弊病，當然應被揚棄。從歷史發展的角度看，五四時代對傳統的批評也有其意義。重要不單是揚棄沉滯腐朽，更重要是以清明的理智，研究考察各種腐朽流弊的原因，從教育與制度上作出具體而切實的改進，避免重蹈覆轍。這是科學態度科學精神，也是傳統中篤實務實，與及《中庸》所說的不偏不倚強哉矯的強者奮發中正精神。也更重要是避免陷於歷史階段中的片面了解，要全面地了解傳統，重新發掘那些優良成分。

在五四後那種高喊打倒傳統的氛圍，以及認為傳統文化沒有半

---

❿　陳崧編：《五四前後東西文化問題論戰文選》（增訂本）（北京：中國社會科學出版社，1985），〈前言〉，頁 16，注 1。

點價值、只會阻礙中國變革進步的觀點籠罩下，錢先生卻不為潮流所沖捲而去，反而是下定決心，奮發向上，從舊籍中尋求真相。錢先生說：

> 時余已逐月看《新青年雜誌》，新思想新思潮流紛至湧來。而余已決心重溫舊書，乃不為時代潮流挾捲而去。**⓫**

可見錢先生一方面不追慕潮流，不人云亦云，另方面也不是只有一腔國家民族熱情，而是在對國家民族之情之驅使下，決心尋求真相，廣讀舊籍，經、史、子、集，皆所用功。

在經歷十多年的小、中學教學生涯裏，錢先生勤奮自學，大概到 1931 年夏，到北京大學歷史系任教，已對中國的歷史文化有基本的研究成果，和堅定的信仰。他在北大歷史系所任教的科目，一為「中國上古史」，一為「秦漢史」，另一門由他自定的是「近三百年學術史」。而且過了兩年的 1933 年，北大前所未有地只由一位教授——錢先生獨任教「中國通史」一課，引起哄動，常近三百人聽講，坐立皆滿。**⓬** 1940 年 6 月由上海商務印書館出版的《國史大綱》上、下冊，即錢先生據此課講稿寫成。

⓫ 　《八十憶雙親、師友雜憶合刊》（臺北：東大圖書公司，1992 三版），頁 81。
⓬ 　同上，頁 149-151。

《國史大綱》──要建立國人對自己傳統的信心

一方是焦慮。但錢先生也一方對中國歷史文化充滿信心。這份信心在他年青時當讀到梁啟超的〈中國不亡論〉**❸**已經建立起來。錢先生的《國史大綱》便一反時人對中國歷史文化的否定。《國史大綱》就是為故國招魂，要中國人對自己的歷史文化建立自尊與自信。錢先生指中國歷史之悠久，且有確實歷史紀錄可稽，為世界所沒有，此即顯示其必有價值在，否則中國便早已滅亡。錢先生痛斥當代中國人最沒有歷史智識。沒有史識由於對自己的歷史文化沒有真正切實的研究與了解，不了解便不能真有深愛。了解中國歷史文化要整全的全幅的去看，不應只看當代或一個時期的低落不及西方，便把全部歷史加以否定。錢先生批評五四新文化運動者既對中國傳統的歷史文化研究了解不足，便胡亂用西方人的概念如「封建社會」、「專制社會」、「階級社會」來標籤中國過去的歷史與社會而加以一筆抹殺，而看不到中國傳統社會與文化的優良與深厚及進展的一面。錢先生指出，中國歷史並非沒有進步，而是在和平中進展。如錢先生說：

> 即我民族文化常於「和平」中得進展是也。……此中國史上
> 大規模從社會下層掀起鬥爭，常不為民族文化進展之一好例
> 也。然中國史非無進展，中國史之進展，乃常在和平形態

---

❸ 余英時先生在悼念錢先生的文章〈一生為故國招魂〉中，指出梁啟超該篇文字的題目不是「中國不亡論」，而是〈中國前途之希望與國民責任〉。見余著：《猶記風吹水上鱗》（臺北：三民書局，民 80[1991]），頁 19。

下，以舒齊步驟得之。❶

在後來出版的《民族與文化》一書中錢先生也強調：

「和平奮鬥」便是中國社會內部力量之特徵，也即是中國文化內部力量之特點。❶

　　錢先生在《國史大綱》的引論中，即簡要勾勒中國歷史上在政治、學術及社會上的一些進展。舉一兩點以言之，如政治上，秦、漢大一統政府之創建，已為國史闢一奇蹟，並非如西方羅馬般以一中心地點之勢力，征服四圍，而是由四圍之優秀力量，共同參與，以造成一中央。由此也可說明羅馬仗中心力的統一，建立包括歐、亞、非三洲疆土之大帝國，一迄崩潰，即見解體，也未能溶合其他民族，成一羅馬大民族。秦、漢衰亡，中央崩潰，政權轉移，並不礙秦、漢以後民族仍能存在和擴大。❶總括言之，在中國歷史演變中，政制的進展有三級：一是由封建而躋統一。二是由宗室、外戚、軍人所組成之政府，漸變為士人政府。三是由士族門第再變而為科

---

❶　《錢賓四先生全集》卷 27，《國史大綱》，「引論」（臺北：聯經出版事業公司，1998），頁 34、35。

❶　錢穆（1959）：《民族與文化》（臺北：素書樓文教基金會、蘭臺出版社，2001），頁 23。

❶　《國史大綱》、「引論」，頁 36。可同時參考錢先生《民族與文化》（版本同上注）中所說。頁 5、6、17、62、71-72。

舉競選。**⑰**而中國自秦、漢以來已非封建社會。中國的學術，自孔子始已脫離於宗教及貴族而獨立，史學尤為明顯，孔子著《春秋》，司馬遷著《史記》，班固以非史官而為史下獄，皆其明證。**⑱**

消滅一民族之歷史文化即消滅一民族

錢先生認為民族、歷史、文化是三位一體。如錢先生說：

> 歷史、文化、民族乃屬三位一體。無此民族，即無此民族之歷史與文化，無此民族之歷史與文化，亦即無此民族之存在。**⑲**

> 民族、文化、歷史，這三個名詞，卻是同一個實質。**⑳**

> 竊謂民族之形成，胥賴其歷史與文化之兩項。**㉑**

民族與其文化是互不分離的，錢先生說：

---

⑰　《國史大綱》，同上注**⑭**。「引論」頁 14-15。

⑱　同上，頁 16-17。

⑲　錢穆：〈民族自信心與尊孔〉，見《孔子與論語》（臺北：聯經出版事業公司，民 64[1975]三版），頁 239。

⑳　錢穆：《中國歷史精神》（臺北：東大圖書公司，民 73[1984]修訂三版），頁 6。

㉑　錢穆：《歷史與文化論叢》（臺北：素書樓文教基金會、蘭臺出版社，民 90[2001]），「序」，頁 7。

文化由民族所創造，民族亦由文化而融凝。㉒

由民族產生出文化，但亦由文化來陶鑄了民族。沒有中國民
族，便沒有中國文化；但亦可說沒有中國文化，也就沒有了
此下的中國人。㉓

筆者雖然是唸哲學的，但越來越感到歷史的重要。「沒有歷史繼
承，沒有歷史積累，就不成其為一民族。」㉔同時，很多事情，是
在事過境遷後，在歷史中才看得更清楚，歷史人物的精神、歷史事
件的意義，才可更瞭然。歷史人物所表現的精神，歷史事件表現的
意義，積聚下來，便形成民族精神與文化精神，所以錢先生說：

我們可以說：研究歷史，就是研究此歷史背後的民族精神和
文化精神的。我們要把握這民族的生命，要把握這文化的生
命，就得要在它的歷史上去下工夫。㉕

歷史與文化就是一個民族精神的表現。㉖

㉒　《民族與文化》，頁 20。

㉓　錢穆（1968）：《中華文化十二講》（臺北：素書樓文教基金會、蘭臺出版
　　社，民 90[2001]），頁 56。

㉔　錢穆：《歷史與文化論叢》，頁 83。

㉕　錢穆：《中國歷史精神》，頁 7。

㉖　同上，頁 7。

所以，我們可以嘗試去體驗錢先生在中華民族中國文化危急存亡之秋中的焦慮，為何困心衡慮，為何大聲疾呼。錢先生這些儒者深心為中華民族、中華文化的存亡繼絕而憂。錢先生很清楚：

> 祇有中國歷史文化的精神，才能孕育出世界上最悠久最偉大的中國民族來。若這一個民族的文化消滅了，這個民族便不可能再存在。目前世界上有許多人類，依然不成為一民族，也有許多民族，為歷史上有其存在，而現在已消失無存。這關鍵在那裡呢？即在於他們沒有了文化。❷⑦

的確，正如王殿卿教授指出的，像以色列，雖然亡了國仍可復國，因為民族文化與民族精神仍然存在。古老的埃及縱有輝煌的成績，但其文化未有承接而繼續存在，古老埃及民族已不存在了。要滅亡一個國家，先要滅亡他們的歷史與文化。

　或以為錢先生是狹隘的民族主義，則完全是錯誤的。狹隘的民族主義，固可以被利用，希特拉及日本的軍國主義也利用民族主義。但是，首先，受侵凌壓逼的民族不應先講世界主義，你來侵凌我壓逼我，然後教訓我要講世界主義，是司馬昭之心，是要減少我抵抗的意志。受侵凌壓逼的民族應先爭取民族的平等與獨立，然後才談世界主義。而且世界主義不應凌空的抽象的講，不應抹殺不同國家民族與文化的多樣性。有實質意義的世界主義應一方尋求不同國家民族不同文化的共通處（這些共通處可以是透入表面的不同而發掘

---

❷⑦　同上，頁7。

的），一方只得讓不同並存，和而不同。現在世界的全球化，只不過是經濟、資訊，以及人的表層生活——吃喝玩樂的全球化。人類的政治、宗教、文化的融通（到時政治、國界變得相對不重要）恐怕還須要兩、三個世紀的時間。

儒家思想本來所重者就是普天下、就是大同的世界。儒者總以天下為念，重在以文化融和天下，貢獻天下，重在使「道」行於天下，不主隘陝之民族主義以排斥他國他民族他文化，或只追求自己民族之稱霸天下。孟子言王霸之辨，早已及此。錢先生明言：

> 中國古人，自始即不以民族界線、國家疆域為人文演進之終極理想。其終極理想所在，即為一「道」字。❷❽

所以錢穆先生也說過：

> 竊謂是民族精神教育，決不是把自己民族孤立脫出于並世各民族之外，抱殘守闕，關門自大，遺世獨立。所以要提倡民族精神教育者，乃為求把自己民族投進于並世各民族之林，釋回增美，革舊鼎新，爭取自己民族在現代世界潮流下，并駕齊驅，得一平等自由之地位。晚近數十年來之教育精神，因于急求後一希望，過分排斥前一趨向，乃至認為凡屬提倡民族教育，便是抱殘守闕，關門自大，遺世而獨立。❷❾

---

❷❽　《民族與文化》，頁 5。
❷❾　〈關于提倡民族精神教育的一些感想〉，《歷史與文化論叢》，頁 365。

　　錢先生並不狹隘，他對嚴復所譯西籍，盡皆閱讀。錢先生顯然不認為我們不應學習西方好的東西。錢先生也勤於自學英文，十八歲在三兼小學任教時，同時也教英文科。❸❹錢先生也能閱讀英文，也使余英時初見錢先生時感驚訝。據余英時先生的記述，他於1950 年春天，報考新亞書院，初次見錢先生。錢先生主持考試，要他用中、英文各寫一篇讀書的經歷和志願之類的文字。錢先生當時不但看了他的中文，也看了他的英文文字，余英時先生後來才知道錢先生在寫完《國史大綱》還在自修英文。❸❶新亞書院另一早年學生楊啟樵先生指出錢先生早年自修過日語，曾經翻譯過林泰輔的《周公傳》，撰寫《論語要略》時，有關孔子的事跡，多參考蟹江義丸的著作。又指出錢先生對日本侵略我國毫不寬宥，卻讚賞日本一面維新，另一面卻能守舊，保存了不少由中國傳入的東方文化。❸❷錢先生桃李滿門，錢先生對傳統歷史文化的認真研究與了解，對傳統歷史文化的愛護，與及他的好學與開放精神，足堪後來者所師法。

---

❸❹　《八十憶雙親，師友雜憶合刊》，頁 74。

❸❶　余英時：〈猶記風吹水上鱗〉，李振聲編，《錢穆印象》（上海：學林出版社，1997），頁 105。

❸❷　楊啟樵：〈春風化雨憶先師──緬懷錢穆賓四先生〉，《錢賓四先生百齡紀念會學術論文集》（香港：香港中文大學新亞書院，2003），頁 409-428。

略說唐君毅先生之不可及

　　說來慚愧得很，作為學生，筆者在發揚唐先生的學問與人格方面是很不合格的。難的也不是在寫一兩篇關於唐先生的論文，而是唐先生生命的精純，是不可企及也。內在生命的學問道德修養不足，生命精純不夠，講得多，便成了外在化、異化。所以莊子說「為善無近名」是甚有深意的。因此除了紀念文章或為唐先生的學問辯正外，筆者素來也甚少強調是唐先生的學生，一則是因為唐先生的學生很多，筆者是晚期的學生，敬陪末座，親炙師嚴也是唐先生最後六、七年的日子，二則是自己的學問與修養未及精純，自己的不足，也不想人家以為是唐先生的不足。個人認為唐先生的學問是應該有更多人去研究，唐先生的書也應該有更多人去讀，筆者希望有一天內地的中學大學的課程也選讀唐先生的一些篇章，所以香港中六的「中國語文及文化科」的文化篇章選取唐先生的文章是功在學子的。

　　筆者對唐先生推崇，並非出於學生對老師的盲目推崇，筆者反對盲目推崇，推崇總要說出個推崇的理由。唐先生現在不在位不在世，只是筆者對唐先生的生命與學問日漸多了一點了解，更感到唐先生的不可企及。

　　首先，筆者略能體驗到的，是唐先生的生命是一個大心靈，這

是平實的說。像牟宗三先生說唐先生是文化意識宇宙中的巨人，或直說唐先生為一偉大的心靈，也並非過譽。所以說唐先生是一個大心靈，一則是他常能以超越的心境看世事看問題，不像我們一般人，意識總是受時代與潮流所圍限，受個人的成敗、意氣、恩怨之所圍。當然，哲學家總多少有超越的心境的，但弄哲學的人以至有理想的人，也更容易產生理念執障，其蔽也可以是更深的。唐先生在他的著作與講學中（就算我們在義理細微處不能完全明白），不難看出他對追求通觀的努力，他力圖包涵更多不同的觀點與義理。對理念之層位之不同與方向之不同作同情了解，盡力化解義理的矛盾與衝突，這樣一方要目光四射，不能只執著一點意念便只顧自我發揮，執一廢百，沾沾自滿。唐先生這種時刻省察自己理念之可能限制以求多方吸納，做到哲理宏攝，是很費心力的。二則是他的著作裏都反映出他是在切實的想哲學問題、文化問題、國家時代問題（雖然不少自是由廣博的閱讀而來），不是為立論而立論。使人驚訝的，是他那裏有這麼多時間去想這麼多的問題，而且深入地想，除非他心無旁騖，已深思成自然。三則是從他的德性修養之純，胸襟之廣，與理想之高而見其心靈之大。

第二點不可及處，是辦事與學問兼顧，既能成為儒學宗師大哲學家，著作等身，在文化教育的辦事上的貢獻亦非一般人可及。唐先生是自知自己不宜行政的，唐先生在 1948 年 6 月 19 日的日記中寫道：「我為人過於仁柔，處處苦口婆心，用之於教育則宜，用之於辦事則太囉唆，他人不得要領，則無所適從也。」❶雖然如此，

---

❶　《唐君毅全集》，卷 27，《日記》（上），頁 5。

在唐先生一生中，除了教學研究外，行政工作差不多從不間斷，他32 歲回中央大學哲學系任教（當時因戰事中央大學已自南京暫遷往重慶），三年後當上系主任之職。1947 年秋，好友程兆熊在江西鉛山縣北十五華里處的鵝湖旁辦鵝湖書院，唐先生在鵝湖住了一暑期，為尚在校住宿的師生講課，翌年秋，便分心為鵝湖書院籌劃恢復鵝湖書院的講學之風的行政工作。1949 年 4 月 7 日與錢穆先生同南下廣州華僑大學任教，不久隨華僑大學遷香港。同年 10 月錢穆先生與崔書琴等創辦的亞洲文商夜書院開學。翌年初，亞洲文商夜書院改組為新亞書院，3 月 1 日開學，自此時起，唐先生即一直任教務長，直至 1961 年才辭去此職，歷時前後十二年。在此期間還一直兼任哲教系系主任、哲社系系主任之職責。（中大成立前，新亞書院並沒有獨立的哲學系，初為哲教系，後改為哲社系。）1963 年中文大學成立，唐先生被委任為第一任文學院院長，並兼任哲學系系務會主席，新亞書院哲學系系主任之職，至 1968 年，謝幼偉先生才接任新亞哲學系系主任。

在新亞書院早期，蓽路藍蔞，自 1950 至 1956 年，可以說是桂林街時代，真的「手空空、無一物」，人手有限，教務之計劃，課程之安排，人事的處理，與錢先生分別四出邀友朋講課，教務長工作的繁重，唐先生工作之辛勞，是可以想見。為了發揚中國的文化與教育，自 1950 至 1954 年間，每逢星期六或日黃昏，在當時新亞書院桂林街校址四樓舉辦公開的文化講座，錢先生、唐先生與張丕介先生講得最多外，也請了不少當時的知名學者講演。這是在香港

首創公開文化講座。前後 139 次，唐先生一直都主其事❷。文化講座停辦後，即發起一月一次之「人學」講會，兩周一次之哲學會，達數年之久❸。1962 年，唐先生又與牟宗三、謝幼偉、程兆熊、王道諸先生，以及新亞書院和香港大學的一些學生，成立東方人文學會，被推出任會長。錢穆先生為使優秀畢業生有深造機會，為中國文化培養高級人才，於 1953 年創立新亞研究所，錢穆先生任所長。錢先生 1967 年遷居臺北，自 1968 年開始，研究所所長一職便一直由唐先生擔任，直至他 1978 年逝世為止。1973 年秋自中文大學哲學系講座教授退休後，唐先生便一心為新亞研究所的事務操勞，為研究所籌募及撙節經費，在他逝世前竟能剩下四百萬港元的基金❹。可見其為研究所作長遠打算的用心，使人感念。1973 年，新亞書院自土瓜灣農圃道遷進沙田馬料水，唐先生便與當時的新亞書院校董會的主席李祖法先生籌辦新亞中學，新亞中學的創辦，唐先生是貢獻甚多的，新亞中學校歌歌詞為唐先生所作。

　　除此之外，唐先生在抗戰時期曾與李源澄先生同辦《重光月刊》，其後又曾與周輔成先生同辦《理想與文化》雜誌。所以，可見唐先生一生辦事也不少，主要在教育與文化之事業，其貢獻也甚多。

　　人是有相當限制的，辦事多了不一定能靜下心來造學問，能造學問的，不一定能辦事願辦事。唐先生既著作等身又為文教理想辦事不輟，不要以為容易。

---

❷　孫鼎宸編：《新亞書院文化講座錄》（新亞書院出版，1962），見錢穆先生序。

❸　《唐君毅全集》，卷29，《年譜、著述年表、先人著述》，頁177。

❹　唐先生過世後，一次筆者在新亞研究所，牟宗三老師告訴筆者此事。

　　辦事自有難處，亦自有學問。人有一點成就，都容易矜功。尤其是理想事業、文化事業，一人矜功，人心便易生潰散，稍有才智的人都會離開。唐先生真能忘我無私，是不可及也。只要想一想唐先生在主理新亞研究所作所長期間，把牟宗三、徐復觀、李璜這些先生都聚合到研究所，是不容易的。不是純因為這些人有大名，而是牟徐李諸先生都是性情中人，而且性格特立剛強，對不喜歡的人與事都從不假以顏色，但都對唐先生十分敬重，推誠無間。

　　唐先生的性格其實不喜歡行政工作，不喜開會與應酬。唐先生二妹唐至中在回憶兄長時謂唐先生縱使在成長以後，「在公眾場合仍然常感靦腆」。而知子莫若母，唐先生母親陳太夫人認為是因為兒子自謙重視對方之故❺。唐先生逝世，日本漢學家安岡正篤在東京舉行的追悼會上發言時，懷念唐先生，說與唐先生見面或分別，總使他想起《易經》的「謙卦」❻。唐先生的謙厚是由真尊重他人，肯定他人的價值，常反省自己的不足而來。唐先生在新亞雖然默默的實幹，對新亞貢獻很大，卻從不邀功。在新亞書院數學系多年的朱明綸教授，在 1978 年悼念唐先生的文章中寫道：

　　　先生務實，凡事只求有益於學校社會，不計個人名位得失，如創辦數學系，延聘君璞師主持，皆先生全力達成，從不矜功。❼

---

❺　《唐君毅全集》，卷30，《紀念集》，頁 667。
❻　《唐君毅全集》，卷30，《紀念集》，頁 94。
❼　《唐君毅全集》，卷27，《日記》（上），頁 91。

筆者認為這些都是實辭。若夠細心看看唐先生在五十年代時期學校裏活動的照片，四十多歲的人，樣子可比年齡老多了，可想見唐先生的辛勞。1955 年一次唐先生致徐復觀先生的信中說：

> 弟近來之生活實在要不得，上一星期即有五次之開會及酬應等，每次費三時以上。❽

早年唐先生曾多次向錢先生請辭新亞教務長之職，卻沒有結果。但唐先生心繫中國文化與教育，不覺間便勉力負上了新亞書院十二年教務長之責。

我們學生從沒聽過唐先生說半句自己怎樣為新亞、為他人，或者自己有甚麼成就，總是聽他說這個人不錯，那個人不錯，總推崇人家的優點、人家的功勞。唐先生真要對人批評，也總是在事上作批評。

1963 年香港中文大學成立，新亞、崇基、聯合成為三基礎成員書院。1964 年，錢先生辭新亞書院校長職，1967 年離港定居臺灣。張丕介先生則於 1970 年 4 月辭世。中文大學籌辦成立之時，錢夫子站在中國人的立場，為中國文化與教育之存亡繼絕，與殖民地官僚周旋，居功至大。中文大學成立後，錢先生辭校長職，自有功成身退，顯示非為個人謀之大公無私之心胸❾。無論如何說，在

---

❽ 《唐君毅全集》，卷 26，《書簡》，頁 93。

❾ 錢先生辭職原因之一亦因不滿當時中文大學校長李卓敏的獨斷獨行，違反教育的原則與公平以委任講座教授。錢穆：《新亞遺鐸》（臺北：東大圖書公司，1989），〈上董事會辭職書〉），頁 806-813。

三位主要創辦人的其中兩位離去後，對新亞書院的校政，可以說唐君毅先生是支撐其間，費心力最多，直至 1976 年止，唐先生在大力反對中文大學改制破壞成立時之聯邦制無效，香港立法局通過「一九七六年中文大學改制法案」，唐先生與新亞書院董事會其他八位董事一起辭職以示抗議。

1976 年，新亞書院以圖書館命名為錢穆圖書館，唐先生是時已退休，獲悉後，認為不用錢先生之號而用其名，有欠恭敬，並將此意告知當時的新亞書院校長全漢昇❿，可見唐先生沒有半點矜功爭功之念。

在晚年，唐先生對學生不止一次說過，「在做一個聖賢的工夫上，我給自己打不合格」⓫，筆者也不止一次聽唐先生說過，「我的一生是有用的，總沒有白費時間」⓬一次大概是談學問間唐先生對筆者說，「你們的時代較我們的時代將更艱難。」筆者的理解，唐先生自是從人之成德及成德之教上說。事實上唐先生這種時常都能超越自己的成就，從人家設身處地想問題，亦包涵有你們的成就可以比我更大的意思，可見其心胸廣大之不可及。孔子也說過「若聖與仁，吾豈敢」，可見聖賢人物，都有真生命真工夫，都努力在作自我要求，自我完滿。筆者也越來越體驗到年青人有理想，易；到年老體衰，仍充滿理想希望，熱誠如故，難。

---

❿　《唐君毅全集》，卷 30，《紀念集》，頁 242。
⓫　《唐君毅全集》，卷 29，《年譜、著述年表、先人著述》，頁 212。
⓬　其中一次是唐先生在中大哲學系作退休講演時說，筆者印象深刻，因為筆者當時想為甚麼就只是「沒有白費時間」這麼簡單而已，為甚麼不是說自己在這方面或那方面有重大貢獻，重大發明。

另一鮮為人知的事實，是唐先生於 1966 年因眼睛視網膜脫離，經治療及到日本動手術，最後只能保存一隻眼的視力，所以自此以後的讀書與寫作，幾本大部頭的《中國哲學原論》、《生命存在與心靈境界》的重要著作，都是靠一隻眼睛來完成。個人還是本科生學生時，大概是 1973/74 年間吧，新亞已搬進馬料水，一次進唐先生辦公室，看見唐先生側著頭，一隻眼睛，幾貼近書本看書，當時自己心裏感到難過，大概唐先生也感到我的難過，反而說：「沒什麼，沒什麼」來安慰我。唐先生使我們感念。唐先生之不可及，是他的學問與生命合一、知行合一。

唐君毅先生另一不可及處，一方是因為他的哲學可以說是哲理宏攝，綜合的氣魄大；另一方面他不像黑格爾，說自己的哲學是最高階段最後的哲學，而是以自己的哲學像橋樑像道路，讓人通過。唐先生認為一切哲學不應成為堡壘山嶽以成封閉系統互相阻隔，而應都是橋樑道路，哲學目的是所以成教，人走過橋樑道路到達目的地，橋樑道路亦可以隱沒而似歸於無。以至自謂自己晚年的巨著《生命存在與心靈境界》，仍為一可讀可不讀之書❸。所以唐先生教學並無刻意要培養自己的學生，要學生專做自己的門徒弟子，發揚自己的哲學，以建立門派。而是要學子為學與做人宜目光四射，不要蔽於一端，執一而廢百，作往而不返之論。

---

❸ 《唐君毅全集》，卷23，《生命存在與心靈境界》（上），序言。

國家圖書館出版品預行編目資料

全球化中儒家德育的資源

劉國強著. – 初版. – 臺北市：臺灣學生，2011.04
面；公分

ISBN 978-957-15-1516-8 (平裝)

1. 儒家 2. 德育 3. 文集

121.207   100001640

全球化中儒家德育的資源

著　作　者：劉　　　　國　　　　強
出　版　者：臺 灣 學 生 書 局 有 限 公 司
發　行　人：楊　　　　雲　　　　龍
發　行　所：臺 灣 學 生 書 局 有 限 公 司
　　　　　　臺北市和平東路一段七十五巷十一號
　　　　　　郵 政 劃 撥 帳 號 ： 0 0 0 2 4 6 6 8
　　　　　　電　話　：（0 2）2 3 9 2 8 1 8 5
　　　　　　傳　眞　：（0 2）2 3 9 2 8 1 0 5
　　　　　　E-mail：student.book@msa.hinet.net
　　　　　　http：//www.studentbooks.com.tw

本 書 局 登
記 證 字 號：行政院新聞局局版北市業字第玖捌壹號

印　刷　所：長 欣 印 刷 企 業 社
　　　　　　中 和 市 永 和 路 三 六 三 巷 四 二 號
　　　　　　電　話　：（0 2）2 2 2 6 8 8 5 3

定價：平裝新臺幣四○○元

西 元 二 ○ 一 一 年 四 月 初 版

12152　　　　有著作權·侵害必究
　　　　ISBN 978-957-15-1516-8 (平裝)